無敗営業
チーム戦略

オンラインとリアル
ハイブリッドで勝つ

高橋浩一

無敗営業　チーム戦略

はじめに

売上が消えゆく日々

「高橋さん、今度は○○社さまが……」

「あ、うん……わかった。キャンセルね」

2020年3月。メンバーから報告を受けるたびに、カレンダーの予定が消えていきました。

コロナ禍によって、対面や集合を前提とするビジネスは大打撃を受けました。集合型の研修を提供する当社も例外ではありません。

私は、みんなの前では平静を装っていたものの、「これがいつまで続くのだろうか」と、先の見えない未来に胸が詰まりそうでした。毎日のように全国を出張で飛び回るスケジュールだったのが、いきなりガラ空きになりました。

空いた時間で、いろいろなことが頭の中をめぐりました。

会社を経営する身としては、危機を乗り越えていくためのビジョンや戦略を明確にし、社内に示していかなければなりません。そう思いつつも、私は「リーダーとして考えるべきこと」になかなか向き合えずにいました。

キャンセルの連続で、どんどん売上がなくなっていく日々。

私はもともとリーダーシップやマネジメントに対して、強い劣等感や苦手意識を持っていました。自分のやってきたことが間違っていたから、リスクに脆弱なビジネスモデルになっていたのでは……と、正直なところ、自信を失っていたのです。

ただ、久しぶりに時間ができたので、じっくりと考えごとをしました。

「この局面において、チームをどうしていったらよいのか」を考え詰めているなか、蘇ってきたのは、昔の思い出でした。

暗黒のリーダー時代

さかのぼること十数年前、私は創業より取締役を務めるベンチャー企業で、若くてやる気にあふれた数十人のメンバーからなる営業組織を統括する立場にいました。

創業当初は社員をどんどん増やしていきましたが、ある時点から、急に売上の伸びが止まりました。

当時は私も二十代後半。マネジメントの「マ」の字も知らず、気合と根性で、自ら先頭に立って売りまくっていました。

しかし、それが極端な「属人化」を生んでいました。

たとえば、私はアポ先で受付をするときに「受注できなかったら切腹だ！　なんとしても受注するぞ！」と、心のなかで気合を入れていました。

メンバーから〝営業のコツ〟を聞かれても「受付から勝負は始まっている。決死の覚悟だ！」と真顔で返していたのです。こんな指導をしていては、メンバーが増えても、売上は伸びません。

そこで、毎日、面談をしようと思い立ちました。気の利いたアドバイスができなかったので、面談シートには「人生の目標」を書いてもらっていました。

さらに私は「会社に危機感を醸成しなければ」と考えました。会社の運営コストを計算し、「みなさんが1時間、息を吸って吐いているだけで、○○円もコストがかかっているんです！」と、切羽詰まった朝礼を行っていました。

今思えば、センスのかけらもありません。どこからどう見ても、リーダー失格です。

ある年末、大幅な目標未達で迎えた締め会では、私が話をしているとき、営業メンバーだけ、みんな下を向いていました。

当時は自分なりに必死にやっていましたが、すべてがうまくいきませんでした。

朝も起きられず、微妙な遅刻をするようになったので、家電量販店に行って「一番音が大きな目覚まし時計をください」と言って、6つも買い込みました。

変化のきっかけはメンバーの一言だった

6つの爆音目覚まし時計はさっぱり効果がなく、毎朝、なかなかベッドから出られませんでした。いよいよ限界がきた私は、ついに営業メンバーの前で「自分なりにいろいろとやったんだけど、うまくいかなくて、どうしたらいいか、正直わからない。申し訳ないです」と言って頭を下げました。

そのときです。新卒1年目の女性メンバーが言いました。

「高橋さんのために、私たちは何かできることがありますか」

「えっ……、どういうこと」

「だって、それがチームじゃないですか」

世界がひっくり返るかと思うほど驚きました。「自分がチームをどうにかしないといけない。でもどうにもうまくいかない」と悩んでいた私にとって、「メンバーは何ができるか」というせりふは、まったく思いもよらないものだったのです。

私は、なかなか数字が上がらないメンバーに対して、精神論の叱咤激励しかできなかったので、「実はみんなに愛想を尽かされているのでは」という恐れがありました。そんな私にとって、あまりにもありがたい言葉でした。

私は辛うじて答えました。

「ありがとう……この際だから正直に言うけど、毎朝、つらくてなかなか起きられないんだ。電話してもらえると、うれしいかな」

それから毎朝7時になると、一斉に電話がかかってきました。みんなの声を聞きながら顔を思い浮かべると、スムーズに起きられるようになりました。

徐々に元気になってきた私には、「チーム」がこれまでとまったく違うものに見えました。「自分が売って何とかする」では立ち行かないということにやっと気づき、みんなと一緒に前へ進むために何ができるかを、ゼロベースで考え始めたのです。

チームが生き返った「4つのポイント」

初心に返った私がまずやったことは、過去に決着した案件の見直しでした。フラットな視点から、全員の受注・失注案件について原因をカテゴリー分けしてみると、受注・失注ともに「パターン」がありました。それをもとに、定例会議で「決着案件の振り返り」を行いました。

すると、同じパターンの失注は徐々に減り、勝ちパターンも生まれていきました。なぜ、今までこれをやっていなかったのか……目の前の商談にとらわれ、同行で何とかしようとしていたことを深く反省しました。

案件の勝率が上がってきたので、次に私は目標達成のための計画を見直しました。「1週間あたり、どのぐらい数字のヨミ(見込)が増えていけばよいのか」を見えるようにするため、マネジャーに依頼して作ってもらったシートは、会議を一変させました。売上の着地予想と現状が正しく把握できるようになったのです。私は「プロセスを『見える化』すること」の大切さに気づきました。

プロセスが見えるようになると、順調に数字が伸びていくメンバーと、なかなか数字が上がらないメンバーの状態が一目瞭然になります。私は、後者のメンバーを育成するため、決着案件の振り返りから出てきた勝ちパターンを分析し、「失注を減らすために考えるべきこと」をワークシートにしました。

これによって若手メンバーの成長スピードも上がり、思考の「型」の重要性を実感しました。

メンバーの成長スピードが上がってくると、現場で細かいことをいちいち言わずとも、行動の質が自然と変わってきます。そこで、一人ひとりとの面談を増やしました。商談の話ばかりするのではなく、心身の調子はどうか、会社に対してどう思っているかなどをざっくばらんに聞くようにしたのです。

直接売上に関係なくとも、1対1で話す時間を増やすことで、組織が強くなっていくのを感じました。

こうして、次の年は、会社のメンバーのおかげで、業績が回復しました。

それまで自分がひたすら前線に出ていたのを真逆にし、「チームで業績が上がる」感触がつかめてきました。

振り返ってみると、

- 勝ちパターンを作る
- 活動の実態を「見える化」する
- 人が育つ仕組みを作る
- コミュニケーションのバランスを整える

これら4つが重要でした。

このときの学びは、深く私の心に刻まれました。

コロナ・ショックに向き合う

さて、話を2020年3月に戻しましょう。

対面・集合を断たれてスケジュールがガラ空きになってしまったこの状況は、私にとって、目覚まし時計を6個買っても起きられなかった20代の頃以来の、大きな試練です。しかし、ここで立ち止まってはいられません。

当社のメンバーとミーティングやロープレを重ね、「オンライン営業の勝ちパターン」を練り上げました。

●初回訪問からの要件整理に勝負をかける
●10分の電話商談でお客さまとの接点を増やす
●提案モードではなく「お客さまと一緒に作る」モードへ

連日ロープレを繰り返した成果もあり、1カ月たつと、新メンバーの受注が増えだしました。

感触をつかんだ当社は「オンライン営業の勝ちパターン」をセミナーにして、オンラインで開催しました。いわゆるウェビナーです。

初めて企画したウェビナーの申込者は、案内から数日で300人を超えました。それまでマーケティングの一環としてやっていた集合形式の体験セミナーは、1回あたりの参加人数は15人程度だったので、大きな変化です。

会社としても大規模のウェビナーは初めてだったので、みんなで打ち合わせやリハーサルを重ねました。結果は大成功でした。

「オンライン営業の勝ちパターン」をお話しして、大変な反響をいただいたのです。

それまで1カ月間、自信を失いっぱなしでしたが、たくさんの方に喜んでいただくことができ、チームで1つのことを成功させた体験は、私に大きな活力をくれました。

その後、オンラインでの営業マネジメントについて、4回のウェビナーを企画し、合計3000人の方々にお申し込みをいただきました。5月の連休明けには、会社の商品・サービスのすべてを見直し、大掛かりな変更を加えて、オンライン対応に切り替えました。コロナで稼働が減った分は、メンバーとの対話や議論の時間にあて、粘り強く、みんなと一緒に考えていきました。

その結果、2020年6月は会社を設立して以来、過去最高の受注件数が生まれました。

一連の体験を経て、私は改めて「共に創り出すこと」こそが、チームの醍醐味であると実感しました。

本書のテーマでお伝えしたいこと

コロナ・ショックを経て、多くの会社が岐路に立たされています。

そこで必要なのは、「強いチーム」です。

私は、リーダーとしての適性やセンスを誇ることはできません。しかし、「チームでどんなプロセスを踏んだら、良い未来が創れるのか」については、メンバーやお客さまに恵まれて、たくさんの失敗や挫折を乗り越えながら、見えてきたことがあります。

大量の試行錯誤から生まれた実践知を、本書であなたと共有したいと思っています。

当社では50業種以上にわたり、3万人以上の方々への営業支援を行ってきました。本書でお伝えすることは、一部上場企業から急成長中のベンチャー企業まで、多くの会社さまから、実践されたうえでの高い評価をいただいております。

また、緊急事態宣言が解除された2020年6月以降は、「オンラインとリアルを組み合わせた勝ちパターン」が求められるようになりました。仮説を検証するために、今回は営業側300人、購買側300人以上の方々に「オンライン」「リモートワーク」という世界観を踏まえたアンケート調査を実施しました。営業とお客さまには、どういうギャップが生まれているのか。上司と部下には、それぞれ組織がどう見えているか。様々な角度から分析を行いました。

私は、前著『無敗営業「3つの質問」と「4つの力」』(日経BP)で、コンペ8年連続無敗の経験に基づき、「個人の営業力」について書きました。

今回は、「強いチーム作り」がテーマです。

この本は、

- 勝ちパターンを作る
- 活動の実態を「見える化」する
- 人が育つ仕組みを作る
- コミュニケーションのバランスを整える

これら4つを柱として、あなたの会社の〝強い営業チーム作り〟のお役に立ちたいという思いを込めて書きました。

ただ、1人で強いチームを作ることはできません。

ぜひ、チームメンバーみなさんで一緒に本書をお読みのうえ、組織全体で使い込んでいただきたいと思っています。

営業マネジメントや企画に関わる方には、組織設計のガイドラインやチーム作りの教科書として。

プレイヤーとして前線に立っている方には、営業の勝ちパターンや近い将来に向けたキャリアの土台作りとして。

今は、自分や組織を変革するのに絶好のタイミングです。

私自身、営業というテーマに関わってきて、本当によかったと思います。

なぜなら、営業とは、人に気持ち良く動いてもらうことに向き合い続けるプロセスを通して、万人に必要な「生きるチカラ」が磨かれる仕事だからです。

これから、営業はどうなっていくのか。営業チームはどうなっていくのか。

本書でお伝えすることが「強い営業チームの共通言語」となり、より良い未来を創り出すあなたのお役に立てれば幸いです。

はじめに 2

売上が消えゆく日々／暗黒のリーダー時代／変化のきっかけはメンバーの一言だった／チームが生き返った「4つのポイント」／コロナ・ショックに向き合う／本書のテーマでお伝えしたいこと

第1章
強い営業チームに欠かせない4つのキーワード 23

営業チームの運命を決める「オセロの4つ角」／営業改革を支える「共通言語」として本書を活用する

第2章
オンライン商談は「段取り」と「納得感」で決まる 39

存在感を増したオンライン商談／オンライン商談の決め手は「段取り」と「納得

感」／オンライン商談の達人がやっていること／オンライン商談の段取りを支える事前準備／「ご不明点はありませんか」に反応が薄い本当の理由／資料の説明はあえて「ブツ切れ」にする／納得感を上げる秘密兵器「つっこまれビリティ」／画面共有でリアルタイムの「共同編集作業」を／複数人数のオンライン商談は「当日以外」が勝負／「入札案件」や「長時間の一方向プレゼン」は〝序盤戦〟に集中する

第3章

ハイブリッド営業の勝ちパターンは「二人三脚」

81

オンラインとリアルを組み合わせたハイブリッド営業が主流になる／お客さま接点の量と質を向上させる「正しいハイブリッド営業」とは／ハイブリッド営業は「二人三脚」で進める／二人三脚の提案活動を高速回転する〝10ミニッツ営業〟／「電話は迷惑では」と思考停止せず、タイミングを見計らうことが重要／「価値訴求力」で入り口を突破する／接点ができたら、「質問力」でお客さまを理解する／メールで商談を進める「提案ロジック構築力」／お客さまと二人三脚で検討を進める「提案行動力」／提案書にあえて表紙を付けない／対面商談ありきからハイブリッド営業に進化させるステップ

第4章

活動プロセスの実態は「フェーズ」と「行動の量・質」で見る

営業チームでよく言われる「見えない」問題／営業マネジャーにとっての3つの盲点／プロセスに踏み込んでマネジメントする／プロセスを「フェーズ定義」で〝見える化〟する／フェーズ定義をする際の注意点／フェーズを活用して、着地見込の〝ブレ〟を抑える／行動の量と質をKPIでウォッチする「ABCDマネジメント」／プロセスを絞って「カテゴリー分け」すればKPIを改善できる／「ルート型」「アカウント型」に合わせてABCDマネジメントを行う

135

第5章

「仕組み」を使ってプロセスマネジメントを推進する

営業支援システム（SFA）とは／ツール活用において乗り越えるべき壁／商談項目の設計は「フェーズ」を起点にする／ツールを使い切れないのは、集計結

181

果しか見ないことが原因／営業マネジャーが毎日使いたくなる「ＡＴＭダッシュボード」／「アラート」を共通言語にして、要注意を〝見える化〟する／「ターゲティング」で方針の優先順位や実行状況を〝見える化〟する／「モニタリング」で戦略、戦術、施策の効果を検証する／商談一覧とダッシュボードを見ながらメンテナンスする／「データが入らない」問題を解消するアナウンス／ツールが業績に寄与するまでのステップ

第6章

人が育つ仕組みを作る
セールス・イネーブルメント

237

組織単位の人材育成には「型」が必要／「型」を機能させるための〝グー・チョキ・パー〟／「型」の〝グー〟：具体的な動画や資料のサンプルを用意する／「型」の〝チョキ〟：チェックポイントをみんなが見えるところに置いておく／「型」の〝パー〟：パフォーマンスを確認するロールプレイ／組織ぐるみでＰＤＣＡを回し、「型」を磨き上げる

第7章

PM理論でコミュニケーションのバランスを整える

リモートワークで減った社内の「雑談」と「個別コミュニケーション」／バランスは「パフォーマンス」と「メンテナンス」で考える／パフォーマンスとメンテナンス、理想のバランスとは／商談フォローは接戦案件を中心に行う／商談を「作る」「進める」「決める」それぞれの段階でフォローする／チームミーティングは「数字とアクション」「武器の供給」を50％：50％で／チームミーティングに「前向きなコミュニケーション」を増やす／トレーニングは6W1Hで企画する／対話の基本は1対1のコミュニケーション／ときにはオフサイトで未来を語りたい

269

第8章

これから営業チームはどうなるか

319

営業組織は4つのステージで変化する／未来の営業組織は「二人三脚」が進化した「共創」モデル

おわりに　～営業は「知的創造活動」の時代へ～　336

第1章

強い営業チームに欠かせない4つのキーワード

営業チームの運命を決める「オセロの4つ角」

突然ですが、あなたはオセロをやったことがありますか。

2人のプレイヤーが白と黒に分かれ、盤上におけるそれぞれの石の数を競うボードゲームです。ルールは単純ですが、「覚えるのに一分、極めるのに一生」と言われる奥深さがあります。

オセロゲームで勝つために、初心者にもよく知られている定石として、「4つ角を押さえること」があります。いったん角を押さえてしまえば、その石はひっくり返されることはありませんから、ゲームは有利になります。逆に、相手に角を押さえられてしまうと、戦況はかなり苦しくなります。

営業の世界にも、このオセロの4つ角に通じる、シンプルかつ王道の定石があります。これまで、50業種・3万人を超える営業の方々と仕事で関わるなかで、私は「うまくいく営業チームとそうでない営業チームは、何が違うのか」ということをずっと考えてきました。

その結果、

図表1-1 ■ 営業チームは「4つの角」で決まる

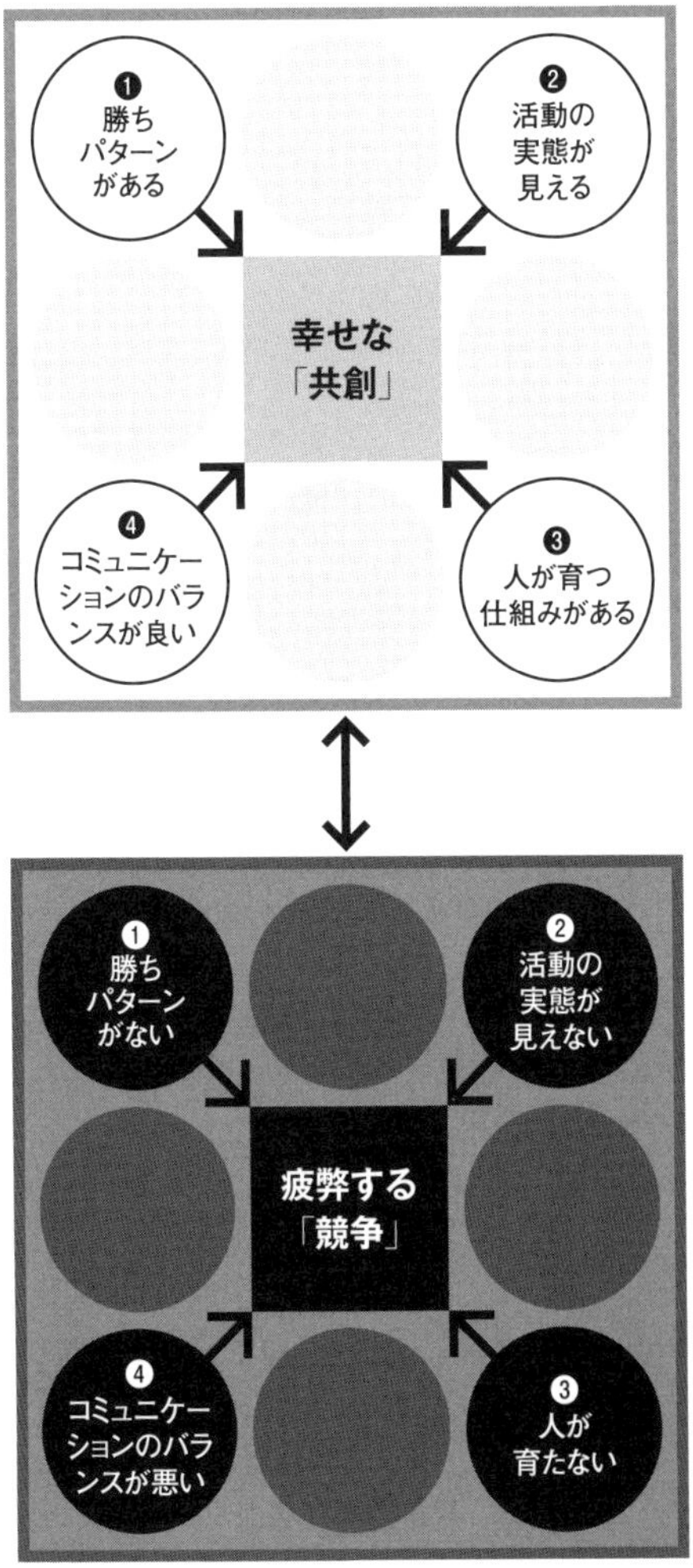

①勝ちパターンを作る
②活動の実態を「見える化」する
③人が育つ仕組みを作る
④コミュニケーションのバランスを整える

これらがオセロでいうところの「4つ角」であると確信し、本書を書くに至りました。

本章に入る前に、4つ角が損なわれている状態とはどういうものかについてイメージしていただきましょう。まず、①勝ちパターンがないと、マネジメントの基本姿勢は「各自で何とかせよ」になります。勝ち筋に関する共通認識がない状態が続くと、チームメンバーは先が見えない戦いを強いられてしまいます。

また、②活動の実態が見えないと、マネジャーは「メンバーがサボっているのではないか」、メンバーは「マネジャーの言う通りにこのまま活動を続けて結果が出るのか」と互いに疑心暗鬼になり、やるべきことに集中できません。

さらに、人には能力や経験の差がありますから、組織に③人が育つ仕組みがないと、結果主義に適性のある一部のメンバーしか生き残っていけません。

①～③のような状況に陥ったチーム内のコミュニケーションは、「ひたすら達成へのプレ

ッシャーをかけるメッセージ」に偏りがちです。お互いに相手の存在を大切にする対話や、本質的なテーマをじっくり議論する時間は、優先順位が下がっていきます。すなわち、④コミュニケーションのバランスが崩れている状態になってしまうのです。

「4つ角」を失った状態では、どんな手を打とうとも、疲弊する競争から逃れることはできません。苦しむ現場からは「この商品や価格では売れない」「当社はマーケティングで後れを取っている」といった不満の声が上がりますが、商品開発やマーケティングに力を入れても、肝心の4つ角が押さえられていなければ、焼け石に水です。

一方、書店に行けば、悩める営業マネジャーに向けて、マネジメントや部下指導の本がたくさん並んでいます。そのうちの多くは〝コミュニケーション〟に関する本です。しかし、うまくいかない現状を打破するために、いくらマネジャーがコミュニケーションを学んだとしても、3つの角を失った「勝ちパターンもなく、活動の実態も見えず、育成の仕組みもない状態」では状況が打開できません。

そんななかで最近、「営業改革」というキーワードとともに、〝Sales Tech〟という言葉が世間を騒がせています。

CRM（Customer Relationship Management：顧客管理システム）やSFA（Sales Force Automation：営業支援システム）は、〝Sales Tech〟の代表的なツー

ルです。特に、活動の実態を「見える化」するうえで力を発揮します。お客さまの情報を収集・分析して、良好な関係を構築し、組織の競争力を高めるCRMも、営業のプロセスや進捗状況を管理・支援することで営業活動を仕組み化するSFAも、使いこなせれば非常に便利です。

しかし、それらのツールは「ただ入れるだけで営業改革できる」ものではありません。チームで共通認識される「勝ちパターン」がなければ、どの情報が重要かわからないままにひたすら入力作業に追われることになります。また、活動の実態が見えるようになっても「人を育てる仕組み」がなければ、ずっと成績が低迷したままのメンバーの実態が鮮明に浮かび上がるだけです。さらに、「コミュニケーションのバランス」が整っていないと、メンバーがサボっていないかどうかを見張る監視ツールになってしまいます。いくら便利なシステムで活動の実態を「見える化」しても、3つの角が押さえられていなければ、宝の持ち腐れになるのです。

本書であなたにお伝えしたいのは、強い営業チームを作るために、誰もが実践でき、効果の手応えを得られる具体的な方法です。それはすなわち、「①勝ちパターン→②活動実態の見える化→③人が育つ仕組み→④コミュニケーションバランス」の順番でそろえていくということです。

まずは、営業チームのみんなで信じられる①勝ちパターンを作ることが必要です。その勝ち筋に沿って、方針や施策を組み立てます。次に②プロセスを「見える化」することで、勝ちパターンの仮説は正しいかどうかを検証できます。方針や施策の実行が業績に結びついているかをモニタリングするのです。そこで、頭でわかっていても実行でつまずいているメンバーに対しては③人が育つ仕組みを作ることが重要です。これによって、「勝ちパターンを信じて実行することが良い結果につながっているかどうか」をチーム全体で確認できます。①~③がそろうと、マネジャーは安心して④コミュニケーションのバランスを整えることに集中できます。

ちなみに、2018年の調査によると、「営業」は親が子供に就かせたくない職業の2位にきています(「リサーチプラス」調べ)。一般的な営業のイメージは、ノルマのプレッシャーと上司の放置プレイに押しつぶされるというものなのでしょう。

それは、4つ角を見失った営業チームが多く、「大変だ」というマイナス面ばかりが強調されていることが原因です。

本来、営業は売上という根幹のミッションを背負い、会社の「顔」としてお客さまへ提案し、社内外を巻き込みチャレンジングな課題を解決していく仕事です。

お客さまの期待や信頼に応えながら、お客さまの声を最前線で拾い、社内にフィードバックする営業チームがイキイキしてこそ、会社の成長があります。

4つの角がそろうと、お客さまと営業の間、そしてマネジャーとメンバーの間で「共に創る」という関係が生まれるのです。


なかには「そんな悠長に時間をかけていられるか」と思う方もいらっしゃるかもしれません。しかし、4つの角を押さえてさえいれば、真ん中の熱戦に試行錯誤や苦しい一進一退があっても、終盤で鮮やかにひっくり返せるのです。
①→②→③→④の手順は、強いチームを作る営業改革の大事なステップです。
なるべく成功率高く、かつ、スピーディに4つのステップを進めたい——そう思われるあなたに、本書の有効な活用方法をご紹介しましょう。

営業改革を支える「共通言語」として本書を活用する

私の前著『無敗営業「3つの質問」と「4つの力」』(日経BP社)は、法人営業を対象にしたニッチなジャンルですが、おかげさまで発売開始から半年強で4万部を超えるなど、非常に好評をいただいております。

読者の方々の感想として一番多かったのは「組織のみんなで読んで、共通言語にしています」という声でした。これは非常にありがたいことですし、筆者冥利につきます。同時に、共通言語を作ることに試行錯誤されている営業マネジャーがこれほどいるのだという気づきもありました。

強いチームには「共通言語」があります。

たとえば、トヨタの「カイゼン」は、経営から現場まで浸透しており、企業活動の根幹を支えています。これは、トヨタのみならず他の国内メーカーや、海外にも波及してKAIZENと呼ばれているあまりにも有名な手法です。

また、営業の世界でも、CRMの世界ナンバーワンベンダー(2020年9月時点)であるセールスフォース・ドットコムは、日本国内の営業支援システム(SFA)においても圧倒的なマーケットシェアを占めており、同社の営業力の強さは定評があります。

セールスフォース・ドットコムには、〝Mutual Close Plan(MCP)〟という共通言語があります。Mutual Close Planというのは、クロージングに向けて、営業とお客さまの間で合意された、契約までに必要なアクションプランです。

このキーワードは、「Mutual（相互に）」が含まれていることにより、営業都合のクロージング計画ではなく、お客さまと共に二人三脚で作っていくものであるという意味合いが込められています。同社では、マネジャーがメンバーの商談をレビューする際、「MCPはどうなっているんだっけ」のように、組織全体の受注確率を上げることに共通言語が寄与しています。

共通言語が組織を動かしている状態とは、以下の3つを満たしていることです。

●ある言葉について、複数のメンバーが同じ認識・理解で使っている
●その言葉が様々な場面で、メンバーの行動にプラスの影響を与えている
●その言葉の活用が、個人の習慣や組織の文化というレベルになっている

本書は、「読んで得られる学びを実践に定着させたい」という方に、そのまま教科書としてお使いいただける構成にしています。本書でご紹介する内容やキーワードについても、ぜひ、あなたのチームの共通言語としてご活用ください。

では、図を用いて、本書の構成と具体的な活用法について説明します。

図表1-2 ■「共通言語化」するための
本書の構成と活用法

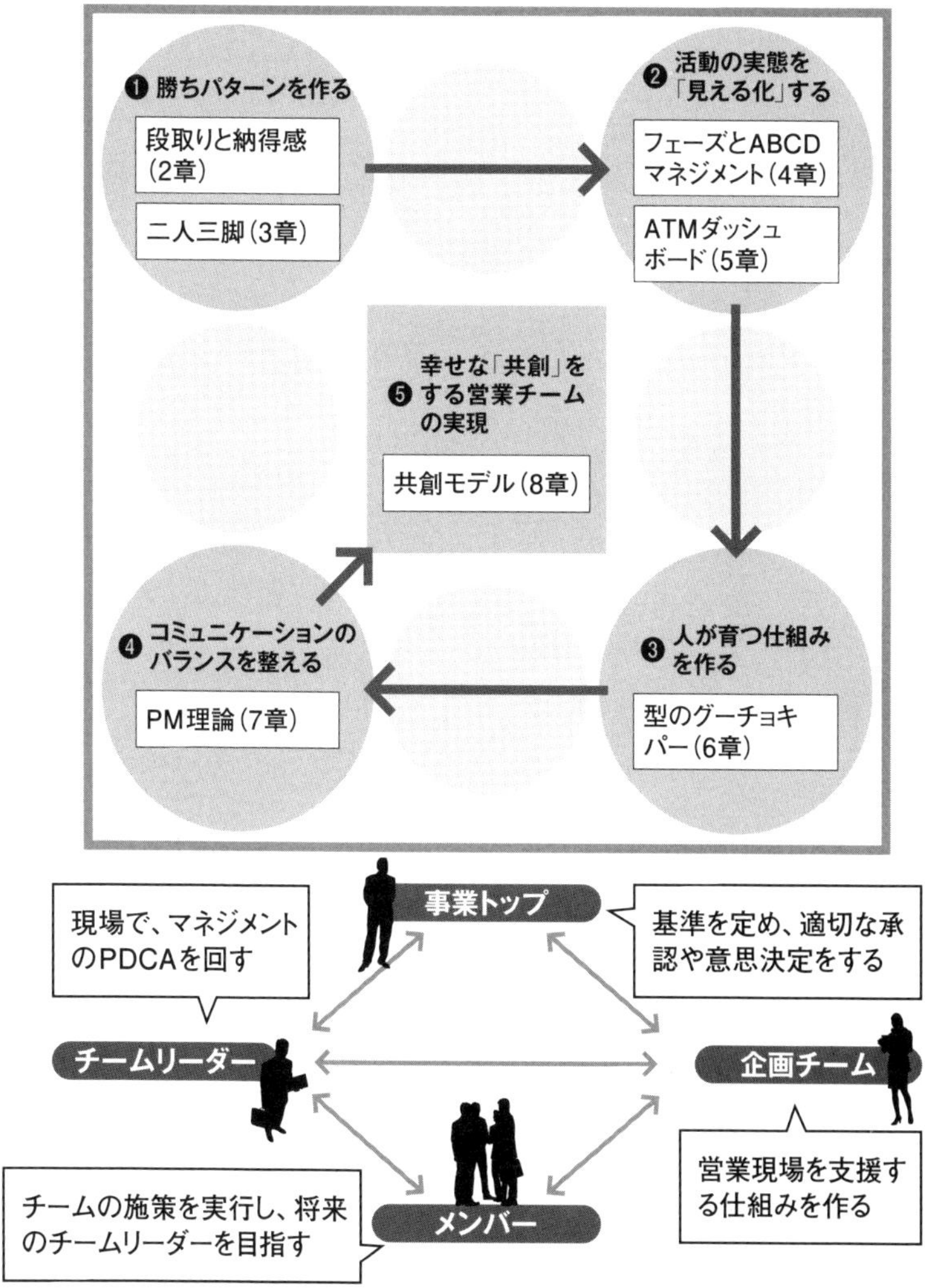
❶ 勝ちパターンを作る
段取りと納得感（2章）
二人三脚（3章）
❷ 活動の実態を「見える化」する
フェーズとABCDマネジメント（4章）
ATMダッシュボード（5章）
❸ 人が育つ仕組みを作る
型のグーチョキパー（6章）
❹ コミュニケーションのバランスを整える
PM理論（7章）
❺ 幸せな「共創」をする営業チームの実現
共創モデル（8章）
事業トップ
基準を定め、適切な承認や意思決定をする
現場で、マネジメントのPDCAを回す
チームリーダー
企画チーム
営業現場を支援する仕組みを作る
チームの施策を実行し、将来のチームリーダーを目指す
メンバー

本書は、4つ角を順番に解説した後、これからの営業チームのあり方について論じる構成となっています。

①勝ちパターンを作る（2章・3章）→②活動の実体を「見える化」する（4章・5章）→③人が育つ仕組みを作る（6章）→④コミュニケーションのバランスを整える（7章）、そして最後に⑤幸せな「共創」をする営業チームの実現（8章）というステップです。

それぞれ、共通言語にしていただきたいキーワードを定義しています。各章の最後にチェックリストも用意していますので、「自分の営業チームはどうか」という現在地の確認もできます。

この本をお読みのあなたの立ち位置に合わせて、以下に本書の使い方に関するガイダンスを書きました。もちろん、どんな読み方でも自由なのですが、貴重な時間を効果的にお使いいただくための一助として、参考にしていただければと思います。

●事業トップの方は、「営業組織をどのように作りたいか」というビジョンや基準を具体化し、適切な意思決定をするための指針として、本書をご活用ください。

営業改革を進めるうえで、何をどう決めて、組織を動かしていくか。ここで、①②③④

の順に組み立てていくというイメージが描けていると、組織のみなさんも動きやすくなります。「うちの会社は4つ角のうち、1つ目の角は確保できたから、次は2つ目の角を取りに行こう!」という会話が社内で出てくるイージです。

●チームリーダーの方は、マネジメントのPDCAを回す際の教科書としてお手元に置いておき、日々「読んで実践して、また読む」を繰り返していただくのがお勧めです。

2章と3章は、お客さまへの提案活動の話です。2020年のコロナ禍を境に、オンライン商談の普及で、ゲームのルールは一変しました。オンラインとリアルを組み合わせたハイブリッド営業で、どのようにメンバーを指導していくかのポイントを書いています。

4章以降については、マネジメントや組織論が中心です。組織で勝つために、どのように仕組みを作り、回していくのか。必要なツールや準備について具体的に書いています。ご自身のチームをどう運営していくかの指針やチェックポイント集として、ご活用ください。

●メンバーの方は、特に2章と3章で、「オンラインとリアルを組み合わせて受注を増やしていく方法」を日々の商談で実践いただけます。オンライン商談という要素が加わることで、お客さまに対する接点の作り方はだいぶバリエーションが広がりました。

4章以降については、「どういう考え方に基づいてチームが運営されているか」を理解しておくことが、強いチーム作りにつながります。

営業改革を進めるための共通言語をチーム全員が理解していると非常にパワフルです。

また、将来のキャリアとして、チームリーダーや経営者を目指すにあたり、組織設計の考え方と方法を体系的に学ぶことができます。

●企画チームで、たとえばマーケティング部や営業企画部、業務推進部のように「営業現場に対する側方支援」を担っていらっしゃる方は、本書を施策の手順書やチェックポイント集として参照いただけます。
企画業務は、組織の動きを数値で捉えやすいため、ロジックに偏りがちですが、リアルな営業現場の感覚や悩みをしっかり理解することで、組織を動かすコミュニケーションの仕方がわかります。

事業トップや営業現場と目線を合わせて、営業改革を進めていくなかで、仕組みの裏側にある考え方を整理するために、本書をご活用ください。


さて、本書を執筆している2020年現在、コロナ禍によってお客さまとの対面接触が著しく制限されたこともあり、ゲームのルールが大きく変わりました。その結果、「営業改革」という言葉がしきりに飛び交っています。とはいえ、裏にあるマネジメントの要点やコミュニケーションの原則は、普遍的なものです。本質はこれまでと大きくは変わりません。ただし、「オンラインとリアルを組み合わせたハイブリッド」という世界観が加わることにより、手段が多様化しました。具体的にどうしていったらいいのか、多くの経営者やリーダーが頭を悩ませています。

特に多くの営業にとっては、お客さまと対面で会うことの難易度が上がりました。オンライン商談は一過性の動きではなく、実はお客さま側にも「理想の購買手段としては、オンライン商談をメインにしたい」という方が増えています。

まずは、普及・浸透してきたオンライン商談の勝ちパターンをどう作っていくか、考えていきましょう。

第2章

オンライン商談は「段取り」と「納得感」で決まる

存在感を増したオンライン商談

オンライン商談は、コロナ禍によって初めて生まれたものではありません。世界的には、デジタルトランスフォーメーション（DX）が進むなかで、以前からオンライン商談の活用が進みつつありました。日本でも、働き方改革やインサイドセールスの導入によって、オンラインでの商談に取り組む会社は増加傾向にありました。これが、コロナの影響でいっきに加速したのです。

コロナ禍の前は、いわゆる〝飛び込み〟や〝テレアポ〟といったアプローチによって、お客さまとの接点を作ることがそれほど難しくはありませんでした。新規のお客さまであっても、足繁く通っているうちに関係が深まります。対面の商談にさえ持ち込めば、勢いでクロージングに持ち込むこともできました。

しかし、コロナの影響によって、そういった従来型の営業はガラッと変わりました。

リモートワークが珍しくなくなったので、そもそも、お客さまがオフィスにいるかどうか、わかりません。その結果、営業としては、飛び込み・テレアポ・立ち寄りといった手段で接点を持ちづらくなりました。ノリや勢いに頼ったクロージングも、画面越しのオンライン商談では難しくなっています。

オンライン商談の普及によって、営業の難易度が上がったと感じる人は多いでしょう。

次ページに掲げたのは、営業メンバーとマネジャーに対して「オンライン商談に感じる難しさ」を聞いたアンケート調査のグラフです。

「オンライン商談特有の準備や動作に慣れない」「オンライン商談にはある程度慣れたが、対面商談のようにスムーズにいかない」という項目については、むしろマネジャーのほうが多い傾向を示しています。

実際、私もいろいろな会社とオンラインで打ち合わせをしていると、ＩＴに強い若手のほうがスムーズに操作している一方で、画面共有やチャットの使い方に四苦八苦しているマネジャーの姿をよく見かけます。

これらの現状を見ると、上司が部下に対してオンライン商談の効果的なやり方を指導するのは難しいと言えるでしょう。

また、若手の営業がＩＴツールの操作に慣れているからといって、商談がうまく進むわ

図表2-1 ■ マネジャーもオンライン商談には苦手意識を感じている

Q オンライン商談について、どのような難しさを感じますか。最も近いものをひとつお選びください。

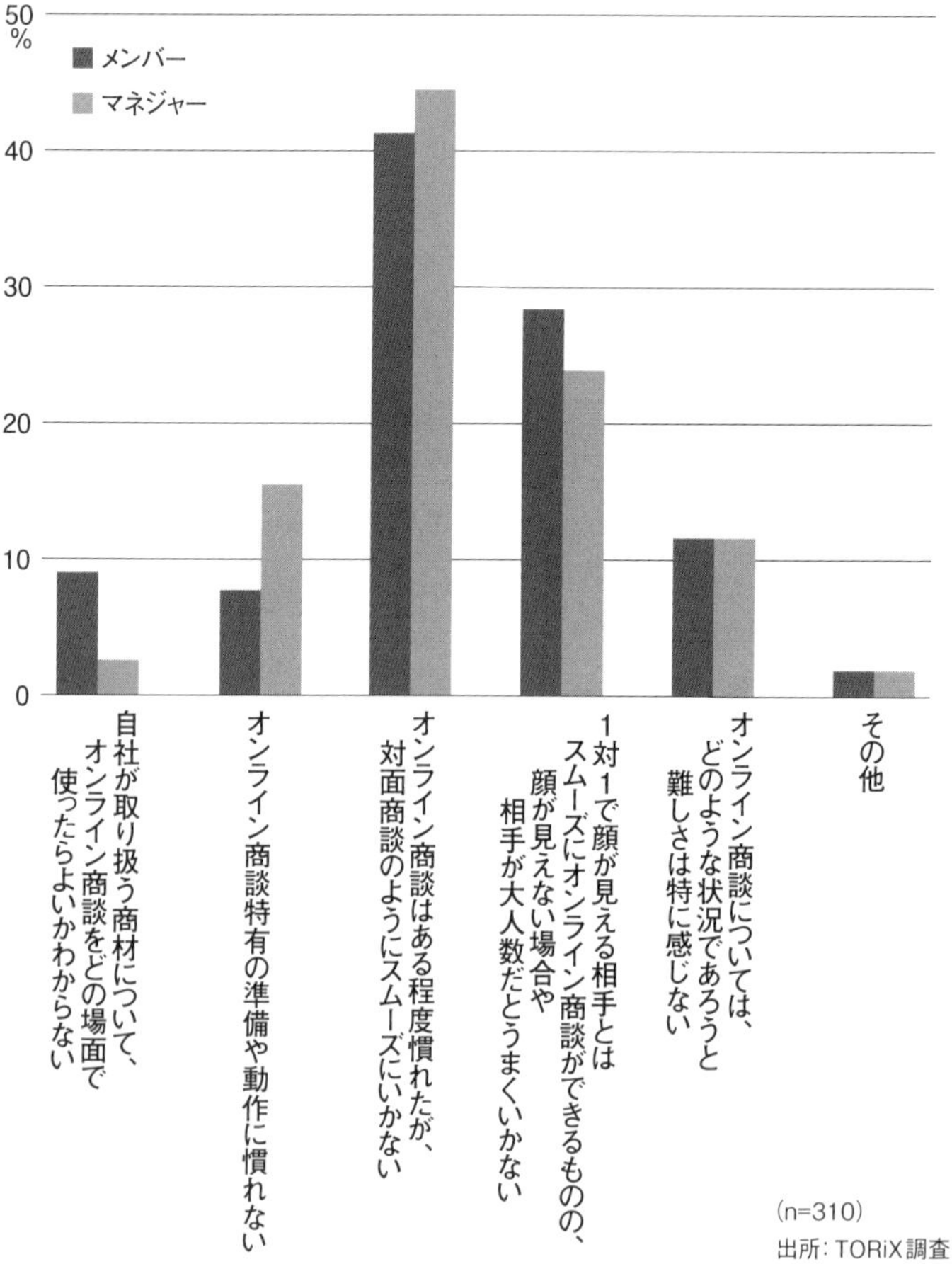
50 %
40
30
20
10
0
メンバー
マネジャー
自社が取り扱う商材について、オンライン商談をどの場面で使ったらよいかわからない
オンライン商談特有の準備や動作に慣れない
オンライン商談はある程度慣れたが、対面商談のようにスムーズにいかない
1対1で顔が見える相手とはスムーズにオンライン商談ができるものの、顔が見えない場合や相手が大人数だとうまくいかない
オンライン商談については、どのような状況であろうと難しさは特に感じない
その他

(n=310)

出所：TORiX調査

けではありません。画面の向こう側にいるお客さまとの間でヒアリングや提案、クロージングを進めるのは、対面の場合とは勝手が違います。

担当・マネジャーとも、まだまだ多くの営業は、オンライン商談に何かしら難しさを感じているのです。

しかし、だからと言って、オンライン商談を避けて通るわけにはいきません。

活動を効率化できるオンライン商談に対するお客さまの需要は高いのです。

次ページは、会社の予算で購買した経験を持つお客さま側に対して「適切な購買をするために、望ましい商談のスタイルはどれか」というのを聞いたグラフです。

オンライン商談をメインの手段として活用したいお客さまは、全体の約75%に及んでいます。さらに、何らかオンライン商談の活用を前提とするレベルまで含めると、全体の90%近くにものぼります。

営業としては、もはや苦手だからといって、避けて通ることはできません。必須の手段として、オンライン商談を活用していくことが求められているのです。

次は、オンライン商談の勝ちパターンを見いだすために、「対面の商談がオンライン商談

図表2-2 ■ お客さまはオンライン商談を求めている

Q 適切な購買をするために、望ましい商談のスタイルはどれに近いですか？もっとも望ましいものを1つだけお選びください。

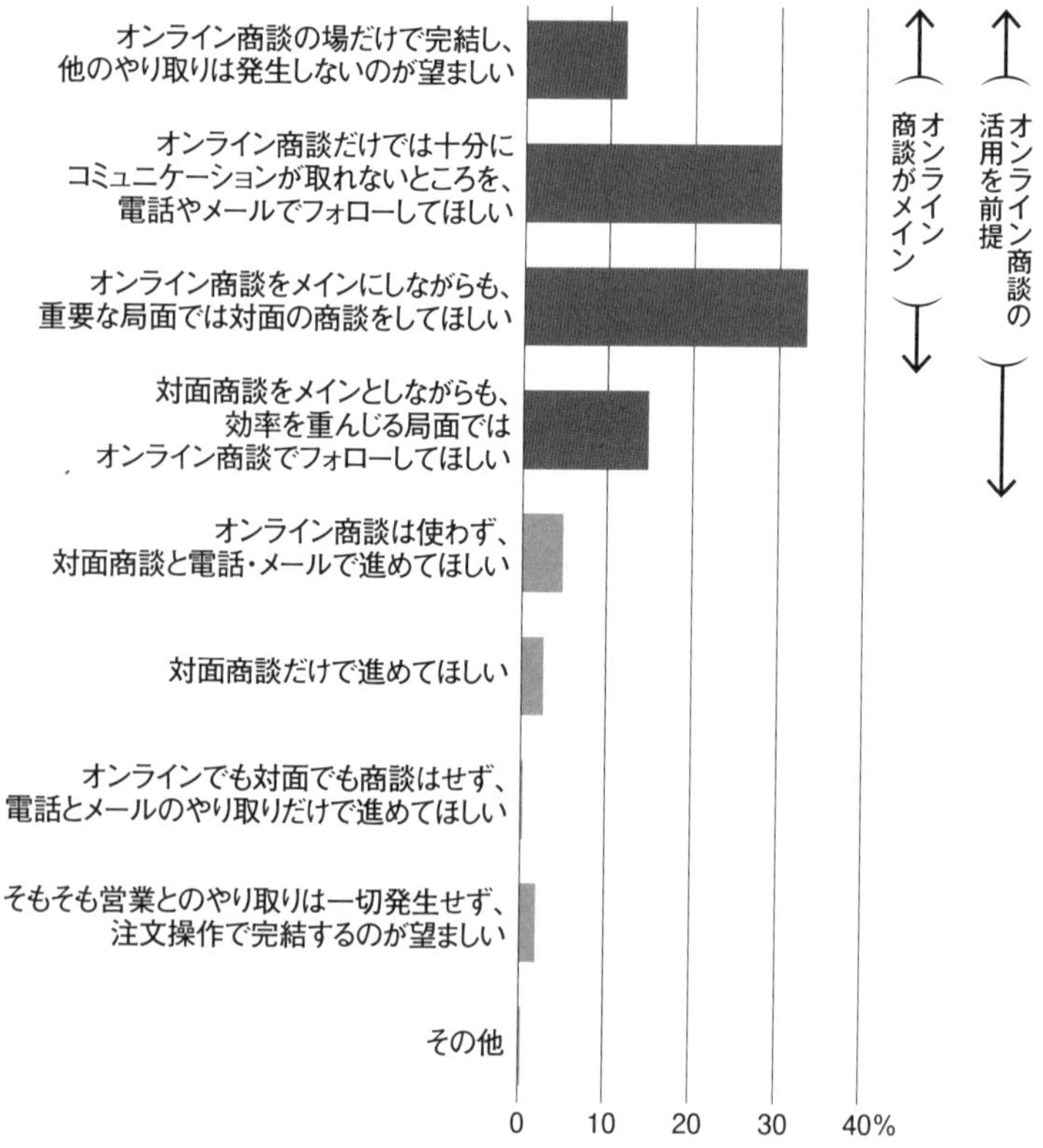

（n=310）
出所：TORiX調査

になると、お客さまの購買の決め手はどう変わるのか」を見ていきましょう。

オンライン商談の決め手は「段取り」と「納得感」

私は毎日のように、各所でオンライン営業に関する講演をしていますが、よく出てくる質問は「対面商談がオンラインになることで、気をつけなければいけないことは変わりますか」というものです。「服装も、対面商談と同じように、きちんとしたほうがよいのでしょうか」といったことも聞かれます。もちろん、画面の向こう側にいるお客さまに、良い印象が伝わるに越したことはありません。しかし、印象が良いからといって受注が決まるかというと、そうではないのです。

オンライン商談で特に決め手になるのは、「段取りや進め方」と「納得感の醸成」です。これらは、対面の商談でももちろん大切なのですが、オンラインになることで重要性が大きく増します。ITツールの操作を伴うオンライン環境において、段取りや進め方は商談の快適さへダイレクトに影響します。また、画面越しのコミュニケーションになることで、納得感の醸成は営業のスキルによって大きなばらつきが出ます。

「発注にあたっての決め手は、従来（対面）の商談がオンラインの商談になることで、どのような変化があったか」をお客さまに聞いたグラフを紹介しましょう。

このアンケート調査では「重要度が上がった」を「＋（プラス）1ｐｔ」、「変わらない」を「0ｐｔ」、「重要度が下がった」を「－（マイナス）1ｐｔ」として計算しました。

上位にきている回答は「サービス対応のスピードや柔軟性」（＋111ｐｔ）、「発注や購買が簡単・便利」（＋104ｐｔ）、「段取りや商談の進め方」（＋101ｐｔ）です。

次にくる集団は「お客さまの意見を反映した提案」（＋99ｐｔ）、「疑問点や懸念の解消」（＋97ｐｔ）、「費用対効果の納得感」（＋97ｐｔ）です。

上位にきている回答の傾向をみると、「お客さまに負担をかけない段取りができること」「お客さまの納得感を醸成できること」が重要であるとわかります。

一方、最下位の方から項目をチェックしてみると、「マナーや身だしなみ」（＋19ｐｔ）、「価格の安さ」（＋56ｐｔ）、「営業の人柄や熱意」（＋61ｐｔ）となっています。

マイナスではなくプラスなので、大切でないとは言いません。しかし、相対的な重要度としては、他の項目に比べてウエイトが低くなっています。

図表2-3 ■ オンライン商談の決め手は「段取り」と「納得感」

Q 発注にあたっての決め手は、従来(対面)の商談がオンラインの商談になることで、ご自分の感じ方にどのような変化がありましたか。主観でかまいませんのでお答えください。

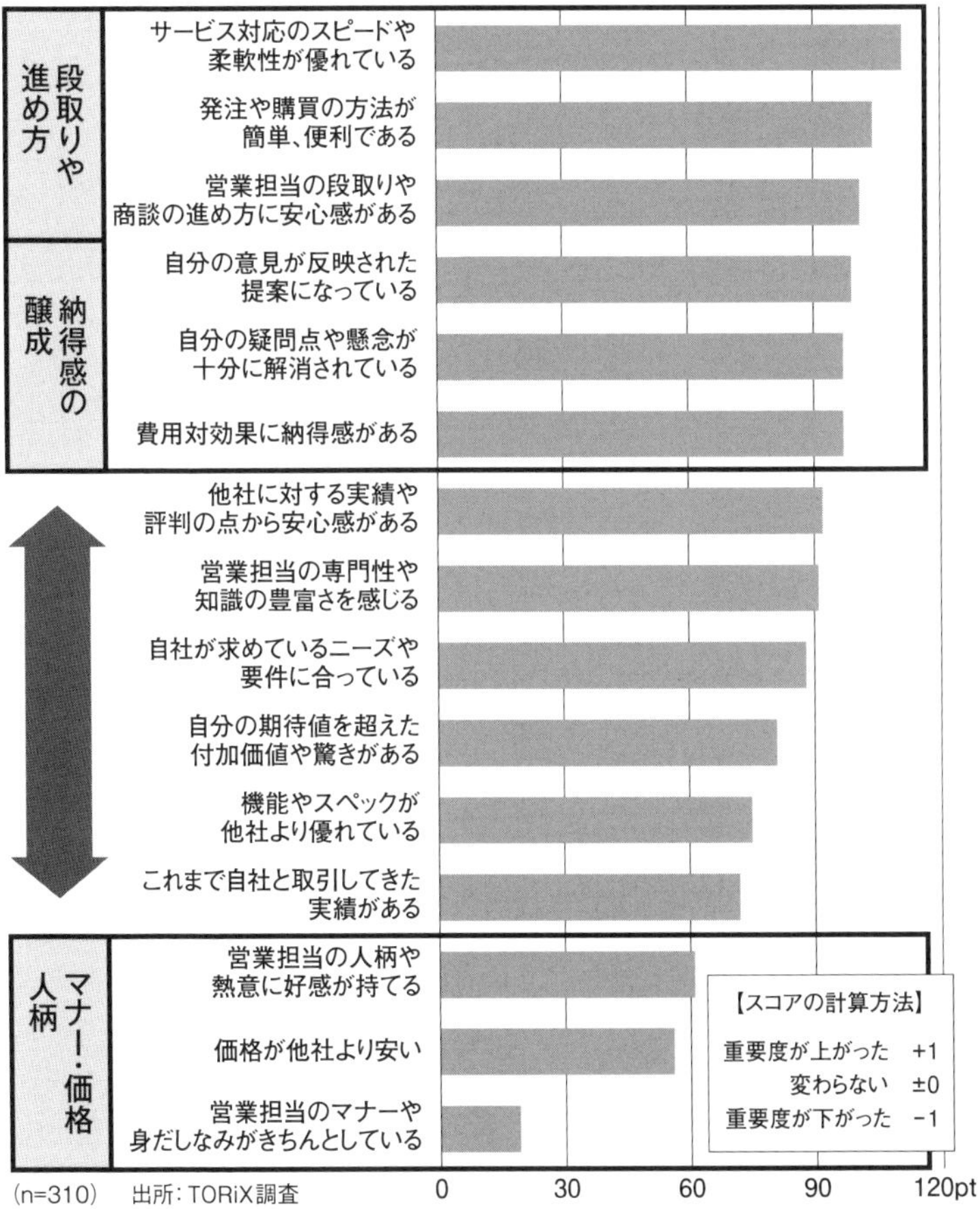

(n=310) 出所：TORiX調査

これらの事実から言えることは「営業担当のマナーや人柄、価格といった項目だけでは決定要因になりづらい」ということです。オンライン商談において、お客さまの心をつかむのは、相手に負担をかけさせない段取り力や納得感を高める力なのです。

段取りや納得感の醸成は、オンライン商談「だけ」に特有のポイントなのでしょうか。決してそんなことはありません。対面商談でも重要だったはずです。

「段取りが悪く納得感を得られない提案でも、対面では（キャラや熱意、値引きなどによって）何とかなっていた営業が、オンライン商談になることで、ごまかしがきかなくなった」と考えるのが妥当でしょう。

では、「段取り」や「納得感」のレベルを上げるためには具体的にどうすればよいかを考えていきます。

オンライン商談の達人がやっていること

オンライン商談を上手に進めている営業は、どういう工夫をしているのでしょうか。

「オンライン商談がうまいと感じる営業に出会ったことがある」とアンケートで回答した

お客さまへ、さらに「営業がオンライン商談をうまく進めるための工夫として、どのようなものを体験しましたか」と聞いてみました。

印象的な回答をいくつか紹介します。「段取り」と「納得感の醸成」について、お客さまの言葉でどう表現されているかにご注目ください。

「資料の提示のタイミングが絶妙で、必要に応じて拡大したり、ページを戻ったりするのが良かった。商談の進め方もテンポ良く、その割に、きちんとこちらの質問には随時答える余裕があった。」(事務系)

「事前に資料をメール配布されたため、目を通すことができた。オンライン商談中は、こちらの要望をリアルタイムで画面上に表示しながら進めていたので、共有できていると感じた。」(事務系)

「商談しながら要点をチャートにまとめてくれて、こちらの議事録づくりのために共有してくれた。」(事務系)

「事前に資料は配布、説明は丁寧、あちらから質問を促してくる。議事録などを作って、すぐにメールで送ってくるなどがあった。」（事務系）

「製品仕様や営業コンセプトを事前に開示・説明したうえで、最初に製造現場などで直接面談することで、十分な理解を顧客側に与えてくれた。以降の商談をオンラインでスムーズかつ頻繁に行っていくスタイルが、とてもスマートで現実的・近未来的なものであると実感できた。」（技術系）

「対面で使用する資料ではなく、WEB用に要点をまとめて、必要なところでは動画を使うようにしていた。事前にヒアリングシートを作ってあったので、当日は追加の質問だけで済んだ。」（事務系）

「画面上でスライドを使ってホワイトボードのような使い方をする人は素晴らしい。まず、相手の疑問や不満等を先に書き出し、それをどう商品の魅力につなげるのか、ストーリーで語ることができる。相手にフォーカスがある。常に反応を確認しているし、常に目を合わせてくる。信頼感が違う。」（事務系）

ここでアンケートに寄せられた回答のエッセンスをまとめてみます。

●事前準備のやり取りが丁寧で、商談前に必要な情報を共有してくれた
●商談の進め方が効率的。動作や進行がスムーズで安心感があった
●商談後のフォローは、購買側に発生するタスクに配慮されていた

右の3つはすべて「段取り」に関連する回答のエッセンスです。

●画面共有の使い方にリアルタイム性があり、双方向のやり取りだった
●商談の場で使用する資料は絞られており、消化不良感がなかった
●購買側の反応に合わせて進行し、疑問や不安を丁寧に解消してくれた

こちらは「納得感」に関連する回答のエッセンスと言えます。

オンライン商談の勝ちパターンは、「段取りと納得感のレベルを上げ、お客さまに気持ち良く合意いただくこと」になります。

では、「段取り」と「納得感」をキーワードに、具体的なアクションやスキルをこれから解説していきます。

オンライン商談の段取りを支える事前準備

オンライン商談において、「段取り」は重要な位置を占めています。当日につまずかないように、基本的な準備項目を押さえておきましょう。

①商談環境

まず、お客さまとの間でどのツールを使うかの確認はもちろん、お客さま側の業務環境として、在宅なのか、出社なのかを事前に確認しておきましょう。

出社の場合、お客さま側から複数の参加者がいらっしゃるときは、「1台のPCから複数の方が参加されるかどうか」が当日の段取りに大きく影響します。1台のPCから複数の方が参加される場合、お客さま側の発言機会はかなり制限されるからです。

また、カメラONが可能かどうかも聞いておき、できることなら、事前に「お一人1台ずつ」「カメラはON」でお願いしておくとベストです。その際には、たとえば「画面上で私の表情や反応が見づらいとご迷惑がかかってしまいますので、私のカメラをONにして参加させていただきます。御社も、特段の問題がなければ、お一人ずつ、カメラONでお願いできますと幸いです」のような表現でリクエストしましょう。

②アジェンダ（議題）

商談のゴールや目的を明確にして、アジェンダ（議題）と時間配分を考えます。オンライン商談においては、内容を詰め込みすぎないことが重要です。

お客さま側が感じる「オンライン商談の望ましい時間」については、当社調査によると「15分以下」が7・7%、「30分程度」が46・5%、「45分程度」が19・4%、「60分程度」が23・9%、「90分程度」が2・3%、「120分以上」が0・3%という回答の割合でした（n＝310。ちなみに、商材の価格帯別に回答を集計すると、価格帯が上がるほど、「望ましい時間」は若干長くなっています）。

これらの限られた時間で、どうやって商談の目的を達成するかについて、アジェンダを考えておかなければなりません。

オンライン商談の場合、お客さまの疑問や懸念を丁寧に解消することが重要です。

そこで、時間配分を考える際には、次のA～Dの構成を工夫します。

A：この場の目的や進め方を確認する

B：議論の題材となる情報を提示する

C：お客さまから反応や質問を引き出し、疑問や懸念点を解消する

D：議論の内容を整理し、次のアクションを確認する

まず、AからDを全部足し合わせて商談時間の8割に収まるようにしておきましょう。「納得感を得られずに時間切れ」とならないよう、バッファを設けておくのです。AとDはそれほど多くの時間を要しないでしょうから、BとCの時間配分が問題です。

対面商談の感覚であれば、B：Cは時間の比率にして8：2ぐらいでしょう。オンライン商談では、それを逆転させる必要があります。B：C＝2：8のように、Cにゆとりを持たせた配分にしておくのです。「お客さまの疑問や懸念を丁寧に解消する」ことに対して、十分な時間を確保しておきましょう。

③資料やサンプル

資料については、「事前にお送りしておく資料」と「当日に投影する資料」をそれぞれ考えておきましょう。アジェンダのところで申し上げましたが、オンライン商談の「その場」では、多くの情報量を新しく提示しないほうが無難です。事前に読んでいただくべきものはあらかじめお送りし、商談の場で追加提示する情報は最小限に絞り込んでおきましょう。

事前にお送りしておく資料の位置づけは、あらかじめ目を通していただくことで、お客さま側に必要な基本理解、準備や検討を促すものです。

当日に投影する資料は、事前にお送りする資料と同一でもかまいませんが、送付したものとまったく同じだと、お客さま側の集中力が落ちることもあります。そこで、「特に本日お伺いしたいこと」や「特にお伝えしたい重要事項」はスライドを分けておき、当日議論したいポイントを明示するといった工夫も有効です。

また、製造業などでは「サンプルや現物をお客さまに見ていただく」ことが商談に組み込まれていることがあります。そのようなときは、サンプルを事前郵送するだけでなく、「そのサンプルについて、こういう観点で見ていただきたい」というのを、簡単な動画や資料であらかじめ作っておきましょう。

④事前コミュニケーション

オンライン商談の場では、思うようにお客さまの発言を促せない場合があります。ですから、電話やメールを活用して、お客さま側の課題意識やご要望を商談前に伺っておくとよいでしょう。お客さま側の参加者および背景情報を押さえて、「当日は、どなたにどこで発言していただきたいか」といったすり合わせを窓口の方としておきましょう。

また、事前準備の段階で資料をお送りする際、「当日の資料をあらかじめ送りします」だけだと、お客さまにはポイントがわかりません。大事なのは、「情報量が多すぎないこと」と「どの部分に目を通してほしいのか、資料を見ていただくうえでのポイントは何か、明示すること」です。

そして、事前コミュニケーションの段階で、「当日はどんな進行で、どんなやり取りをさせていただきたいのか」も伝えておきましょう。時間配分や、その場で伺いたいこと、当日に追加説明することも明示します。

オンライン商談においては、「終了時間の直後、お客さま側に次の予定が入っている」ということも珍しくありません。終わり間際にバタバタしないよう、当日の進行やネクストステップについては、商談前にある程度のイメージをお客さまと確認しておくことが望ましいです。

⑤リスク対策

基本的なことですが、お客さま側、あるいはこちら側で通信環境のトラブルが起こった場合、どう連絡するかの手段(緊急連絡先の電話番号など)を確認しておきましょう。

こちら側の準備としては、お客さまの参加者の顔ぶれや、ご検討状況が突然変わっていることも想定して、その場で慌てないように心づもりをしておくことがポイントです。

また、商談当日にウェブ画面を使ったデモなどを行う場合は、あらかじめページを立ち上げておき、スムーズに操作できるように準備しておきましょう。

さて、ここまで「段取りを支える事前準備」について解説しました。続いて、「納得感の醸成」ですが、これがなかなかの難所です。オンライン商談においては、画面越しで相手の反応がつかめず、「思ったように響かない」「説明しても感触がわからない」ということがあります。

「ご不明点はありませんか」に反応が薄い本当の理由

オンライン商談に苦戦する営業の方から一番よく聞く悩みは、「画面越しで相手の反応がつかめない」ことです。お客さまの「納得感」を思ったように高められないのは、「お客さまのリアクションの薄さ」につまずいているケースが多いです。

営業の方が「何かご質問は」と尋ねても、「いえ、大丈夫です」という反応。しかし、何も質問や反応が返ってこないと、説明している側からすれば、逆に不安が募ります。

営業としては、わからないところを具体的に質問していただければ、あるいは、何かしらのコメントやリクエストがあれば、どこまで伝わっているかがわかります。しかし、そのような反応がなければ、お客さまの温度感がつかめません。

なぜ、お客さまの反応は薄くなるのでしょうか。

当社は、アンケート調査で、営業側に対して「オンライン商談における商品説明やプレゼンテーションにおいて、顧客の理解度を確認し、疑問や不明点を商談の場で解消するように努めていますか」と質問しました。その結果、96・1％は「はい」と回答しました。ほとんどの営業は、お客さまの理解度を確認して疑問や不明点を解消する「努力」はしているわけです。

一方、お客さま側に対して、「オンライン商談で、営業担当の話についていけなくなりそうなとき、その場で自分から不明点を確認できなかったことはありますか」と質問したところ、72・0％もの人が「はい」と答えています。

ここに、営業とお客さまとのギャップ（ズレの構造）があります。営業はみな不明点を解消する努力をしているつもりですが、お客さまの側では、不明点を解消できていないケー

図表2-4 ■ オンライン商談でよく起こること

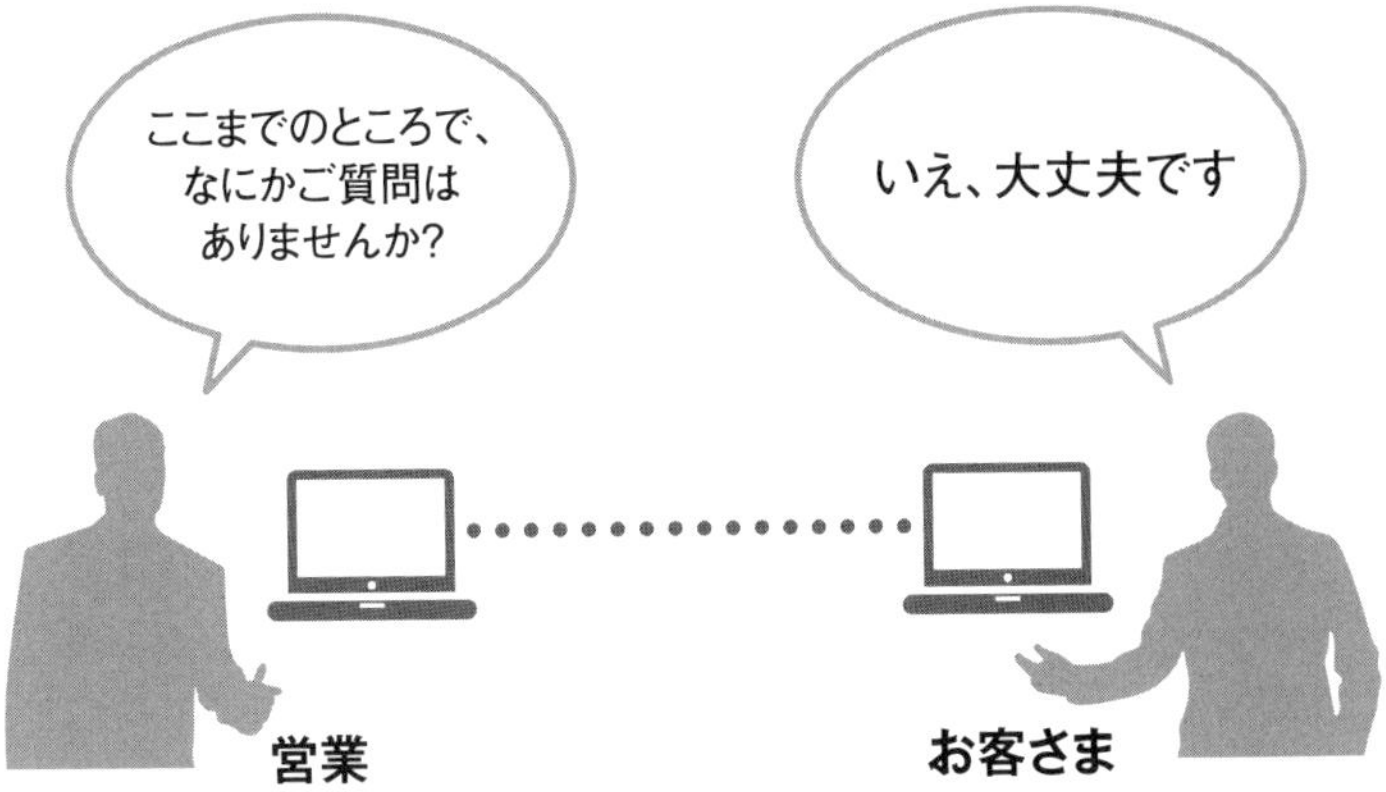
ここまでのところで、なにかご質問はありませんか?
いえ、大丈夫です
営業
お客さま

スが多いのです。

このギャップの原因を理解することが、オンライン商談における「お客さまの反応の薄さ」を攻略する一番の鍵になります。では、次ページのグラフをご覧ください。

「オンライン商談で、自分から不明点を確認できなかったことがある」と答えたお客さまに対して、その理由を尋ねてみました。トップの項目は「どこがわかりにくいかをその場で説明するのが難しかった」で46・3%です。また、「確認するタイミングが与えられなかった」が38・9%、「不明点は後から聞けばいいと思っ

図表2-5 ■ お客さまがその場で自分から不明点を確認できなかった理由

Q オンライン商談で不明点を「確認できなかったことがある」と答えた方にお尋ねします。その場で自分から不明点について確認できなかった理由は何ですか。あてはまるものをすべてお選びください。

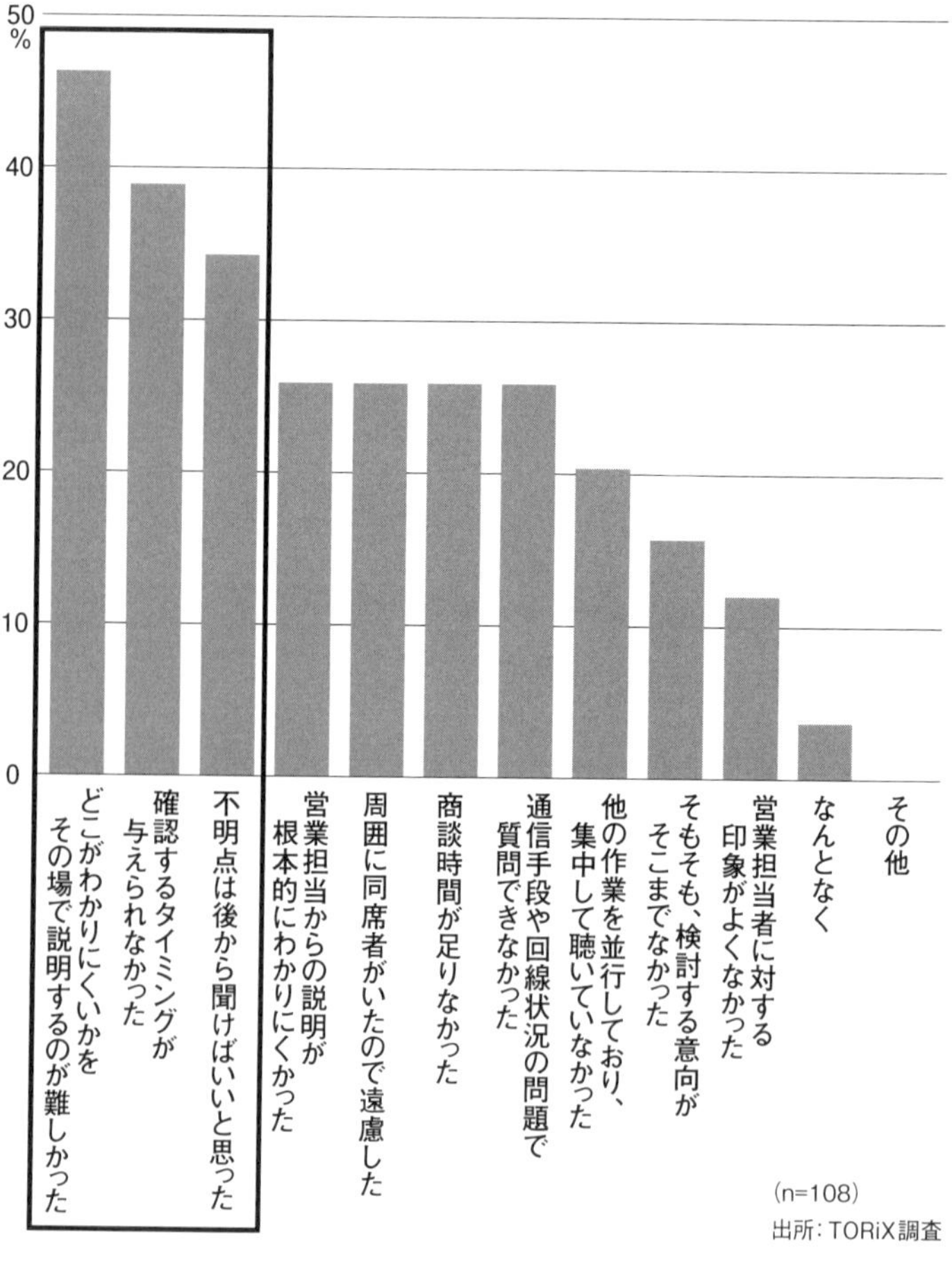

(n=108)
出所：TORiX調査

た」が34・3％という回答結果になっています。
ここから、次のことが重要であると言えます。
●お客さまは、わからないことを言葉にするのが難しいので、「相手が答えやすい聞き方」で確認する必要がある
●不明点をいつ確認するかの「タイミング」は、営業とお客さまとで認識がズレないようにすべき
オンライン商談では、こういったポイントを踏まえたうえで資料説明を行う必要があります。

資料の説明はあえて「ブツ切れ」にする

オンライン商談では「お客さまにとって、不明点を確認するのは難しいことである」と考える必要があります。したがって、「一通り説明して、最後に不明点を尋ねる」というリズムにならないよう注意が必要です。こちらからの説明時間や資料のボリュームが一定以上になると、お客さまは「〝どこがわからないか〟もわからない状態」に陥ってしまいます。

その状態を避けるために、少し説明したところで、すぐに質問を投げるようにしましょう。資料の説明をあえて「ブツ切れにする」のがポイントです。

たとえば、少し資料を説明したら「他社さまからは〇〇〇のような声もいただきますが、御社ではいかがでしょうか」のように尋ねます。ここでは、ざっくりとしたオープンクエスチョンではなく、ある程度、考える切り口をセットで聞く「特定質問」がよいでしょう。考える切り口を提示されれば、お客さまとしては答えやすくなります。

そして、お客さまが少し答えてくれたら、資料にすぐ戻らず、その場で「お客さまのコメントを深掘り」します。これにより、お客さまは、「何か自分がコメントすると、それを大事にしながら、会話を進めてくれるのだな」と実感します。お客さまにある程度話していただくことで、こちらとしても興味や関心のポイントがつかみやすくなるというメリットもあります。

深掘りに対する回答を捉えて、「お客さまが今おっしゃった〇〇〇のポイントについて、ちょうど次のページにございまして……」という具合に戻すと、双方向のやり取りが活発に進みます。

資料の説明に戻ったあとも、こちらが話す時間が長くなりすぎないよう気をつけましょ

図表2-6 オンライン商談での会話のリズム

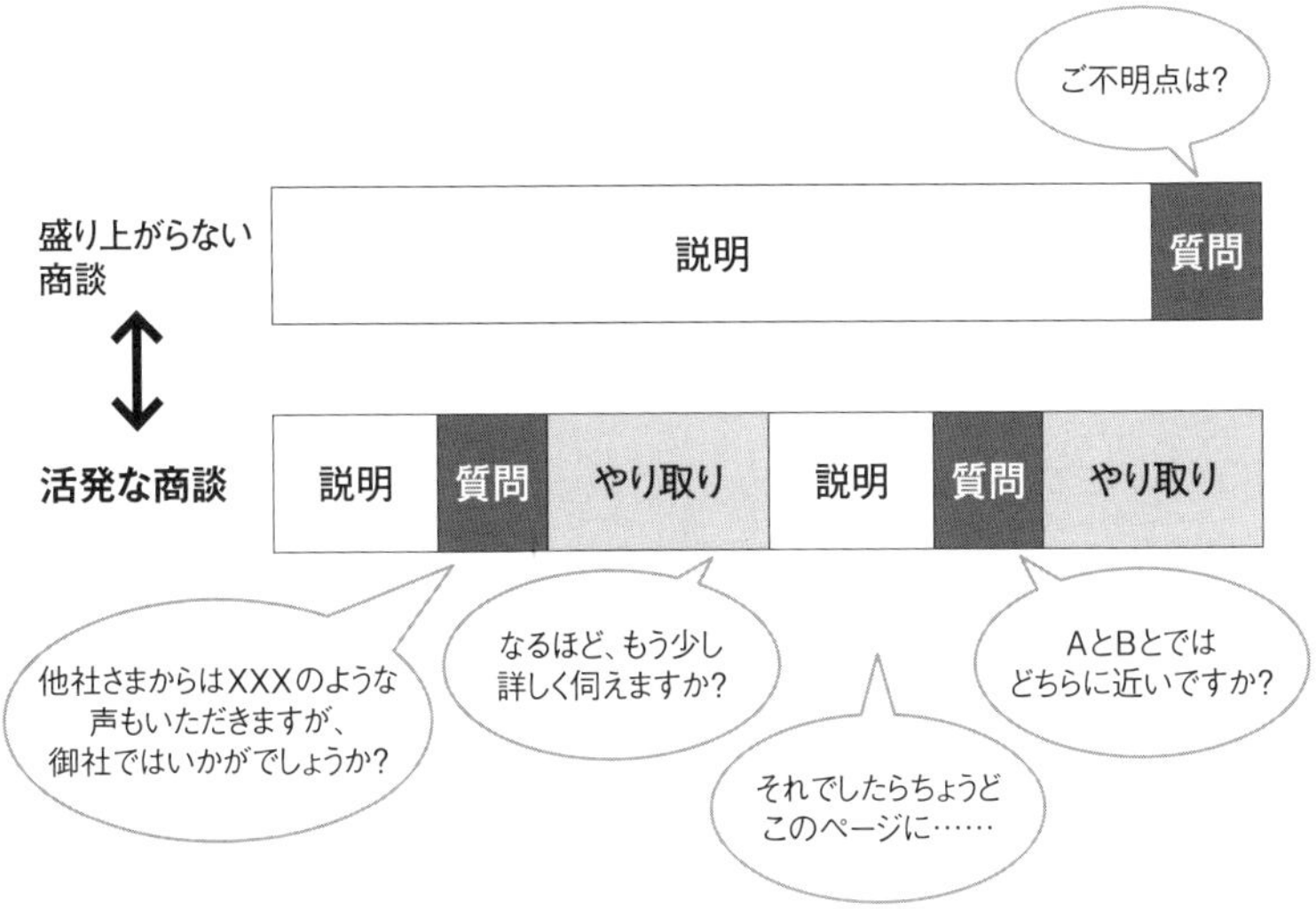
ご不明点は?
盛り上がらない商談
説明
質問
活発な商談
説明
質問
やり取り
説明
質問
やり取り
他社さまからはXXXのような声もいただきますが、御社ではいかがでしょうか?
なるほど、もう少し詳しく伺えますか?
それでしたらちょうどこのページに……
AとBとではどちらに近いですか?

う。なるべく早めにお客さまへ会話のボールを渡します。「ここに書いてある内容について、御社のケースでしたら、AとBではどちらに近いですか」のように尋ねると、お客さまも答えやすいでしょう。

本章に書いてある「深掘り」や「特定質問」のやり方については、前著『無敗営業「3つの質問」と「4つの力」』(日経BP社)に詳しく書いてありますので、よろしければ、そちらもご参照ください。

「資料を少し説明したらすぐにお客さまへ質問を投げ、お客さまからのコメントをさらに深掘りする」というのは、オンライン商談において重要な会話のリズムです。会話のキャッチボールの「往復回数」が多くなるので、お客さまは不明点を確認するタイミングもつかみやすくなりますし、どこがわからないか、言葉にして説明しやすくなります。このように進めていくと、納得感が醸成されやすいのです。

なかには「こんな進め方をしていたら、オンライン商談でじっくりと資料説明することができないじゃないか」と思われる方がいらっしゃるかもしれません。

実は、そこが核心です。オンライン商談では、「営業が一方的にその場で伝える情報量を少なくする」「営業からの伝達時間を連続させない」というのが大事なのです。そのために、段取りの段階で、「事前に送っておく資料」や「アジェンダの時間配分」を工夫する必要があります。当日に新しく伝える情報は最小限にとどめ、お客さまの疑問や不明点の解消に多くの時間を割くようにしましょう。

納得感を上げる秘密兵器「つっこまれビリティ」

オンライン商談で、お客さまの納得感を高めたいとき、営業が一方的に話し続けることはリスクになります。対面商談であれば、お客さまの反応を雰囲気で察知して、すぐに軌道修正できますが、オンライン商談ではそれが難しいからです。

一方向のプレゼンテーションで決まりづらいオンライン商談に、多くの営業が戸惑っています。従来の対面商談では、一方的にまくし立てて、勢いで押し切ってしまうプレゼンでもクロージングできていた営業が、オンラインになると苦戦するというわけです。

営業側としては「お客さまにあれこれつっこまれるのは、良くないプレゼンだ」という思い込みが発生しがちです。たしかに、不備や手落ちを指摘されるのは好ましくありません。しかし、提案内容そのものについては、お客さまからのアクションを適度に引き出し、活発なディスカッションに持ち込む「つっこまれビリティ」が重要なのです。

一通りプレゼンテーションして「ご説明は以上です。ここまでのところで、ご不明点やご質問などございますか」と聞いて、お客さまから「大丈夫です。検討します」と返事が返ってきたとしても、お客さまの納得度は十分に高まっていない可能性があります。

そこで、オンライン商談においては、あえて介入していただく余白を作っておきましょう。イメージとしては、「100％完全」と思った提案をぶつけて決断を迫るのではなく、80

図表2-7 ■ あえて相手に介入させる「つっこまれビリティ」

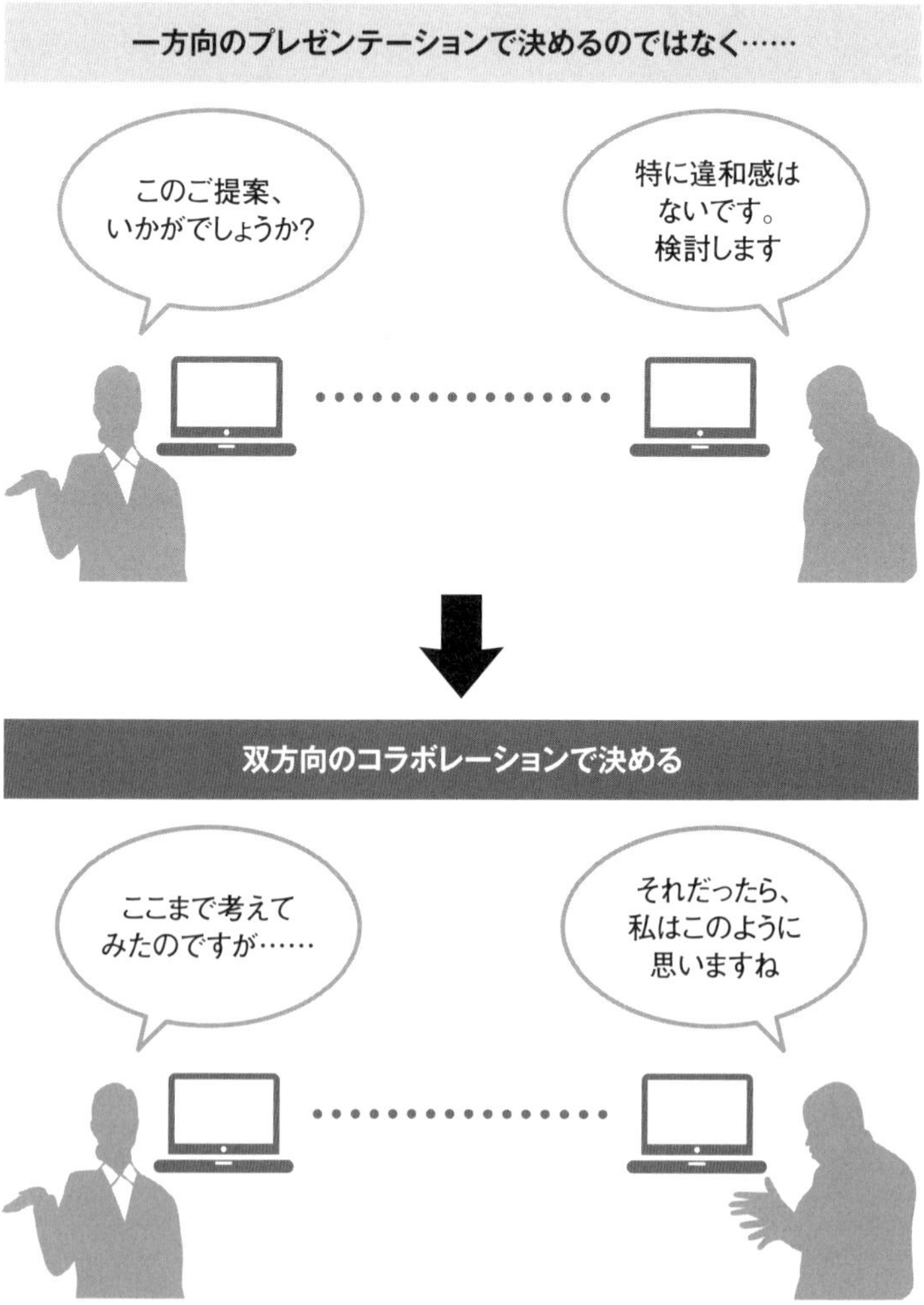
一方向のプレゼンテーションで決めるのではなく……
このご提案、
いかがでしょうか?
特に違和感は
ないです。
検討します
双方向のコラボレーションで決める
ここまで考えて
みたのですが……
それだったら、
私はこのように
思いますね

%ぐらいの段階でお客さまに仮提案して、残りの20%は、お客さまから意見やアイデアをいただきながら、一緒に作っていきます。この20%の余白をうまい具合に用意するのが「つっこまれビリティ」というわけです。

本章の冒頭で、「自分の意見が反映された提案になっている」「自分の疑問点や懸念が十分に解消されている」という項目のポイントが、オンライン商談に臨むお客さまにとって、非常に重要度が高いことをお伝えしました。

お客さまが「つっこむ」余白をあえて残しておくと、提案内容を共に考えるモードに入りやすくなります。

ここで注意が必要なのは、「相手のつっこむ余白」は作っておきつつ、自分なりの仮説も用意した状態で商談に臨むことです。自分の仮説を持たずに商談に臨んでしまうと、お客さまには「詰めの甘さ」が印象に残ります。そのため、「仮説を事前に考えたうえで、お客さまが介入しやすい余白を作る」というバランス感覚が求められます。

このあたりのバランス感覚について不安がある方は、事前に100%を資料として用意しておきつつも、80%と20%の割合でファイルをあらかじめ分けておき、話の展開次第ですぐに20%部分を出せるようにしておくとよいでしょう。「実は、もう少し詰めようと思って、まだお見せしていなかったのですが、○○さまがちょうどおっしゃったポイントに関係してくるので、追加でいま画面共有しますね」といった具合です。

画面共有でリアルタイムの「共同編集作業」を

お客さまの介入や発言が活性化してくると、オンライン商談が双方向のディスカッションになります。このとき、お客さまからいただいたコメントを画面上に反映していくのが、効果的な画面共有の使い方です。画面共有は、お客さまの納得感を高めるうえで、重要な機能となります。

ちなみに、対面商談でもプロジェクターを使えば、資料を投影して同じようなことはできます。オンライン商談では何が違うのかというと、「操作に集中できる」点です。

対面商談であれば、その場にお客さまもいらっしゃるわけですから、お客さまの方に顔を向けたまま、画面も見て、手元のPCをいじるというのは、なかなか大変です。しかし、オンライン商談では、自分のモニター画面に「資料」と「お客さまの表情や反応」を同時に映しながら、手元でPC操作ができます。したがって、オンライン商談のほうが、資料を投影しながら双方向のやり取りが実行しやすいのです。

図表2-8 ■ 画面共有を使って「共同編集作業」

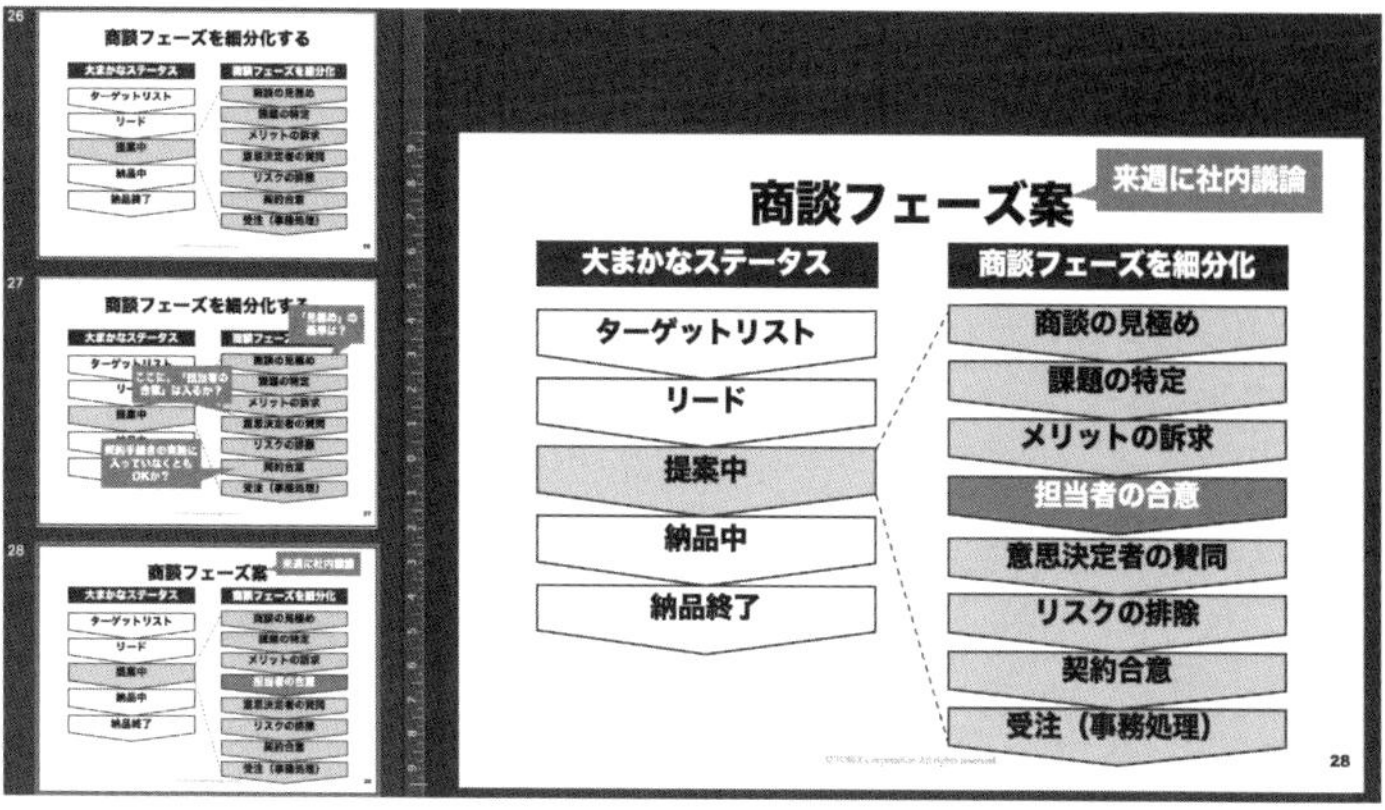

オンライン商談の場合、パワーポイントは投影（プレゼン）モードではなく、編集モードで画面共有することをお勧めします。なぜかというと、編集モードであれば、お客さまの意見やコメントをその場でファイル上に直接反映しやすいからです。

議事録も、ミーティング後に共有するより、商談が終わらないうちに「今のところは、こういった議論になっていますが……」と説明しながら映したほうが、お客さまとの意見や認識のズレを防ぐことができます。

最近では「共同編集ドキュメント」や「チャット」といった便利なツールも普

及してきています。その場で、お客さまと営業が相互に書き込むツールとして活用すれば、議論ややり取りの様子もそこに残せます。「やり取りの様子をそのまま共有し、ログを同時に取れる」ということも、オンライン商談のポイントの1つです。

段取りの観点からも、画面共有を使ったリアルタイム編集や、議事録の即時共有は、お客さまの事後タスクを効果的に支援することにつながります。お客さま側に発生する後工程に対して、その場で使いやすい材料を渡すこともできるからです。

グーグルなどの外資系企業では、議論のログを「参加者全員でリアルタイムに見ながら編集する」という文化があります。このスタイルは、多少のＩＴスキルを必要としますが、「つっこまれビリティ」にどんどん意見が重なることで議論が深化し、参加者全員で企画内容を磨き上げていくことができます。また、その場で認識の齟齬をつぶせるというのも大きなメリットです。

複数人数のオンライン商談は「当日以外」が勝負

ここまでご説明したポイントを実践できるようになれば、1対1のオンライン商談は、ある程度、苦もなくできるようになるでしょう。

次に乗り越えるべき壁は、複数人数でのオンライン商談です。複数人数を相手にしたオンライン商談は、段取り・納得感の双方において難易度が高くなります。

次ページは、お客さま側の参加者が2人以上のオンライン商談について、営業側とお客さま側に聞いたアンケート調査の結果です。営業には、「どのような難しさを感じたか」、お客さま側には「もっとやってほしかったことは何か」という角度で尋ねています。

グラフは、「営業のスコア－お客さまのスコア」のギャップが大きい順に並べています。営業の側が感じる難しさとして大きいのは、「キーパーソンの反応を効果的に引き出す」（41・2％）、「参加者の発言や意見を丁寧に拾う」（31・6％）というものです。当日の場になって、進行をファシリテーションするうえでの悩みについて、特に目立った回答になっています。

一方、お客さま側で不満が大きいのは、「段取りや当日の資料、注意点などを事前に示す」（36・0％）、「当社の課題や意向を事前に把握する」（32・4％）、「資料説明やプレゼンテーションの焦点を定める」（32・0％）、「時間をもっと短く、コンパクトにまとめる」（27・7

図表2-9 ■ 営業は「当日の場で何とかできず」に苦しむが、お客さまは「事前準備」と「効率的な進行」を求めている

営業側への質問 Q 顧客側の参加者が複数（2人以上）のオンライン商談を経験したことがある場合、そこで感じた難しさは何でしたか。

購買側への質問 Q 購買側の参加者が複数（2人以上）のオンライン商談において、営業側にもっとやってほしかったことは何でしたか。

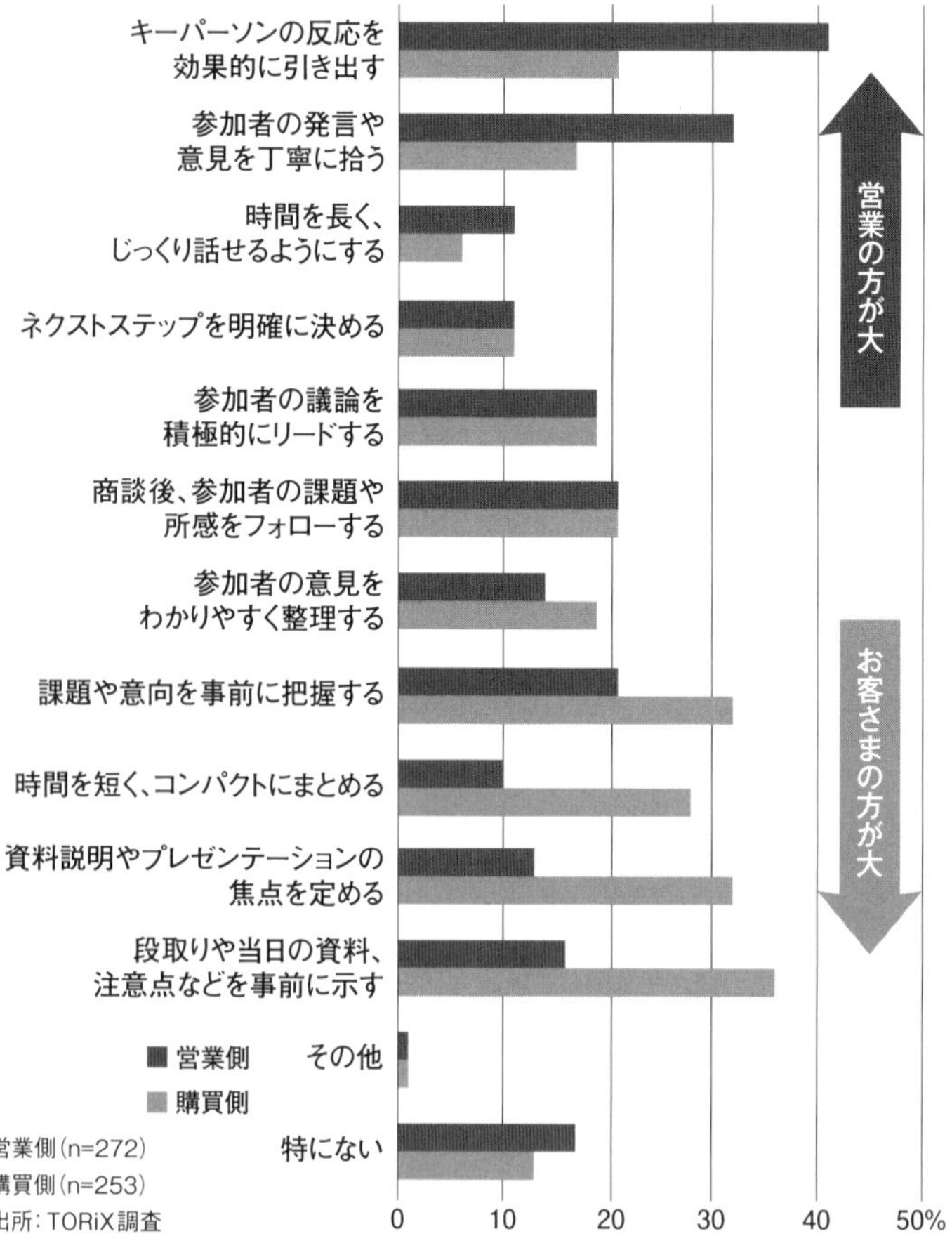

キーパーソンの反応を効果的に引き出す
参加者の発言や意見を丁寧に拾う
時間を長く、じっくり話せるようにする
ネクストステップを明確に決める
参加者の議論を積極的にリードする
商談後、参加者の課題や所感をフォローする
参加者の意見をわかりやすく整理する
課題や意向を事前に把握する
時間を短く、コンパクトにまとめる
資料説明やプレゼンテーションの焦点を定める
段取りや当日の資料、注意点などを事前に示す
その他
特にない
営業側
購買側
営業の方が大
お客さまの方が大
0
10
20
30
40
50%

営業側（n=272）
購買側（n=253）
出所：TORiX調査

%)、といった項目です。注目すべき点は、「お客さま側の不満」において上位にくる項目が、「営業が感じる課題意識」では、必ずしもスコアが高くないことです。

営業は「当日の場で何とかしようとして」苦しむ一方で、お客さまは「事前準備」と「効率的な進行」を求めているという〝ズレ〟が発生しています。

複数人数のオンライン商談は、「商談前にできる限りポイントを詰めておき、商談の場ではポイントを絞ってコンパクトに済ませる」ことが重要です。

そうなると、「これまで出てきた『会話のリズム』『つっこまれビリティ』『画面共有による共同編集』などの要素は、どうなるのか」と思われる方もいらっしゃるでしょう。

複数人数のオンライン商談では、「当日のその場」以外が勝負所になります。

関係者が大勢いると、双方向のやり取りが行いづらくなります。コミュニケーションをコントロールしなければならない対象人数が多くなるからです。

したがって、関係者が複数の商談を行う前に、まずは担当窓口の方と事前に1対1商談でポイントを詰めておきます。窓口の担当者を味方につけたら、事前情報を確認します。場合によっては、ここで簡単な社内アンケートを実施することも有効です。

関係者が多岐にわたると、お客さまの方でも、「誰がどんな課題意識を持っているのか」

ということが、案外わからなかったりします。そこで、「みなさんの認識がどのようになっているのか、『見える化』しませんか」と持ちかけ、前もって課題意識について情報収集しておくのです。すると、いざ、人数が複数のオンライン商談当日を迎えたとき、どこにポイントを絞ったらよいか、狙いを定めたうえでプレゼンテーションできます。

関係者が複数のオンライン商談では、説明のあとに質問して、やり取りをする際に、「誰に対して問いかけるか」をあらかじめ絞っておくことが望ましいです。複数の方で発言が分散してしまうと、議論がまとまらなくなるからです。

関係者が複数のオンライン商談が終わったら、フォローするべき人物を定めてアプローチしていきます。この際、「納得度や反応が薄かった方」をフォローするためには、担当窓口の方をしっかりと味方につけておくことが重要です。

「入札案件」や「長時間の一方向プレゼン」は〝序盤戦〟に集中する

オンライン商談において、「納得感の醸成」がしづらいケースに関する悩み相談をいただくことがあります。

図表2-10 ■ 複数人数のオンライン商談は、「当日のその場」以外が勝負所

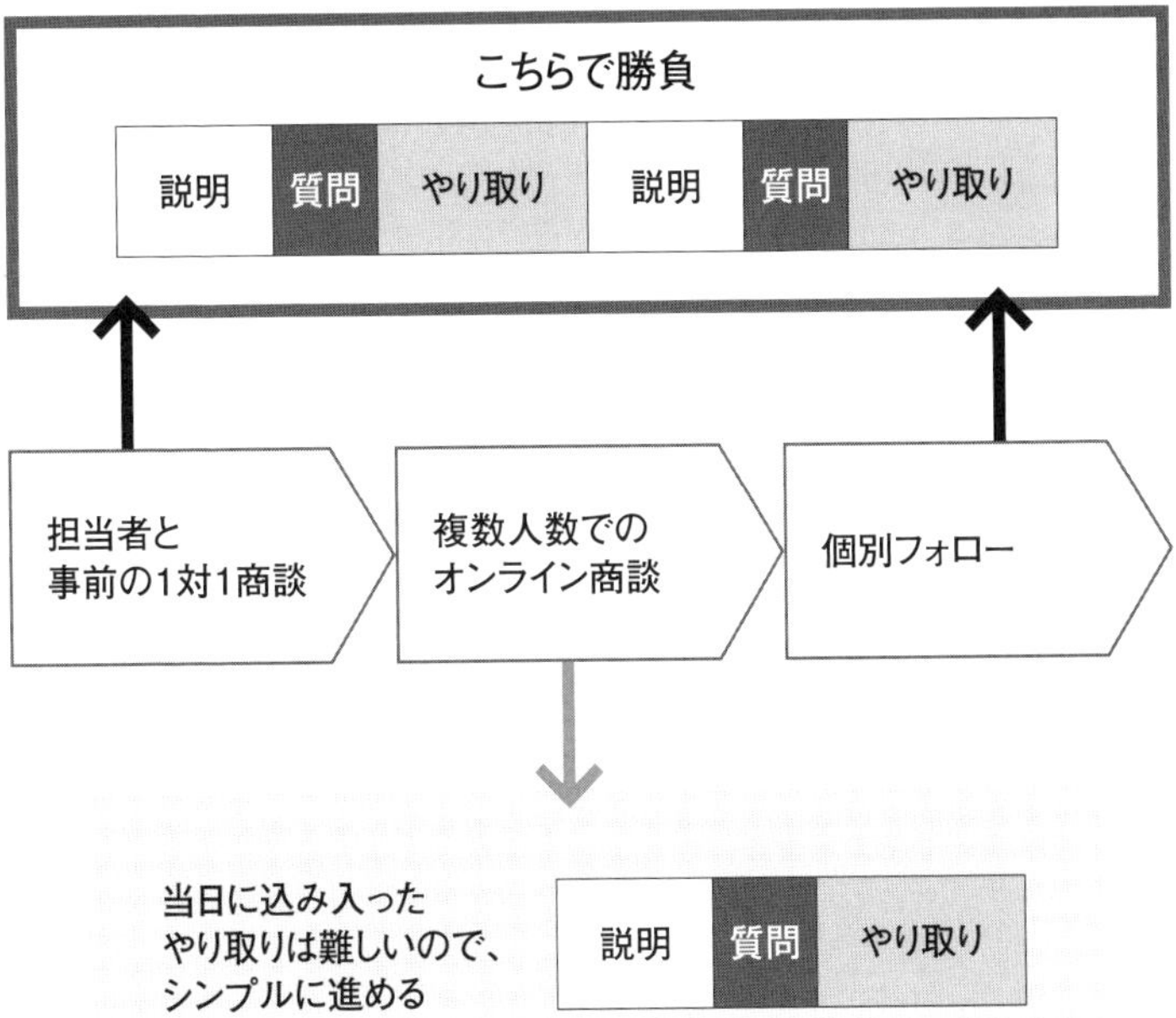

たとえば入札案件です。入札案件の場合、提案時に口頭でのやり取りをすることなく、提案書と見積もり価格で判断されるのが基本です。発注候補が絞られた段階でプレゼンテーションの機会が与えられることもありますが、「つっこまれビリティ」「画面共有による共同編集作業」といった武器は使える場面が限られます。

また、入札案件でなくとも、相見積もりのコンペにおいて「○分のプレゼンを一方向で行ってください。一通りプレゼンが終わった後、質疑応答になります」のように、進め方が指定されていることがあります。そのようなときは、資料をブツ切れで説明したり、「つっこまれビリティ」をする余地を見いだすのが難しくなります。

このようなケースでは、どう考えたらよいでしょうか。

注目すべきは、「各社が同じやり方(形式)で提案内容を提示する」ことが指定されている点です。要するに、競合も同じ条件で戦うことになり、やりづらいのは一緒です。

そうすると、勝負をかけるべきは「案件が正式に発生する前」「案件発生直後、まだお客さまと双方向のコミュニケーションができる時期」になります。提案内容を正式に出すタイミングにくると、行動がかなり制限されてしまいますので、お客さまと自由にやり取りできる序盤戦に、「納得感の醸成」をすべくリソースを集中投入できると望ましいです。「資料をブツ切れで説明」「つっこまれビリティ」「画面共有による共同編集作業」の武器をフル活用して、提案内容を本格検討する前に、お客さまとのズレを最小限に抑えられます。

この類の案件では、「お客さまの要件の全体を捉えそこない、こちらが把握している要件に漏れがある」「競合が出してくる奇抜なアイデアにお客さまがひきつけられてしまう」といったことに注意する必要があります。

難易度の高いコンペでどう戦うかについては、前著『無敗営業「3つの質問」と「4つの力」』(日経BP)に詳しく書いております。併せてお読みいただけますと幸いです。

さて、ここまで、2020年のコロナ禍を経て普及したオンライン商談に焦点を当ててお伝えしてきました。次章では、オンライン商談に対面商談・電話・メールを組み合わせた「ハイブリッド営業」の勝ちパターンを解説します。

第2章のまとめ

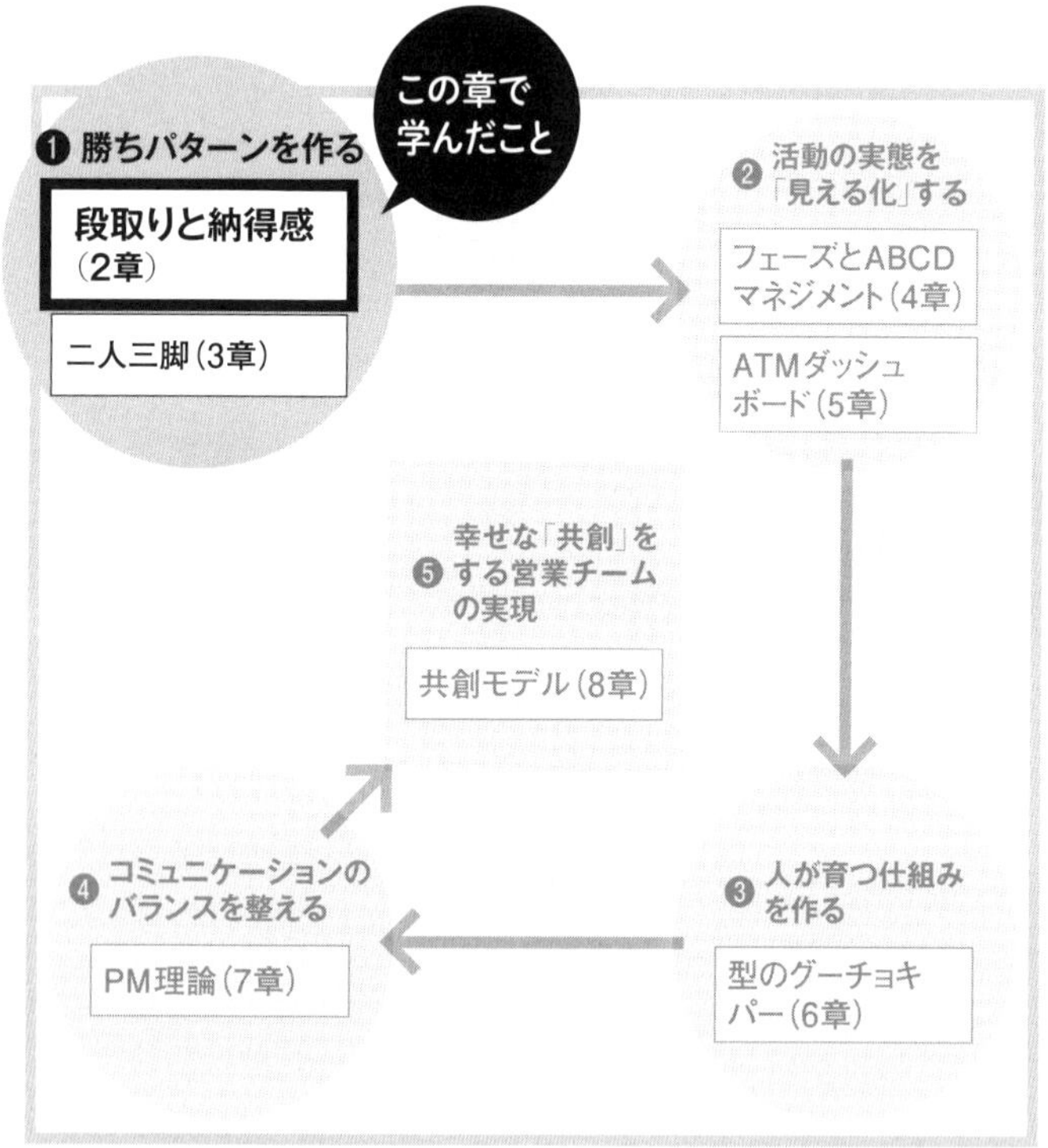

この章で学んだこと
❶ 勝ちパターンを作る
段取りと納得感（2章）
二人三脚（3章）
❷ 活動の実態を「見える化」する
フェーズとABCDマネジメント（4章）
ATMダッシュボード（5章）
❸ 人が育つ仕組みを作る
型のグーチョキパー（6章）
❹ コミュニケーションのバランスを整える
PM理論（7章）
❺ 幸せな「共創」をする営業チームの実現
共創モデル（8章）

アクションリスト

事業トップ

- □ オンライン商談における「段取り」と「納得感」の重要性を全体に伝え続ける
- □ オンライン商談の「段取り」でメンバーがつまずかないよう、IT環境を整える

チームリーダー

- □ 「段取り」と「納得感」について、オンライン商談で見本を示せるレベルになるまで練習する
- □ 同行やロープレによって、メンバーのオンライン商談のレベルを把握し、強化する

メンバー

- □ 段取りを改善し、納得感を醸成するコミュニケーションを練習する
- □ 「段取り」と「納得感」で勝負できるオンライン商談のスタイルを試行錯誤し、成功事例をチーム内に共有する

企画チーム

- □ 「段取り」と「納得感」が優れている営業メンバーのやり方を社内にノウハウ展開する
- □ 効果的な段取りや、納得感を生む資料説明のためのツールを整える

第3章

ハイブリッド営業の勝ちパターンは「二人三脚」

オンラインとリアルを組み合わせたハイブリッド営業が主流になる

ここまで、オンライン商談を中心に解説してきました。前章ではこのようなデータもご紹介しました。

●お客さまのうち約75％は、オンライン商談をメインに据え、対面商談や電話・メールと組み合わせたスタイルを希望している

●オンライン商談をサブで用いるケースも含めれば、90％近くのお客さまは何らかのオンラインの活用を前提に考えている

オンライン商談を多くのお客さまが望んでいる事実はありますが、営業側にとっても、オンライン商談をうまく活用できれば大きなメリットがあります。

オンライン商談のメリットとして大きいのは、まず、移動の時間やコストを削減し、効率を上げられることでしょう。商談件数を増やすうえで、オンライン商談の活用は重大な役割を果たします。画面共有機能を活用することで、プレゼンテーションやディスカッションを双方向で行うことも可能です。さらに、経験やスキルが低いメンバーがあんちょこ

やお手本トークを活用したり、上司による介入・指導がしやすいという利点もあります。

一方で、オンライン商談には、営業側にもお客さま側にも一定のＩＴリテラシーが求められます。また、画面越しになることで、お客さまの反応がつかみづらい、感情面への訴求や関係構築が難しいという課題を乗り越える必要があります。

そうすると、「効率を重んじる場面では積極的にオンライン商談を活用し、お客さまの感情をくみ取り関係を深めていく場面では対面商談を用いる。そして、商談と商談の間を、電話やメールによるコミュニケーションでつないでいく」といったアプローチがこれからの主流になると考えられます。すなわち、オンライン商談と対面商談を使い分け、電話やメールを組み合わせる「ハイブリッド営業」です。

次ページは、営業に対して「望ましい商談のスタイル」を聞いたアンケートの結果です。業種を３つのグループに分けています。グループ１は製造業やインフラ産業を中心とし、グループ２はいわゆるＩＴ業界、グループ３はサービス業などという分類です。

グラフを見ると、業種ごとにそれほど大きな傾向の違いはありません。ただ、あえて挙げるなら、グループ１は、「対面商談をメインとしながらも、効率を重んじる場面ではオン

図表3-1 ■ **営業側としての、望ましい商談スタイル（業種ごと傾向）**

Q 適切な提案をするために、望ましい商談のスタイルはどれに近いですか。もっとも望ましいものを1つだけお選びください。

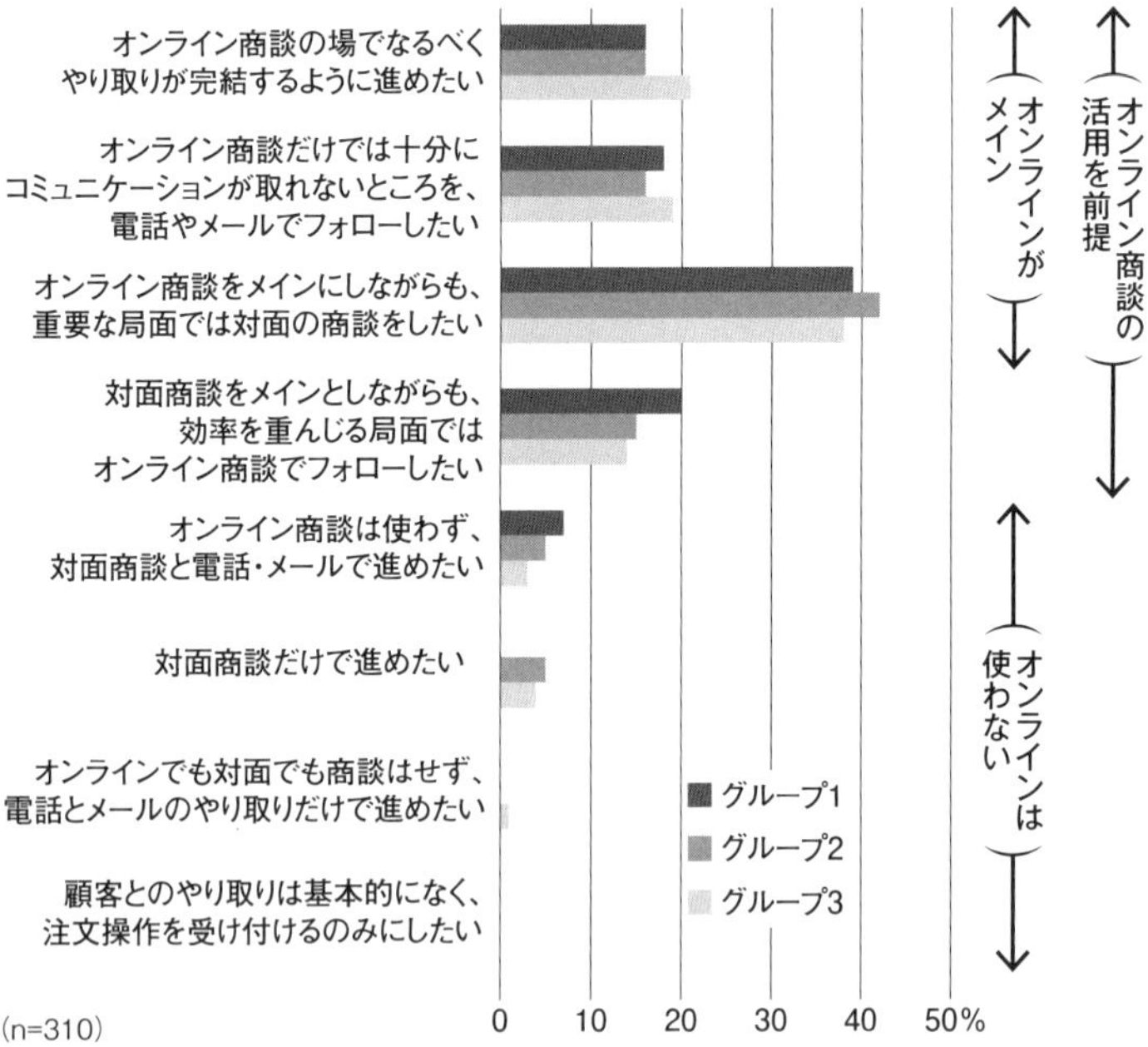

【業種グループ1】	【業種グループ2】	【業種グループ3】
農業・林業・漁業・鉱業／建設業／製造業／鉄鋼業／出版・印刷関連産業／電気・ガス・熱供給・水道業／運輸・郵便業／旅行業	電気通信業／ソフトウェア・情報サービス業／その他	卸売・小売業／宿泊業・飲食店／金融業・保険業／不動産業・物品賃貸業／放送業／協同組合・公務員／教育機関・学習支援業／生活関連サービス業・娯楽業／サービス業（その他）／医療業・福祉業／公務等

ライン商談でフォローしたい」の回答が、他グループに比べて多めです（20・2％）。

グループ2の特徴は、「オンライン商談をメインとしながらも、重要な局面では対面の商談をしたい」が、他グループより若干高いスコア（41・2％）になっています。

グループ3では、「オンライン商談で完結したい」（21・4％）と求める傾向が、他より多く見られます。

ちなみに、望ましい商談のスタイルについて、商材の単価で「100万円未満」と「100万円以上」でも、同様のクロス集計を行いました（次ページ）。

単価の違いでも分析してみると、「オンライン商談をメインとしながらも、重要な局面では対面の商談をしたい」の項目で、「100万円未満の商材を扱うグループ」の回答が34・1％に対して、「100万円以上の商材を扱うグループ」の回答が43・4％と、若干高めのスコアになっていました。単価が高い分だけ、「重要な局面においては対面を」という気持ちが働くのでしょう。

さて、このように営業側の観点からも「望ましい商談のスタイル」について見てきました。「オンライン商談を積極活用しながらも、他のアプローチを組み合わせる」というハイブリッド営業は、修得したい重要な提案活動です。

図表3-2 ■ 営業側としての、望ましい商談スタイル（提案単価による違い）

Q 適切な提案をするために、望ましい商談のスタイルはどれに近いですか。もっとも望ましいものを1つだけお選びください。

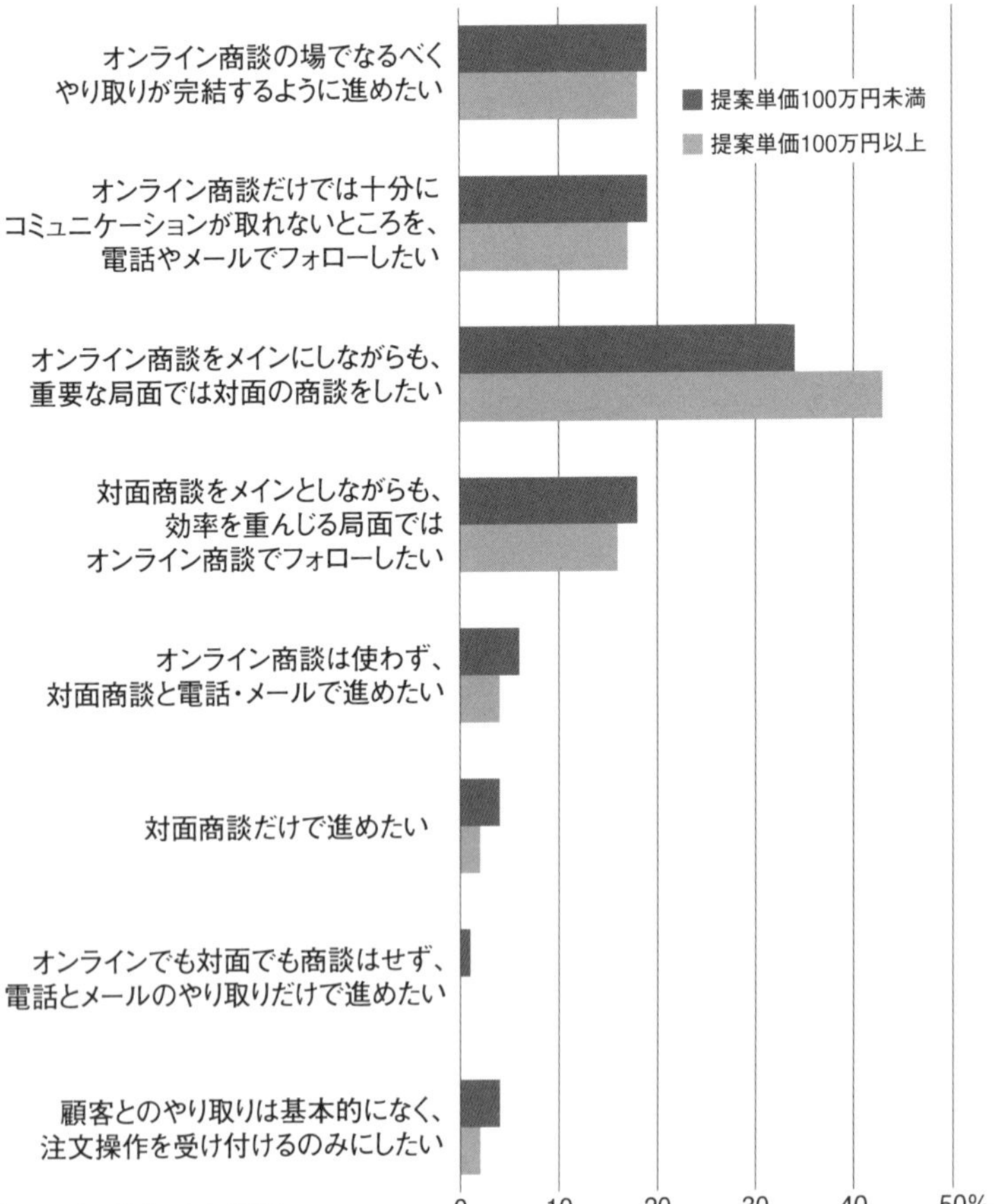

オンライン商談の場でなるべくやり取りが完結するように進めたい
オンライン商談だけでは十分にコミュニケーションが取れないところを、電話やメールでフォローしたい
オンライン商談をメインにしながらも、重要な局面では対面の商談をしたい
対面商談をメインとしながらも、効率を重んじる局面ではオンライン商談でフォローしたい
オンライン商談は使わず、対面商談と電話・メールで進めたい
対面商談だけで進めたい
オンラインでも対面でも商談はせず、電話とメールのやり取りだけで進めたい
顧客とのやり取りは基本的になく、注文操作を受け付けるのみにしたい
提案単価100万円未満
提案単価100万円以上
0
10
20
30
40
50%

（n=310） 出所：TORiX調査

では、ハイブリッド営業とはどのようなアプローチなのか、詳しく見ていきましょう。

お客さま接点の量と質を向上させる「正しいハイブリッド営業」とは

2020年のコロナ禍によってオンライン商談が普及しましたが、「対面で会えないから（しかたなく）オンライン商談」という用いられ方も多かったのではないでしょうか。

オンライン商談の本質は提案活動の効率化にあります。しかし、当然ながら、「効率化」だけでは案件や受注は増えません。お客さまの納得度を高められるよう、接点の量と質を向上させるアプローチが必要なのです。

お客さまと対面で会えれば、たしかに多くの情報をやり取りできますが、コロナ禍以降、お客さまとはそう簡単に会えなくなりました。「対面商談こそが営業と捉え、対面で会えないのをしぶしぶオンライン商談で置き換える」という考え方では、単に営業活動の量と質が下がってしまいます。

そうではなく、「対面商談とオンライン商談、それぞれのメリットを活かしながら、場面

図表3-3 ■「対面商談をオンラインに置き換え」ではなく、「場面に合わせた最適活用」が重要

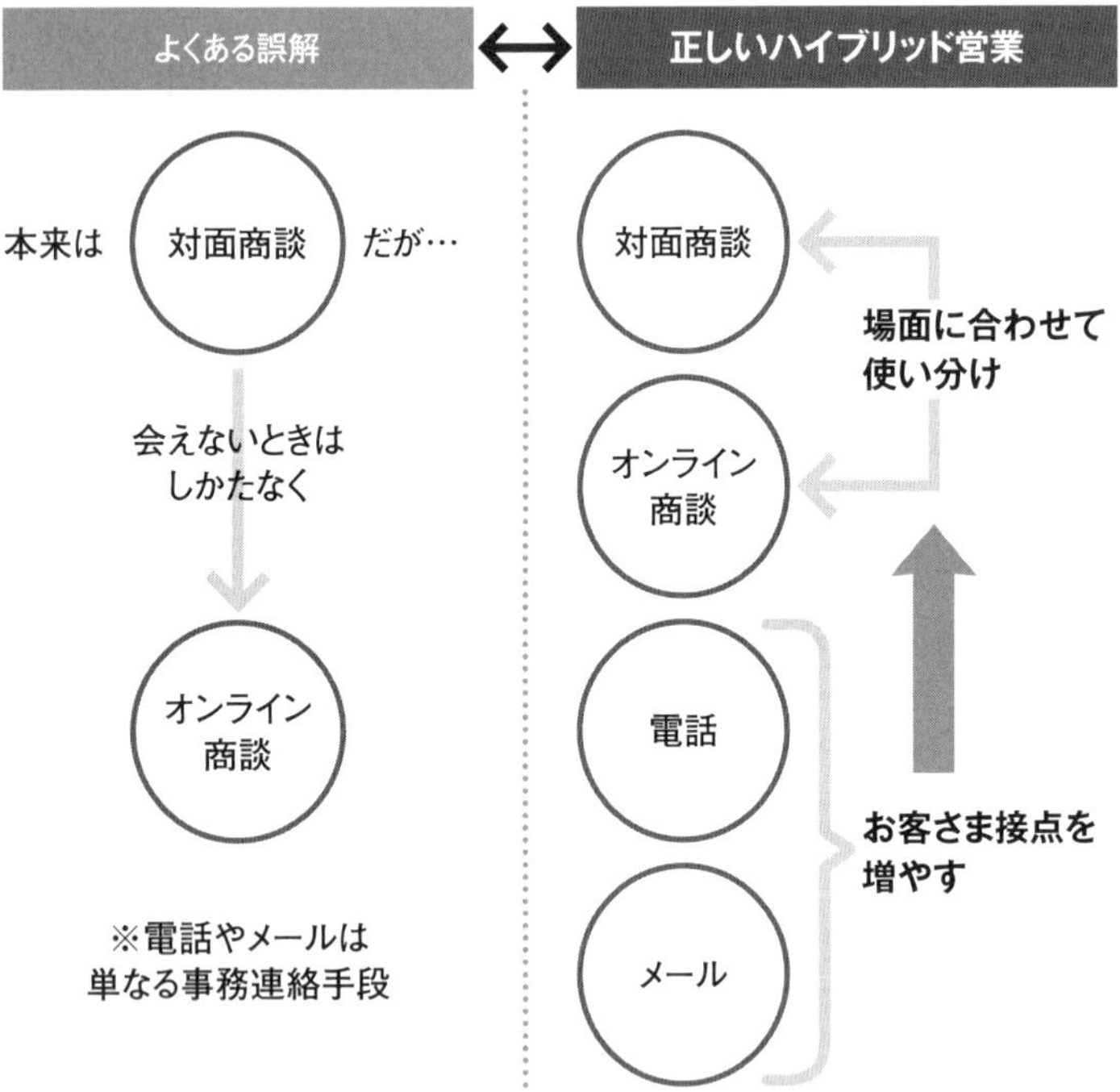

に応じて使い分ける。さらに、商談機会を獲得するため、電話やメールを活用してお客さまとの接点を増やす」というのが、正しいハイブリッド営業の姿です。

緊急事態宣言の影響を大きく受けた2020年3月から7月において、「何らか業績に対してプラス要因が存在した営業」と、「業績に対してマイナス要因しかなかった営業」とでは、何が異なっていたかを調べてみました。

こちらは、「提案や見積もりの件数」「新規顧客からの受注件数」「既存顧客からの受注件数」「受注案件の単価」において、いずれかが上がった「業績プラス」グループ（全体のうち約3分の1）と、すべての項目が下がった「業績マイナス」グループ（全体のうち約3分の2）とで、活動量について聞いたアンケートの結果です。

業績プラスのグループでも、対面商談の回数は激減しています。しかし、業績マイナスグループと比較すると、対面商談件数の減少幅は抑えられています。

これは、「お客さまによる大選別時代」の兆候と考えられます。営業が対面で商談したくとも、対面商談のハードルが上がっています。お客さまからすると、「本当に必要な営業としか会わない」方向に世のなかは進んでいるということです。

図表3-4 ■ 業績アップ／ダウンの違いを生んだ活動量

Q 新型コロナウイルスの影響で、2020年3月以降、お客さま向けの営業活動はそれぞれどのように変化しましたか

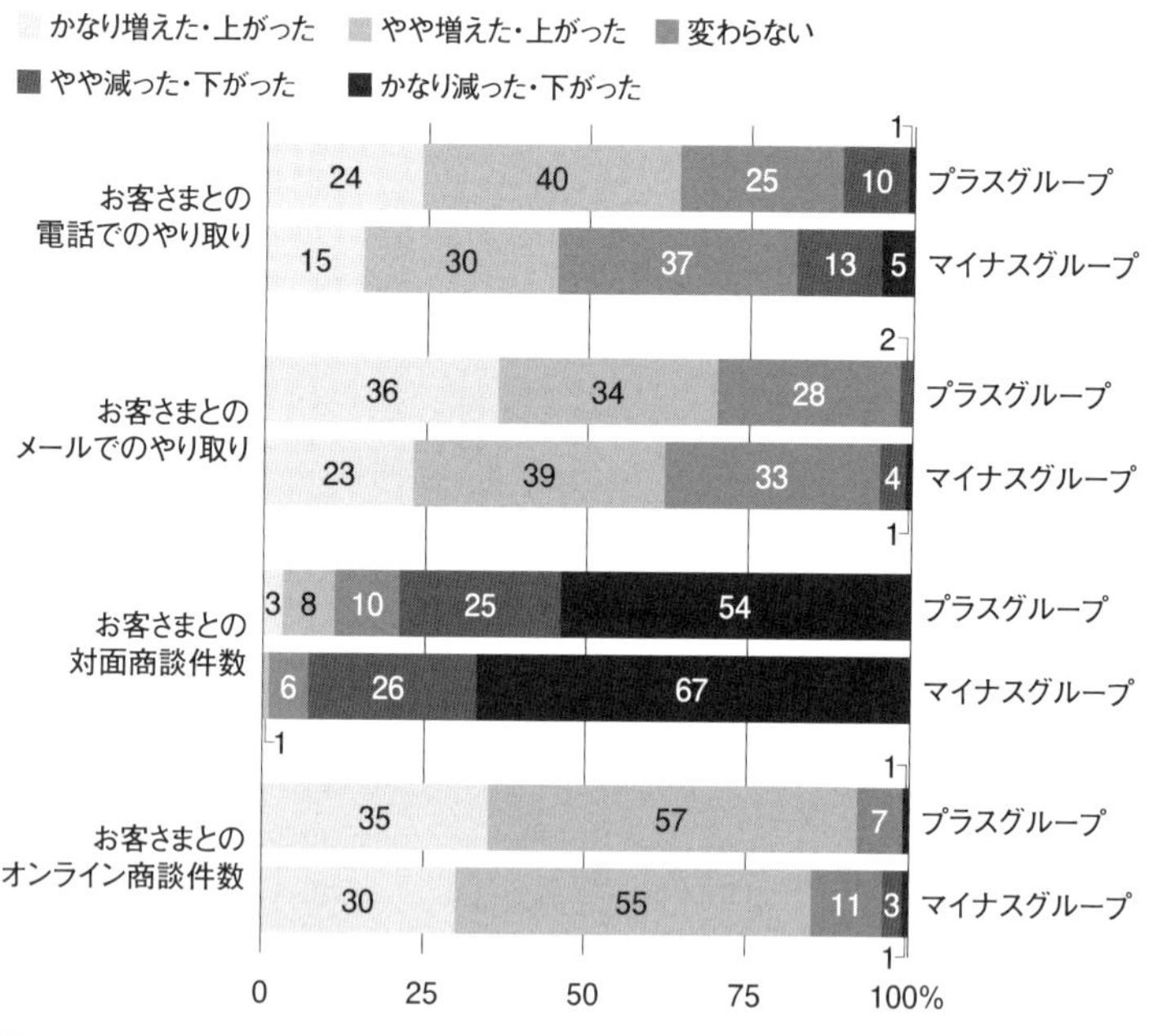

かなり増えた・上がった
やや増えた・上がった
変わらない
やや減った・下がった
かなり減った・下がった
お客さまとの電話でのやり取り
お客さまとのメールでのやり取り
お客さまとの対面商談件数
お客さまとのオンライン商談件数
プラスグループ
マイナスグループ
24 40 25 10 1
15 30 37 13 5
36 34 28 2
23 39 33 4 1
3 8 10 25 54
1 6 26 67
35 57 7 1
30 55 11 3 1
0
25
50
75
100%

【プラスグループ】	【マイナスグループ】
・提案や見積もり提示の件数 ・新規顧客からの受注件数 ・既存顧客からの受注件数 ・受注した商談における1案件あたりの平均単価 のいずれかにおいて、「かなり増えた・上がった」あるいは「やや増えた・上がった」と回答	・提案や見積もり提示の件数 ・新規顧客からの受注件数 ・既存顧客からの受注件数 ・受注した商談における1案件あたりの平均単価 のすべてにおいて、「変わらない」「やや減った・下がった」「かなり減った・下がった」のいずれかを回答

プラスグループ（n=91）

マイナスグループ（n=219）　出所：TORiX調査

次に、お客さまとの電話・メールのやり取り及びオンライン商談の件数を見てみましょう。いずれにおいても、業績プラスのグループが業績マイナスのグループに対して、「かなり増えた」「やや増えた」の項目の割合が多く、活動量が増えています。

対面営業の機会が限定され、「そう簡単にお客さまと会えない」なかでも、業績に対して何らかのプラス要因が存在した営業は、お客さま接点の量と質を向上させているのです。

具体的に、どのようにお客さま接点の量と質を向上させるかについて、次でご説明します。

ハイブリッド営業は「二人三脚」で進める

「対面商談とオンライン商談、それぞれのメリットを活かしながら、場面に応じて使い分ける。さらに、商談機会を獲得するため、電話やメールを活用してお客さまとの接点を増やす」がハイブリッド営業の正しい姿であると、先ほどお伝えしました。

ハイブリッド営業の肝は「二人三脚」にあります。いっきに大きく進むのではなく、1つひとつのプロセスが分解され、お客さまとの共同作業が鍵となります。運動会の二人三脚をイメージしていただくとわかりやすいのですが、二人三脚では、お互いの足を結ぶので、自然と歩幅は小さくなりますね。そして、ペアの人と足並みを合わせて進んでいくことが必要です。どちらかがいきなり大きく一歩目を踏み出すと、バランスを崩して転んでしまいます。

ハイブリッド営業も同様です。お客さまと歩調を合わせながら、一歩一歩は小さいながらも、着実に商談を前に進めていくのです。

一つのモデルケースについて見てみましょう。

従来型の営業は、対面活動を中心とした世界観でした。

アポイントのハードルも、今よりはずいぶんと低かったので、「とりあえず会う」ことはそれほど難しくありませんでした。

まずは担当者にお会いして、商品説明とニーズヒアリングを行い、提案機会をいただけたら担当者にプレゼンして、好感触なら決裁者提案……というステップが主流でした。

これが「オンライン商談を活用したハイブリッドな営業活動」になると、どう変わるのでしょうか。

図表3-5 ■ ハイブリッド営業の肝は「二人三脚」

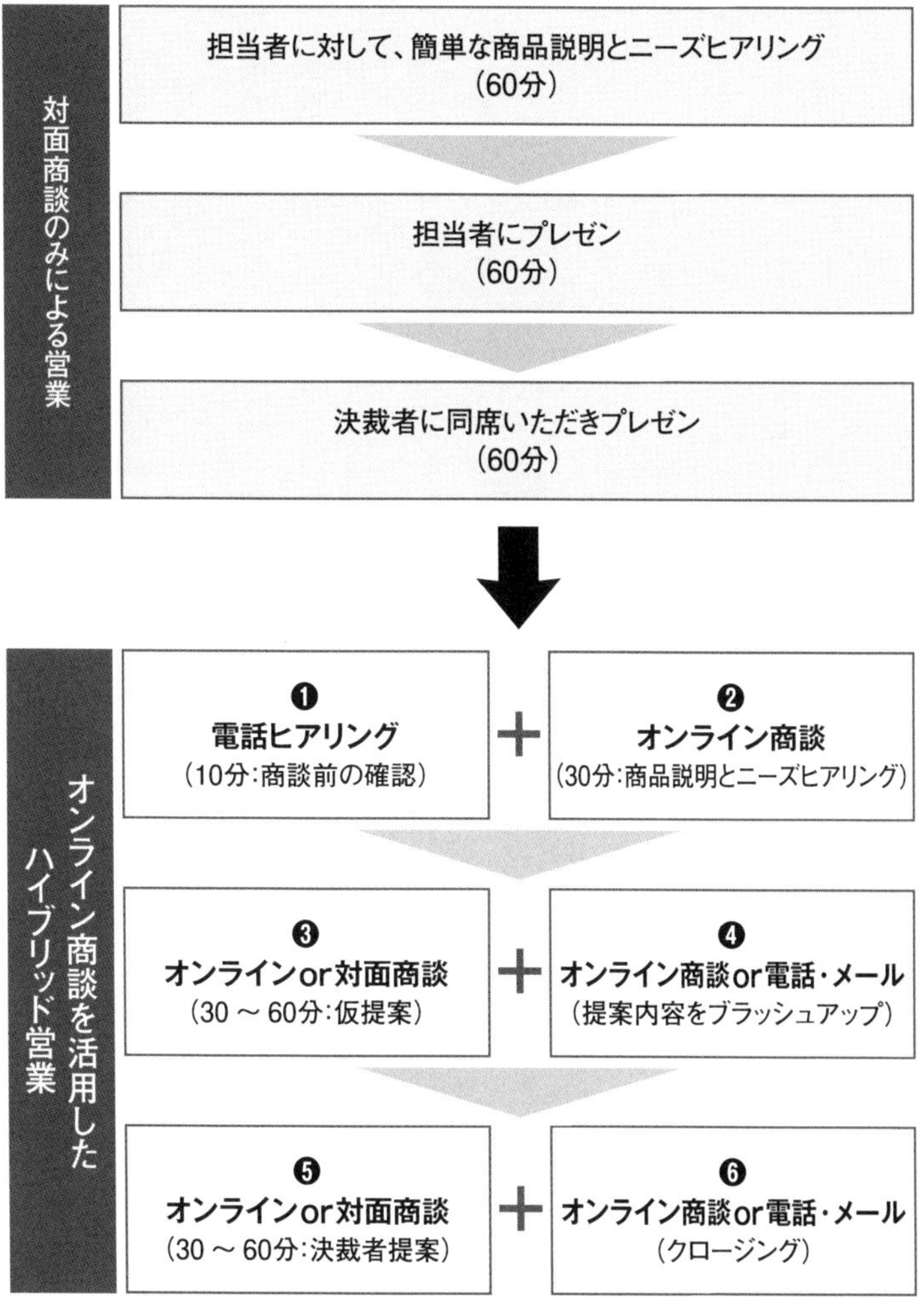
対面商談のみによる営業
担当者に対して、簡単な商品説明とニーズヒアリング
(60分)
担当者にプレゼン
(60分)
決裁者に同席いただきプレゼン
(60分)
オンライン商談を活用した
ハイブリッド営業
❶
電話ヒアリング
(10分:商談前の確認)
❷
オンライン商談
(30分:商品説明とニーズヒアリング)
❸
オンラインor対面商談
(30 ～ 60分:仮提案)
❹
オンライン商談or電話・メール
(提案内容をブラッシュアップ)
❺
オンラインor対面商談
(30 ～ 60分:決裁者提案)
❻
オンライン商談or電話・メール
(クロージング)

まず、対面のアポイントは、そうやすやすとはいただけません。

オンライン商談のアポイントが得られたとしても、時間は短くなります。そうなると、初回のオンライン商談で「外す」ことのないよう、事前に電話などで基本的な前提や背景を①電話ヒアリングできると有利です。お客さまについて、商談前に少しでも理解できていると、提案機会をいただける可能性は高まります。

商品説明やニーズヒアリングを行う②オンライン商談では、五感から入ってくるお客さまの情報が、どうしても少なくなります。お客さまとの関係がまだ築けていなければ、いきなり判断を迫る正式な提案をするよりも、お客さまにヒアリングや確認を交えて、どうお役に立てそうかを議論していくのがよいでしょう。

あえて、お客さまに介入して（つっこんで）いただきながら、一緒に提案を作っていくほうが成功率は高まります。前章でお伝えした「つっこまれビリティ」によって、お客さまの介入度合いや納得度を徐々に上げていくのです。

仮提案の③オンラインor対面商談では、お客さまの方で希望されれば、オンラインの代わりに対面でお会いすることも可能になります。対面商談は、当たり前に存在する権利ではなく、お客さまが「対面で会う価値がある」と認識されることによって実現するのです。

対面の接触回数によってお客さまの熱量を上げることが難しい状況下では、コミュニケーションのキャッチボールの往復を増やすことで、お客さまの熱量を上げていく必要があります。お客さまの介入が増えれば、関係も築けてきますし、本気度も上がっていきます。

お客さまは忙しいですから、④オンライン商談に電話やメールを組み合わせて、時間効率を上げつつ提案内容をブラッシュアップしていきましょう。そうやって、当初の仮提案を「決裁者に向けて本格的にプレゼンできる状態」にまで磨き上げていくプロセスは、現場担当者との共同作業によって行います。

担当者と息が合って、着々と提案内容の完成度が上がってきたら、次はいよいよ⑤オンラインor対面商談で「決裁者提案アポ」です。

決裁者提案も「その場で即決いただく」ことは少なくなってきますから、提案後のフォローが重要です。そのフォローも、⑥オンライン商談や電話・メールを駆使していくことになります。

クロージングの際は、お客さま社内での意思決定プロセスを支援するにあたり、担当者をしっかりと味方につけておく必要があります。これまでの二人三脚の成果が問われるのです。

こうして「ハイブリッド営業」の活動を見ていくと、プロセスが分解されて細かくなっていることがわかります。お客さまによる大選別時代が進みつつある状況では、対面アポはかなり貴重な機会です。「とりあえずお会いして、ノリと雰囲気でクロージングを迫る」というやり方は通用しなくなってきます。お客さまの納得感を醸成し、先方の社内を巻き込んでいくための多岐にわたる手段をフル活用する必要があるのです。

ハイブリッド営業では、このように、お客さま接点の量と質を向上させ、お客さまと「二人三脚」で提案を練り上げていきます。

「二人三脚営業」では、一歩一歩の幅が小さくなる分、提案活動のサイクルを素早く回していくことが求められます。

二人三脚の提案活動を高速回転する〝10ミニッツ営業〟

ハイブリッド営業の「二人三脚」では、営業活動の工程が増えます。

そこで、「1回あたりにかかる活動を減らす」「1回の活動によるインパクトを上げる」「ハズレ商談や失注を減らす」ことによって、活動効率を上げていきたいところです。

その具対的な方法として、4つの力を活用し、提案活動を高速回転させる〝10ミニッツ営業〟についてご紹介します。4つの力についての詳細は、前著『無敗営業「3つの質問」と

「4つの力」』（日経BP）をご参照ください。

〝10ミニッツ営業〟は、オンライン商談にせよ対面商談にせよ、「正式な商談アポ」だけでは不足しがちなお客さま接点を、効果的に増やしていくためのアプローチです。

「10分電話商談」と「即時メール」がポイントになります。

「10分電話商談」というのは、お客さまとの電話において、単なる事務的なやり取りだけでなく、そのわずかな時間も利用してちょっとしたディスカッションをするものです。提案内容を二人三脚で作り上げていくにあたり、会話のキャッチボールの数を増やす効果があります。

そのために、お客さまと電話する際、なるべく「お客さまがPCの前にいて、画面を見ながら会話できる状態」であるかどうか、確認しておきましょう。それによって、電話のやり取りも、さながら「短めのオンライン商談」のようになります。

営業マネジメントの文脈で「訪問件数」「商談件数」「アポの件数」といったKPI（Key Performance Indicator）を定めている組織があります。こういった電話商談で、きちんとしたやり取りができるなら、それも訪問や商談の1カウントとすることで、組織全体の行動量は増えていきます。しかも、この「10分電話商談」では、移動時間が必要ないた

図表3-6 ■ “10ミニッツ営業”

	内容	言い回しの例	
1 電話商談の設定（価値訴求力）	「いつだったら電話可能か」をお客さまに確認しておき、電話における接触も「1アポ」のように活用し、コミュニケーションの量や頻度を担保する	「いつ頃ですとお席にいらっしゃいますか。そのあたりのお時間に電話させていただいてもよろしいでしょうか」	
2 課題発見質問（質問力）	数分程度の会話で、お客さまの「やりたくてもできないこと」（悩みや課題）を聞き出し、深掘りをする	「今おっしゃった、○○できていないということについて、もう少し詳しく伺えますか」	10分
3 要件整理（提案ロジック構築力）	悩みや課題をいくつか聞き出した後、「漏れがないか」「優先順位はどうなるか」について、キーワードにして手元で整理する	「今お伺いしたキーワードとして、XXとXXがありますが、他にはありますか」「優先順位はどのようになりますか」	（2・3で10分）
4 お役立ちメール（提案行動力）	聞き出したキーワードに対して、お役に立てそうな情報をすぐにメールで送り、すり合わせをする	「伺ったXXというキーワードについて、ご参考になるかもと思う情報をお送りします」	10分

（1→2→3→4、4から1へ戻る）

め、全体の活動量を増やしやすいこと、お客さまの検討のリードタイムを縮められることなどのメリットも見込まれます。

電話の内容を簡単に整理して「メールを即時に送る」というのも重要です。見逃されることのないよう、スピード重視ですぐに送ることで、お客さまにとっての体感価値も上がります。

〝10ミニッツ営業〟ができるようになると、営業活動の回転数は飛躍的に上昇します。前章で、「対面商談がオンラインの商談になることで、購買の決め手はどう変わったか」というお客さま調査のグラフをご紹介しました。そこでトップにきた項目は「サービス対応のスピードや柔軟性」です。この、スピードや柔軟性を生み出す段取りにおいて、〝10ミニッツ営業〟は強い効果を発揮します。

「電話は迷惑では」と思考停止せず、タイミングを見計らうことが重要

よく、営業の方から「お客さまに電話をかけてもつながらない」「電話はお客さまにとって迷惑なのでは」という声を聞きます。たしかに、用もないのに忙しい仕事を中断されるの

は、お客さまにマイナスの印象を生んでしまいます。しかし、電話のやり取りがまったく意味を持たないかというと、そうではありません。

重要なのは「タイミング」です。

これは、お客さまに対して、「発注の可能性がそれほど高くない営業担当との電話のやり取り」「発注を高い確率で検討している営業担当との電話のやり取り」のそれぞれに関するニーズを聞いてみたものです。

このアンケート調査のグラフを見ると、「電話のやり取りは一切発生させず、メールだけで完結させたい」という項目について、「発注の可能性がそれほど高くない営業担当」に対しては29・0％、「発注を高い確率で検討している営業担当」には5・5％という結果が出ています。

よく、アプローチ中のお客さまに対して、「電話がつながらない」という営業の声を聞きます。これは、「発注の可能性があるかもしれない」というラインを越えられず、足切りに引っかかって、電話をスルーされてしまっている可能性があります。このハードルをクリアするためには、入り口段階でいきなり電話をせず、まずはメールでお役立ち情報を提供

図表3-7 ■「電話のやり取り」に関するお客さまのニーズ

Q 発注の可能性がそれほど高くない営業担当との電話のやり取りについて、どれに近いですか。また、発注を高い確率で検討している営業担当との電話のやり取りについて、どれに近いですか。

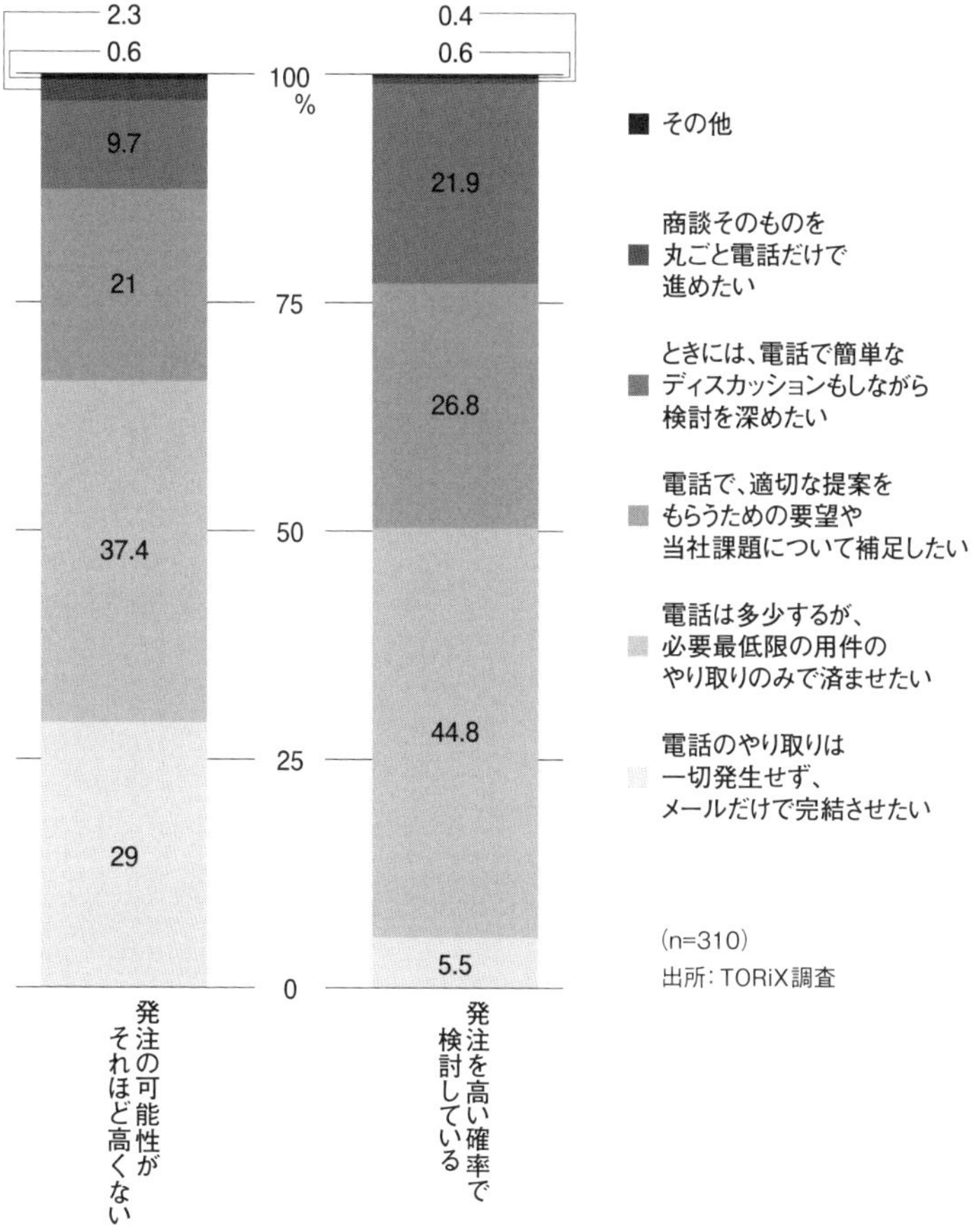
2.3
0.6
9.7
21
37.4
29
0.4
0.6
21.9
26.8
44.8
5.5
100 %
75
50
25
0
発注の可能性がそれほど高くない
発注を高い確率で検討している
その他
商談そのものを丸ごと電話だけで進めたい
ときには、電話で簡単なディスカッションもしながら検討を深めたい
電話で、適切な提案をもらうための要望や当社課題について補足したい
電話は多少するが、必要最低限の用件のやり取りのみで済ませたい
電話のやり取りは一切発生せず、メールだけで完結させたい

(n=310)
出所：TORiX調査

することが必要です。

さて、グラフの内容をもう少し見てみましょう。たとえ「発注の可能性がそれほど高くない営業担当」であっても、「電話で、適切な提案をもらうための要望や当社課題について補足したい」「ときには、電話で簡単なディスカッションもしながら検討を深めたい」の2つの回答の合計は30％を超えています。さらに「発注を高い確率で検討している営業担当」では、同じく2つの回答の合計が50％近くを占めています。これは、無視できない割合であるといえるでしょう。

このグラフの結果から見えてくるのは、

●足切りラインに引っかかってしまうと、そもそも電話を取っていただけない

●「電話は多少するが、必要最低限の用件のやり取りのみで済ませたい」という声がマジョリティであり、忙しいお客さまの時間をムダに奪ってしまうのはNG

●発注の可能性が上がってくれば、「電話での補足やディスカッション」に前向きなお客さまも増えてくる

ということです。

すなわち、一定のラインをクリアして、お客さまと「電話のやり取りを行える関係」さえ

築ければ、競合に対してアドバンテージを握ることができます。多くの営業は、このラインを越えられていないのですから。

電話によるコミュニケーションは、お客さまが受け入れてくれるラインを越えたタイミングを境に、「一つの有効なコミュニケーション手段」となるのです。

とはいえ、むやみに電話をしてお客さまの時間を奪ってしまってはいけません。どの時期・時間帯なら邪魔にならないかをきちんと確認しましょう。電話する際も、お客さまの都合を考慮したタイミングでかけるようにし、「用件は何か」「目的は何か」「いただきたい時間はどのぐらいか」を冒頭の30秒で言えるようにしておくことが必要です。

そのうえで、電話で会話しながら、お客さまが「もう少し話しても大丈夫か」あるいは「すぐ切り上げたいのか」を確認します。

もし、お客さまから見て、当社の優先順位（ポジション）が高そうなら、その場で数分、お時間をいただける可能性が上がります。これがすなわち「10分電話商談」です。

「発注の可能性があるかもしれない」というラインを越え、電話を一つの有効な機会として活用するためには、「どうやって自社がお役に立てることを示すか」が重要になってきます。

それが、お客さまに必要とされるための「価値訴求力」です。

「価値訴求力」で入り口を突破する

ハイブリッド営業においては、電話やメールで効果的にお客さま接点を増やすことが重要であることは先にお伝えしました。特に電話が有効なコミュニケーション機会となるためには、自社がどうお客さまのお役に立てるのかを示して、足切りラインを越える必要があります。お客さまに必要とされるための「価値訴求力」が問われてくるわけです。

お客さまに必要とされるための「価値訴求力」で大事なポイントは、「お客さまにお役立ちできる引き出しが多いこと」です。

まず、お客さまに対するお役立ちの軸を、次の図のように「機能価値（思考軸）」と「情緒価値（感情軸）」で分類します。

左下の象限は、「労務提供・適量コミュニケーション」です。

お客さまの仕事を一部お手伝いする、あるいはコミュニケーションの量や頻度を相手が

図表3-8 ■ 価値訴求の四象限

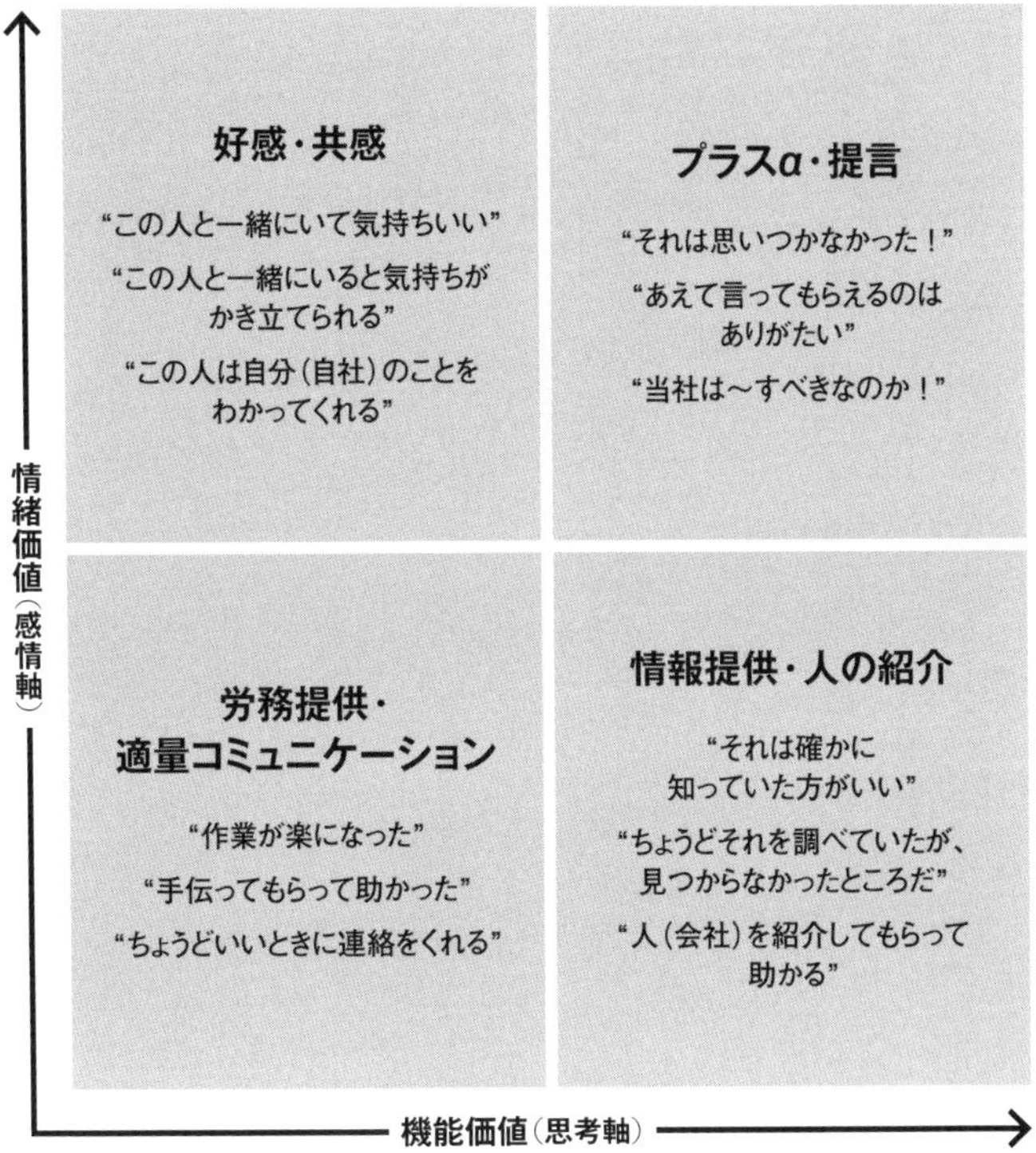
好感・共感
"この人と一緒にいて気持ちいい"
"この人と一緒にいると気持ちがかき立てられる"
"この人は自分（自社）のことをわかってくれる"
プラスα・提言
"それは思いつかなかった！"
"あえて言ってもらえるのはありがたい"
"当社は～すべきなのか！"
労務提供・適量コミュニケーション
"作業が楽になった"
"手伝ってもらって助かった"
"ちょうどいいときに連絡をくれる"
情報提供・人の紹介
"それは確かに知っていた方がいい"
"ちょうどそれを調べていたが、見つからなかったところだ"
"人（会社）を紹介してもらって助かる"
情緒価値（感情軸）
機能価値（思考軸）

受け取りやすいようにします。

左上は、「好感・共感」です。お客さまと感情面でつながることで、「わかってくれる営業だ」という印象を持っていただけると、営業活動も進めやすくなります。

右下は、「情報提供・人の紹介」です。お客さまに対してお役立ちできる情報や人のつながりを提供することで、「教えてくれてありがとう」という反応が得られます。

右上は、「プラスα・提言」です。お客さまに対して、商品の機能レベルではなく、もっと上の経営レベルの提言をしたり、あるいは、お客さまが思いつかないような角度からの創意工夫をすることでお役立ちします。

なかでも、お客さまとまだ十分に接点を持てていない状況では、右下の象限にある「情報提供」が有効です。

海外で発祥し、2010年代の中盤に日本でも普及した「コンテンツマーケティング」という手法があります。「適切で価値ある一貫したコンテンツをお客さまに届けることで、最終的に購買に導くコミュニケーション」のことですが、そういう意味では、営業にとっても、コンテンツを使いこなすことが求められます。

お送りする情報の分類として、いくつか例を記載します。

①打ち合わせメモと参考資料

これは、すでに商談や打ち合わせをしたことのあるお客さまに提供できる資料です。商談メモでも、箇条書きにするなど、体裁を整えれば、お客さまにとっては十分にありがたい資料となります。

打ち合わせの場で出てきた内容に加えて、社内資料にあるスライドから抜粋して「ご参考まで」と添付するアプローチもあります。これは、一度打ち合わせをしたことのあるお客さまであれば、「メモ」にひも付けてお送りできます。

②チェックポイント集

たとえば、「○○○をするなら押さえておきたい7つのポイント」のような資料です。一つひとつは真新しい内容でなくとも、5～9つぐらいにポイントがまとまっていることで、お役立ちコンテンツになります。

③事例資料

事例資料は、お客さまによる自社サービスの活用事例やインタビュー事例などです。すでに活用いただいているお客さまの声や導入経緯なども、ある程度、検討されているお客さまには参考になります。

④論点マップ・入門ガイド

「はじめての○○○ガイド」のように、考えるべきポイントや行うべきことを体系的にまとめたものです。商品の情報などは置いておき、特にお客さまが「まとまった情報がほしい」という場合に役立ちます。

⑤調査やセミナーのレポート

自社でアンケートやインタビューを行った際の調査をレポート形式でまとめたものや、展示会・セミナーのイベント報告などです。調査やセミナーのレポートには、ある程度のまとまったリソースがかかる一方で、独自性の強いコンテンツを作ることができます。

⑥商品や料金の詳細

自社商品や料金プランの詳細についてです。これを必要とされるお客さまは、検討の本気度が高いのですが、まだ必要とされないうちには、安易に送らないよう注意が必要です。

さて、代表的な資料の種類をいくつか挙げましたが、社内にマーケティング部門がある場合、②〜⑥については、ホワイトペーパーやｅＢｏｏｋの形で、会社で用意しているケースがほとんどでしょう。

①については、「実際にお客さまとやり取りしたことのある営業だからこそ送ることができる」という条件がつきます。

また、②のチェックポイント集であれば、営業が社内にある資料を編集して作成することも可能です。

社内にこういった武器のためのコンテンツ（資料）が豊富に用意されていればいいのですが、たとえ社内に準備されていなくても、営業がクイックに作成してお客さまに送ることができると、価値訴求の接点が増やせます。

情報発信を継続していると、お客さまから反応が返ってくることがあります。あるいは、直接、問い合わせをいただくこともあります。そこで、「電話で少しお話できる時間」（＝10分電話商談）が生まれます。この接点を活かして、「お客さまを理解するための質問」をすることが重要です。

接点ができたら、「質問力」でお客さまを理解する

お送りした資料に対してリアクションがあれば、お客さまと10分電話商談のチャンスをいただけます。接点が生まれたら、いろいろと質問したいところですが、お客さまの都合を考えず一方的なヒアリングをしないよう注意が必要です。

効果的なヒアリングをするうえでは、お客さまを理解するための「質問力」が重要です。

切り込む段階では「枕詞」が役に立ちます。

「お時間をムダにしないために、一つお伺いしたいのですが、先日お送りした資料にリアクションしてくださったのには、どのような背景がありますか」のように聞いていきます。お客さまがいち担当者として、個人的な情報収集段階だったとしても、将来に備えて、組織の背景情報などは聞いておくとよいでしょう。「あくまでも個人的なご意見でかまいませんので……」などと質問すれば、お話しいただける確率は高まります。

図表3-9 ■ お客さまを理解するための「質問力」

枕詞	●「Aさまのお時間を無駄にしないために伺いたいのですが」 ●「個人的なご意見でかまいませんので」 ●「もし仮に●●の点がクリアされたら」	考える観点を提示して切り込む
深掘り	●「と、おっしゃいますと?」 ●「具体的には?」 ●「なぜでしょうか?」 ●「他にはありますか?」	お客さまが話す割合を増やす
特定	●「御社の課題について、特にここ1ヶ月議論されているものとしては、どのようなものがあるでしょうか?」 ●「御社の課題として重要度が高いのは、AとBとではどちらでしょうか?」	具体的に絞り込む

「もし仮に、社内の合意が得られたら、当社サービスの導入は、お客さまのやりたいことを実現するのにお役立ちできそうでしょうか」のように聞いていくと、お客さまの興味や関心、その裏にある背景をヒアリングすることができます。

入り口段階として枕詞は有効なのですが、大事なことは、お客さまに話していただく割合を増やすことです。そこで活躍するのが「深掘り質問」です。

「と、おっしゃいますと」「具体的にはどういうことでしょうか」「それはなぜですか」「ほかにはありますか」などの言い回しは、言葉自体は短いものの、お客さまに会話のボールを渡して、相手の話す時間を増やしていくことにつながります。

十分に深掘りができたら、ある程度、お客さまの課題や、当社がお役立ちできそうなポイントに関する仮説が見えてきます。

仮説を具体的に絞り込む段階では「特定質問」が便利です。

「御社の課題について、特にここ1カ月議論されているものとしては、どのようなものがあるでしょうか」「御社の課題として重要度が高いのは、AとBではどちらでしょうか」のように、より具体的な解を得るための問いを投げていきます。

このように、質問力を発揮することで、お客さまに対する理解が進み、貴重な情報が得られます。

そこで、ヒアリングした内容をまとめてお客さまにメールでお送りしましょう。

「提案ロジック構築力」の出番です。

メールで商談を進める「提案ロジック構築力」

ハイブリッド営業によって、お客さまとの接点が広がってくると、打ち合わせや商談は、ノリや雰囲気で進めるのではなく、しっかりと言葉にして、相手との認識の一致を確認することが重要になってきます。

特にメールは、こういった整理能力が如実に表れるところです。ヒアリングでお客さまからいただいた情報を整理するうえでは、お客さまの意思決定を助ける「提案ロジック構築力」が有効です。

お客さまの次のアクションがスムーズになるよう、わかりやすく書きましょう。

ヒアリングした内容をまとめるときには、

●箇条書きで整理し、内容をキーワード化する
●書き出した項目について漏れや優先順位を確認する
●次のステップを明示する

以上のポイントが重要になります。

これらについては、可能であれば、メール送付後のフォロー電話で確認しましょう。

箇条書きにする際、番号を振っておくと、オンライン商談や電話の場で参照しやすくなります。「メールに書いてある○○○○○の件ですが……」と話すと長くなりますが、「メールに書いてある(1)について……」と言えば短い言葉で済みますし、認識のズレを防げます。

細かい注意点ですが、抜け漏れや優先順位に対して気を配る文言は、常に入れておきましょう。

先日、私はあるITベンチャー企業から、オンライン商談で営業を受けました。初回は30分の打ち合わせでしたが、営業の方は私にヒアリングした内容をきれいな箇条書きに整理して、商談終了と同時にメールで送ってこられました。このスピードに感動した私は、2

図表3-10 ■ 商談後のメールで差がつく「提案ロジック構築力」

本日は、非常にご多用のところ
お時間頂戴し誠にありがとうございました。

この度の研修要件について、以下の通り
具体的なイメージを得ることができました。

（1）アセスメントに重きを置き、ばらつきを抑える
（2）計画にそって一定基準をクリアした「卒業」を進行させる
（3）ビジネスの現場で求められるシビアさを体験できるプログラムにする
（4）スキルを細分化・言語化し、属人化を防ぐ
（5）ゆくゆくは、既存社員のアセスメントや能力向上につなげていく

週明けに改めてお電話を差し上げますので、
その際に、上記の**過不足**や**優先順位**など
確認させていただけますと幸いです。

貴社からのご要望がおありでしたら、**お打ち合わせを経て**
速やかにラフな提案と見積もりをお出しすることも
可能です。

どうぞよろしくお願いいたします。

箇条書きの活用

漏れや
優先順位を確認

次のステップを
明示

回目の商談時にその方の経歴を伺ったのですが、もともと大手証券会社で全国トップになった実力の持ち主でした（営業を受けたサービスは気持ち良く契約させていただきました）。

お客さまと二人三脚で検討を進める「提案行動力」

お客さまとコミュニケーションを取ったあと、相手の社内業務に必要なサポートを速やかに行うことは非常に重要です。なかでも、「お話しした内容の即時メール」は、お客さまにスピードや柔軟性を感じていただきやすいものです。こうした立ち回りにおいては、お客さまと共に段取りを進める「提案行動力」が求められてきます。

特に、「いい感じで進んでいたと思った案件が、お客さまの社内検討の停滞によって、いきなり進まなくなった」ということはよく起こりがちです。そういったケースにおける基本的な動き方を押さえておきましょう。

提案中の案件で、お客さまについ「ご検討状況はいかがでしょうか」という確認をしがちです。しかし、こういったリマインドの質問に良い答えが返ってくることはほとんどあり

図表3-11 ■ なかなか意思決定者に会えない稟議系案件の受注プロセスにおけるクロージング

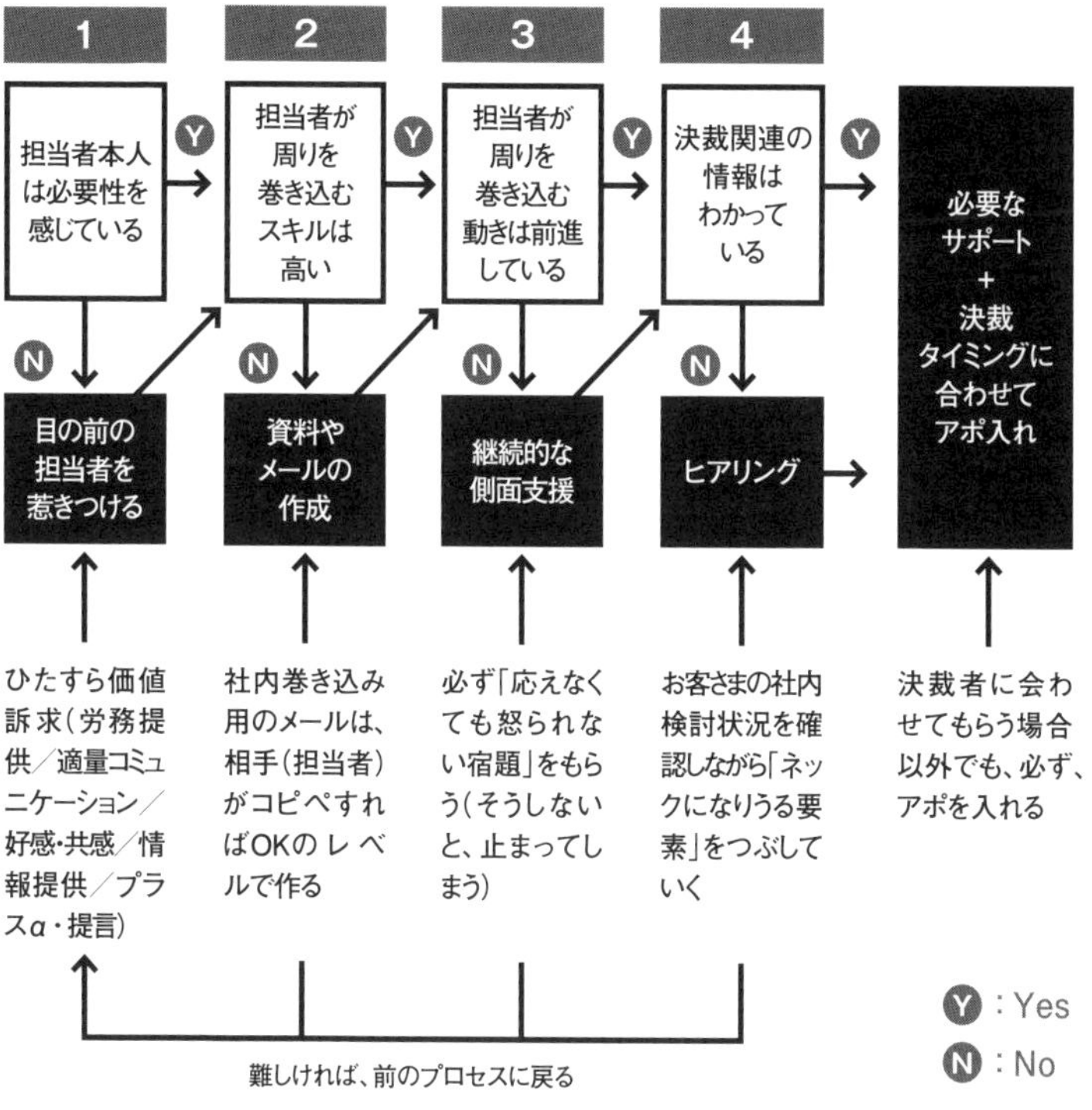
1
2
3
4
担当者本人は必要性を感じている
担当者が周りを巻き込むスキルは高い
担当者が周りを巻き込む動きは前進している
決裁関連の情報はわかっている
必要なサポート
+
決裁タイミングに合わせてアポ入れ
Y
N
目の前の担当者を惹きつける
資料やメールの作成
継続的な側面支援
ヒアリング
ひたすら価値訴求（労務提供／適量コミュニケーション／好感・共感／情報提供／プラスα・提言）
社内巻き込み用のメールは、相手（担当者）がコピペすればOKのレベルで作る
必ず「応えなくても怒られない宿題」をもらう（そうしないと、止まってしまう）
お客さまの社内検討状況を確認しながら「ネックになりうる要素」をつぶしていく
決裁者に会わせてもらう場合以外でも、必ず、アポを入れる
難しければ、前のプロセスに戻る
Y：Yes
N：No

ません。そこで行き詰まってしまう営業を多く見かけます。

そこで確認すべきは「いま具体的にどの状態になっているか」であり、求められてくるのは「お客さまの意思決定に対してどんな貢献ができるか」ということです。

お客さまの意思決定に至るプロセスを具体的に詰め切って、決定予定日までの段取りを押さえていれば、「ご検討状況はいかがでしょうか」のようなオープンクエスチョンではなく、「役員への上申資料作成にあたって……」など、具体的な場面の確認になるはずです。

そこで、目の前の担当者がうまく進められていないようなら、状況確認だけでなく、自分がどんな貢献をできるか示す必要があります。

「どんな貢献ができるかを示す」というのは、たとえば、

●資料作成を一部お手伝いできる
●上申に必要な材料を提供できる
●必要なら同席して説明できる
●内容を固めたいなら追加で議論できる

など、何ができるかを明らかにしてオファーするということです。

また、お客さまのなかで他業務が忙しくなったために案件の優先順位が下がりがちなときは、しつこくリマインドをすることでお客さまの感情を損ねてしまう場合があります。

そんなときは、「応えなくても怒られない（小さなレベルの）宿題」として、情報提供のネタを匂わせておき、「先日のご提案とは別件ですが、貴社のご参考になりそうな情報を見つけましたのでお送りします」という情報提供メールを送るのも効果的です。このメールは、〝別件〟と断っているので、追加でいくらでも送付できます。返信がこなくても、一定間隔でリマインド代わりに送りやすいので便利です。

こういったフォローを一切行わず、「ご検討状況はいかがでしょうか」「提案した件について返事をください」とならないよう注意しましょう。

こうした段取りを着実かつスピーディに回していくのが「提案行動力」です。

提案書にあえて表紙を付けない

2020年5月、私がTwitterに投稿したツイートのなかに、2日間で1400近くの「いいね」がついたものがありました。

ツイートがまとめられた「togetter」というサイトでは、数日で10万PVに到達するなど、反響をいただきました。当時の私のフォロワー数は2500人ちょっとでしたから、こ

図表3-12 ■ あえて「提案書に表紙を付けない」ことも

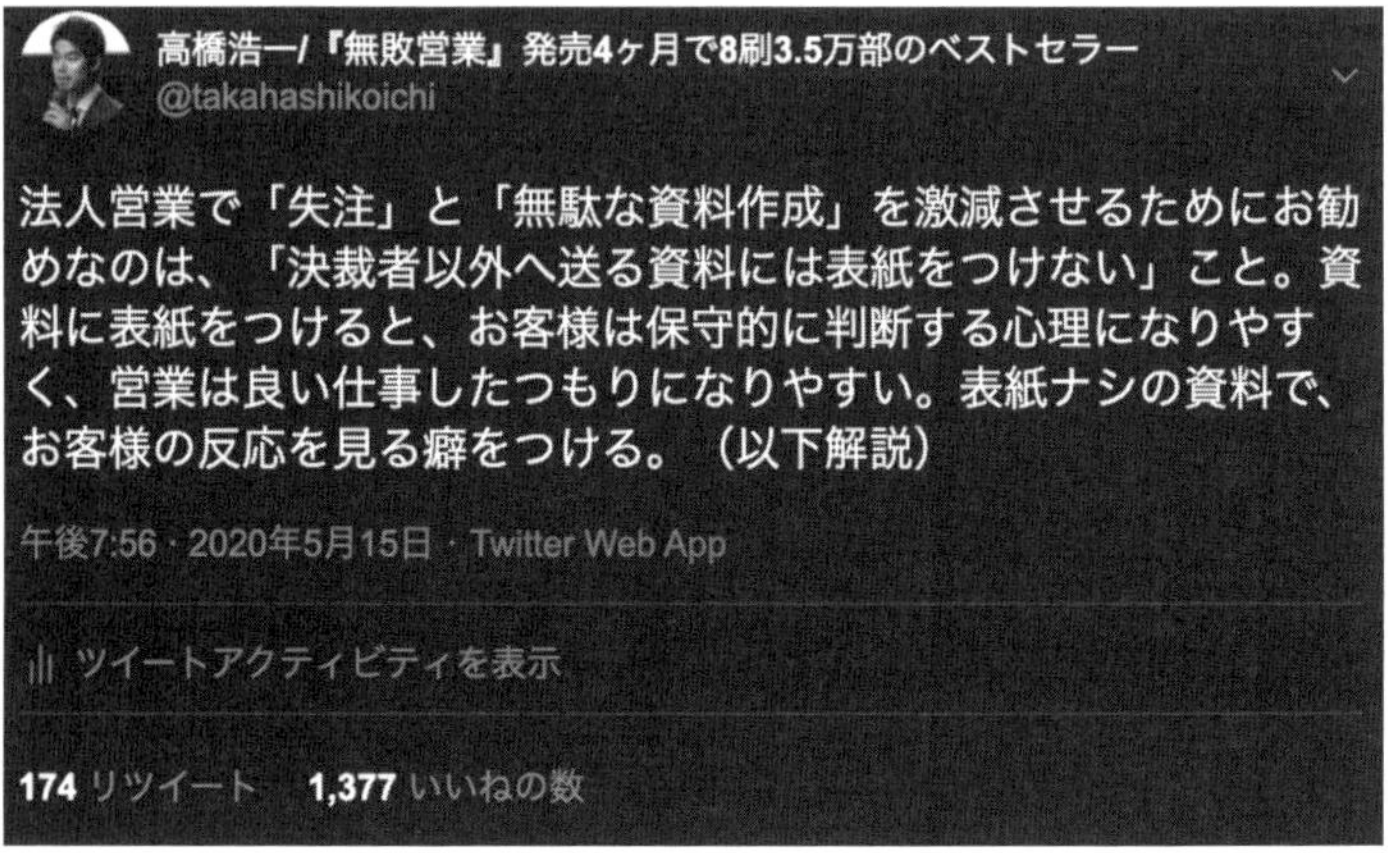
高橋浩一/『無敗営業』発売4ヶ月で8刷3.5万部のベストセラー
@takahashikoichi
法人営業で「失注」と「無駄な資料作成」を激減させるためにお勧めなのは、「決裁者以外へ送る資料には表紙をつけない」こと。資料に表紙をつけると、お客様は保守的に判断する心理になりやすく、営業は良い仕事したつもりになりやすい。表紙ナシの資料で、お客様の反応を見る癖をつける。（以下解説）
午後7:56・2020年5月15日・Twitter Web App
ツイートアクティビティを表示
174 リツイート　1,377 いいねの数

こまで反応があるのは予想していませんでした。

内容は「提案書に表紙を付けない」というものでした。

もちろん、ＳＮＳで話題になったから良いノウハウなのですと安易に申し上げるつもりはありません。反響があった背景として私の脳裏に浮かぶのは、提案書を本当にここまで作り込む必要があるのだろうかと、営業であれば誰しも考えたことがあるのではという思いです。お客さまの購買判断に必要な情報をわかりやすく示し、意思決定を助けるほうが大事なはずですが、世のなかの営業パーソンは提案書の「形式」

にとらわれすぎなのです。

提案書といえば、表紙にお客さまのロゴを入れ、しっかりとストーリーを考えて……のようなイメージをお持ちの方が多いかもしれません。

実際、お客さまは提案書のどこを見ているのでしょうか。

「現場の議論段階で重視するもの」「決裁者が意思決定において重視するもの」という2つの角度から聞いてみました(次ページ)。

これらのグラフを見ると、次のようなことが言えます。

●「課題整理」「課題と提案のマッチ」「費用対効果」が主要3項目。次に続くのは「商品やサービスの特徴」「差別化ポイント」

●「他社と比べた金額の安さ」「費用対効果」の項目は、決裁者の意思決定においては重要度が上がる。ただし、絶対的な価格の安さよりも費用対効果のほうが大きく重視される

●デザインや体裁については、「ページ数や情報量が必要最低限」で「図解やロジックが適切に用いられて」いることが多少は重視されるが、ビジュアルそのものの美しさや正確さについては、他の項目よりかなりウェイトが落ちる

こういった調査結果を見ると、「決裁者以外へ送る資料には表紙をつけない」ことの合理

図表3-13 ■ 提案資料で大事なのは「課題整理」「課題と提案のマッチ」「費用対効果」

Q 営業側からの提案資料を正式な承認プロセス(社内稟議など)にあげる前、現場の議論段階において購買担当が重要視する項目はなんですか。また、営業側からの提案資料を正式な承認プロセス(社内稟議など)にあげるとき、決裁者が意思決定において重要視する項目はなんですか。重要なものから順番に、1位～3位まで3つをお選びください。

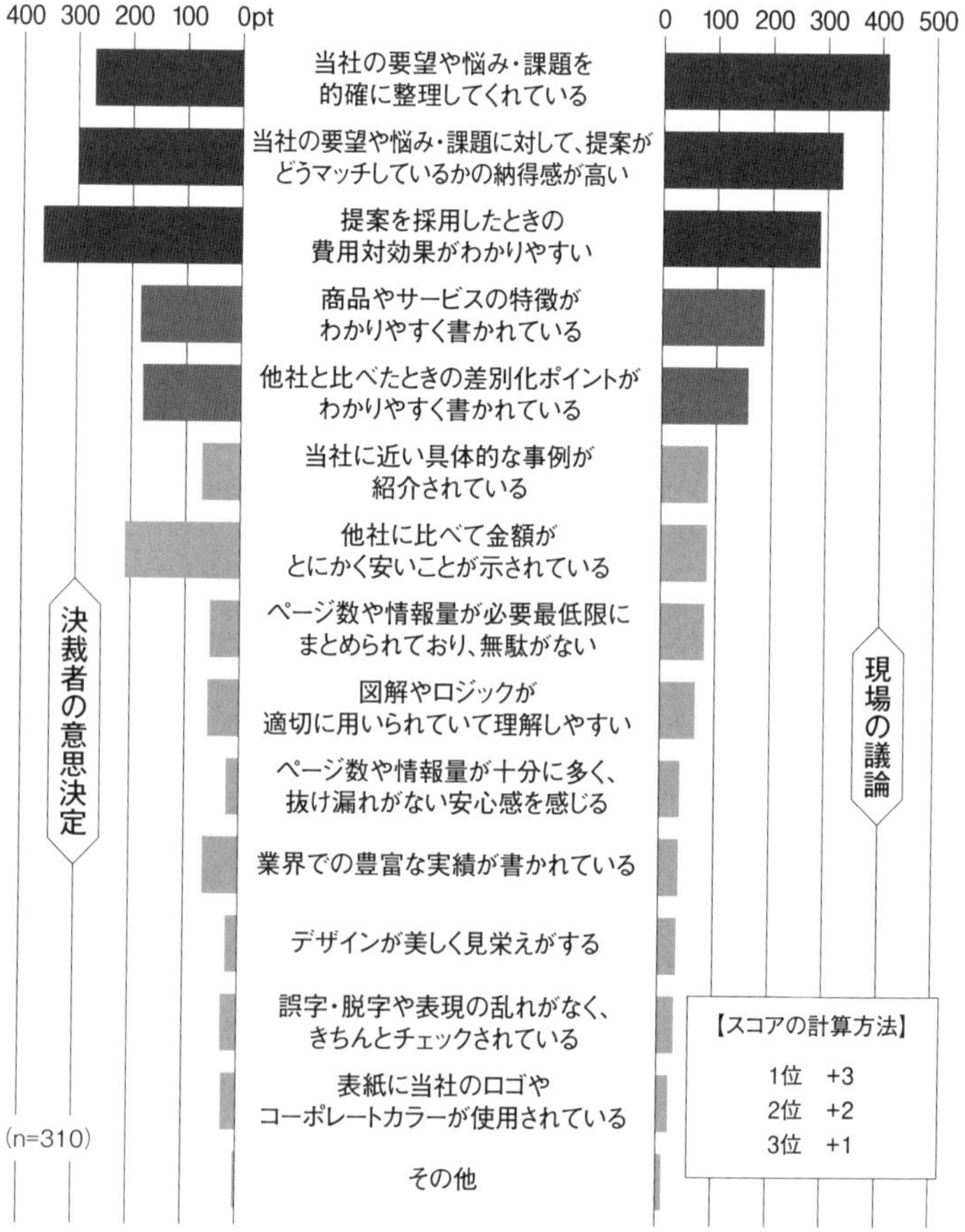

400 300 200 100 0pt
0 100 200 300 400 500
当社の要望や悩み・課題を的確に整理してくれている
当社の要望や悩み・課題に対して、提案がどうマッチしているかの納得感が高い
提案を採用したときの費用対効果がわかりやすい
商品やサービスの特徴がわかりやすく書かれている
他社と比べたときの差別化ポイントがわかりやすく書かれている
当社に近い具体的な事例が紹介されている
他社に比べて金額がとにかく安いことが示されている
ページ数や情報量が必要最低限にまとめられており、無駄がない
図解やロジックが適切に用いられていて理解しやすい
ページ数や情報量が十分に多く、抜け漏れがない安心感を感じる
業界での豊富な実績が書かれている
デザインが美しく見栄えがする
誤字・脱字や表現の乱れがなく、きちんとチェックされている
表紙に当社のロゴやコーポレートカラーが使用されている
その他
決裁者の意思決定
現場の議論
(n=310)
【スコアの計算方法】
1位 +3
2位 +2
3位 +1

性を説明できます。

そもそも、デザインや体裁についての関心よりも、「課題整理」「課題と提案のマッチ」「費用対効果」をお客さまは見ています。しかし、お客さまの課題を正確に理解し、提案と結びつけるロジックを作り、費用対効果の高さを証明するためには、お客さまとの会話のキャッチボールが必要です。

必要最低限の資料ボリュームで、まずはそこをしっかりとすり合わせて納得度を上げていくルートを作れると、提案が稟議を通る率がぐっと上がります。提案書に表紙をつけないのは、「十分な論理武装ができていない状態で稟議に上がる前に、担当者と二人三脚で練りこむ」ためです。

担当者は変な提案を稟議にあげられません。自身で吟味して、上にあげるかどうかを判断します。資料に表紙がついていたら、「さてさて、上にあげるかどうか、判断するか」となりやすいのです。

そう簡単に、お客さまを「ジャッジするモード」にさせてはいけません。

営業から受け取った資料に表紙がついていなかったら、担当者は「これは正式提案ではないんだな」と受け取ります。その状態で、提案に対するフィードバックや、担当者自身のアイデアをもらうのです。担当者も、正式提案ではない段階なら、いろいろと意見が言いやすくなります。

表紙なしの資料に担当者からフィードバックやアイデアをもらったら、「ありがとうございます」と、資料をバージョンアップして、当日か翌日に再送しましょう。もちろん、まだ表紙はつけません。「どうですか」と尋ね、またフィードバックをいただくのです。

担当者は納得感が増しますし、「顧客の意見に耳を傾けてくる営業だ」と感じます。「フィードバックをもらって、提案資料を加筆して、再送」のサイクルをぐるぐる素早く回すと、担当者の納得感は上昇し、提案内容に「自分ごと感」が増します。

すると、「これ、稟議にあげたいので……」という担当者からの相談が営業にきます。

この一連のプロセスは、資料に表紙がついていると成り立ちにくいのです。

資料の表紙に「○○株式会社御中　○○○のご提案」と書いてあったら、お客さまは無意識に、「自分が判断すべき提案内容が、この中に見積もり付きで書かれているのだろう」と想像します。結果、保守的に判断するモードに入りやすくなります。

不思議なことに、資料から表紙を外すと、「ジャッジする心理」になりにくいのです。

特に最近は、お客さまの課題がどんどん複雑化しています。

経営陣は現場のことがわからないので、稟議を判断するときは、「担当者がどれだけ本気でやりたいと思っているか」を重視するケースが増えてきています。ですから、経営陣は現場の担当者に「どう?」と聞きます。そのときに、担当者が強い意欲で推してくれるかどうかが重要なのです。

こちらから、いきなり「表紙つきの提案資料」を出すと、担当者が自分で判断するのが難しいという理由で、あまり深く考えずに上層部に判断を仰いでしまうリスクが高くなります。往々にして、そのような提案は通りません。

表紙なしの提案資料をお客さまと二人三脚で磨き上げるプロセスこそが、受注率を大きく上げるのです。

営業側としても、表紙付きの提案資料をお客さまに出すと、「社内で検討します」と言われて、そのまま待ってしまいがちです。しかし、実際には、その提案は真剣に検討されていないことが多いのです。

提案書作成を仕事と捉えてしまう営業の悲劇は、こうして生まれます。お客さまの判断ポイントを詳しく知らないまま、提案書作成に時間をかけるのは避けたいところです。

提案書作成における多くのムダは、「そのページがお客さまの判断に影響を与えるかどうか」がよくわからないまま、やたらと時間をかけてしまうことから生じます。

「資料には表紙がなくてはいけない」というのは思い込みです。お客さまからすると、当然、自分の意見が反映された提案のほうが、稟議を上げる際にも力がこもります。稟議を承認する側からしても、現場でしっかりと練り上げられてきた提案というのは、はねつけづらいものです。

対面商談ありきからハイブリッド営業に進化させるステップ

ここまで、ハイブリッド提案活動の勝ちパターンである「二人三脚」について、ポイントを解説してきました。

二人三脚というのは、すなわち「お客さまと息を合わせて、少しずつ進む」ということです。

対面商談のみからなる提案プロセスと異なり、いっきに進まないことへのジレンマを抱える方もいらっしゃるでしょう。

しかし、接点の回数を増やして、お客さまの参加度合いを上げていくことで、熱量も上がっていくのがハイブリッド営業の特徴です。

本章の最後に、「対面商談ありきで営業していたのを、どうやってハイブリッド営業へ移行するのか」を示しておきます。

まず、対面商談ありきで、電話やメールを単なる事務的なやり取りのみにしているのが次ページのAのケースです。ここから10分電話商談やオンライン商談の機会を作るためには、まず、メールの書き方を変える必要があります。電話でもちょっとしたディスカッションができるよう、メールでお客さまに対するお役立ち度を上げていきます。

メールの質が上がり、お役立ち要素を伴ってくると、メールの内容を補足するような10分電話商談の機会をいただけるBのケースに移行します。ここで、「対面商談でなくとも、意味のあるやり取りはできるのだ」とお客さまに感じていただくのです。

そして、Cではオンライン商談が登場します。10分電話商談をプラスに感じていただいているからこそ、その延長線上にオンライン商談が登場するのです。これだと、オンライン商談は「対面商談より質が下がった打ち合わせ」ではなく、「電話よりも手厚い説明とディスカッション」という位置づけになります。

オンライン商談に価値を感じていただけたら、移動コスト削減のために、対面商談をオ

図表3-14 ■ ハイブリッド営業への進化

A	B	C	D	E
対面商談ありき	価値訴求の実践	+αのオンライン	一部置換で効率UP	対面商談が切り札
対面商談	対面商談	対面商談	対面商談	オンライン商談
用事のメール	お役立ちメール	お役立ちメール	お役立ちメール	お役立ちメール
用事の電話	10分電話商談	10分電話商談	10分電話商談	10分電話商談
用事の電話	お役立ちメール	オンライン商談	お役立ちメール	オンライン商談
対面商談	対面商談	対面商談	オンライン商談	対面商談

（C〜E）状況によって選択

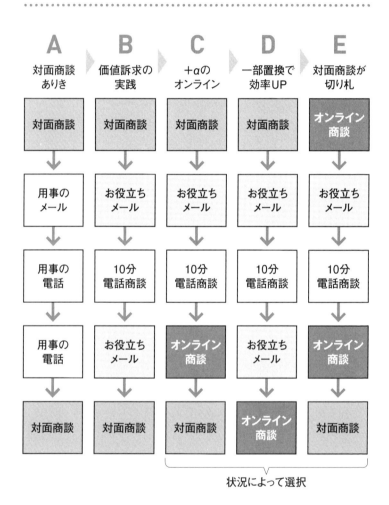

ンライン商談に置き換えることも可能になります。Dのケースです。対面商談の回数が減っても、お客さまとのキャッチボールの回数は増えています。

さらに、オンライン商談をメインとしつつも、切り札として対面商談が登場するのがEのケースです。ここでポイントとなるのは、CからEのケースは、状況に応じてお客さまとの間で選択できることとです。「対面商談とオンライン商談、それぞれのメリットを活かしながら、場面に応じて使い分ける。さらに、商談機会を獲得するため、電話やメールを活用してお客さまとの接点を増やす」ハイブリッド営業の真骨頂がここにあります。

さて、こういった進化のステップを実現するうえで重要なのは、「お役立ちメール」の存在です。お役立ちメールというのは、単なる情報提供ではなく、相手に響くものでなくてはいけません。そのために注意すべきは、効率を重視するあまりに「テンプレートメールの一斉配信」にならないようにすることとです。

たとえば、「来月、弊社にてイベントを主催いたします。よろしければご来場ください。」といったご案内は、お客さまにスルーされやすいテンプレートメールです。

お客さまに合わせて書くなら、「来月、弊社にてイベントを主催いたします。以前○○さまから伺った○○○○の課題意識について、具体的な事例の情報をご覧いただけるかと存じます。」のような文面が望ましいです。

1社ずつ文面を変えるのが大変なら、「時期」に意味をもたせて、「特にここ最近、各社さまで○○○○○○のようなお声を伺う機会が増えましたので、弊社にてご要望にお応えすべく、イベントを主催することになりました。」のような表現でもいいでしょう。

お役立ちメールは、チームメンバーのアポ獲得率などを見ながら、「これは反応が良かった」といったものを社内でナレッジ共有し、チーム全体で質を上げていきましょう。

さて、ここまで、オンラインとリアルを組み合わせたハイブリッド営業について、「二人三脚」の解説をしてきました。「オセロの4つ角」の話を1章でしましたが、2章・3章では角のうちの1つ、「勝ちパターンを作る」について押さえたことになります。

オンライン商談について、「段取り」と「納得感」を押さえ、オンラインとリアルのハイブリッド営業で「二人三脚」が実践できれば、自社なりの勝ちパターンを深めていけます。

提案活動がハイブリッド化すると、活動は対面商談以外にも広く分散していくため、営業メンバーの活動実態をきめ細かく捉えていくことが必要です。

10分電話商談をうまく使いこなして案件数や受注件数を増やしているメンバーは、具体的にどうやっているのか。対面商談ありきをハイブリッド営業に切り替えていくことで、本当に営業効率は上がっているのか。こういったポイントをつぶさに見ていき、チーム全体の活動へ反映させていくのが、活動実態の把握にもとづく「プロセスマネジメント」です。

次章から、2つ目の角である「活動の実態を『見える化』する」に進み、プロセスマネジメントについて考えていきましょう。

第3章のまとめ

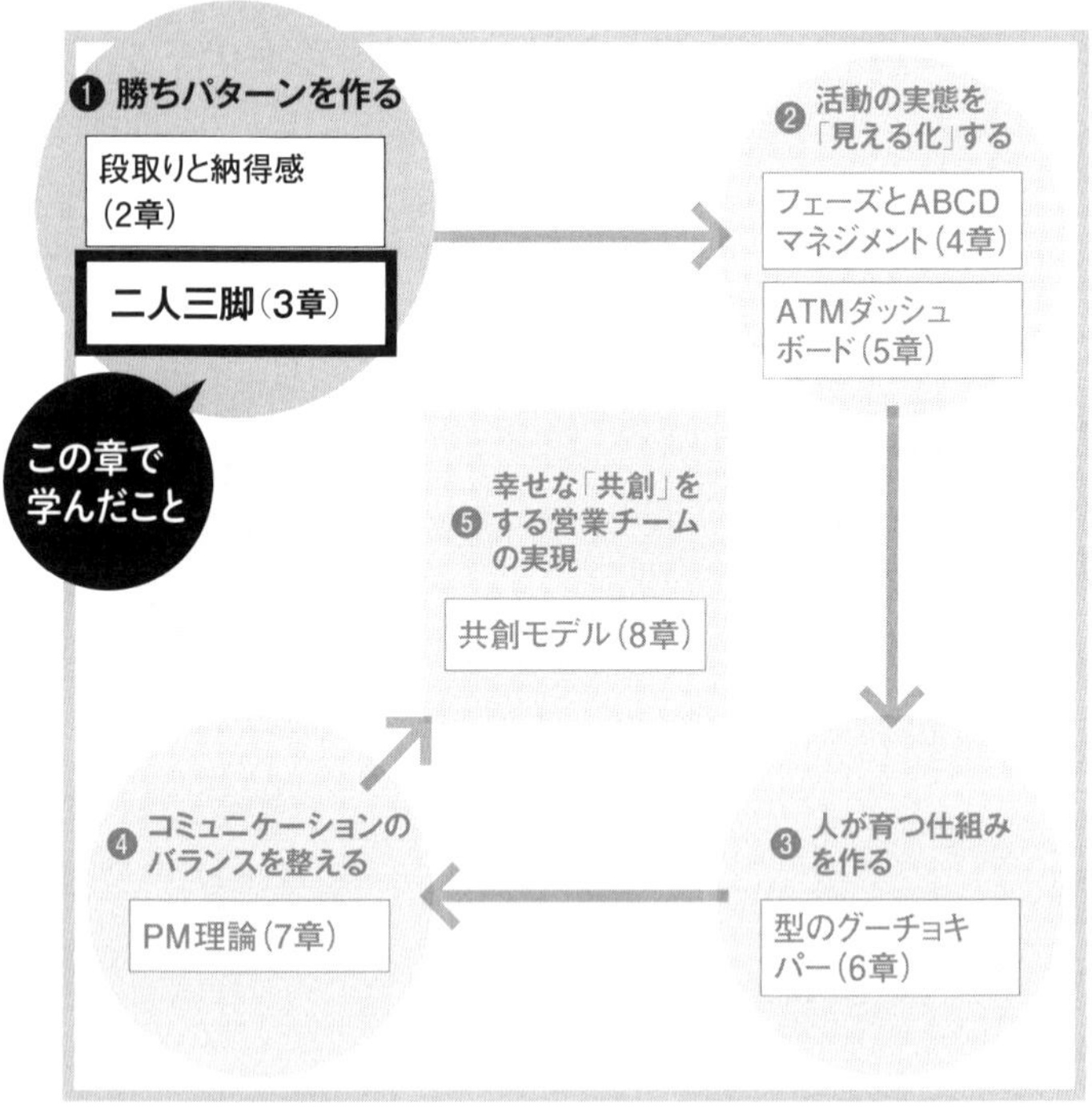

❶ 勝ちパターンを作る
段取りと納得感（2章）
二人三脚（3章）
この章で学んだこと
❷ 活動の実態を「見える化」する
フェーズとABCDマネジメント（4章）
ATMダッシュボード（5章）
❸ 人が育つ仕組みを作る
型のグーチョキパー（6章）
❹ コミュニケーションのバランスを整える
PM理論（7章）
❺ 幸せな「共創」をする営業チームの実現
共創モデル（8章）

アクションリスト

事業トップ

- □ オンラインとリアルを組み合わせた「自社なりのハイブリッド営業」を言語化して全体に伝える
- □ 対面商談ありきから移行するためのステップを明示し、ハイブリッド営業の浸透状況をモニタリングする

チームリーダー

- □ 提案活動の回転数が上がるよう、対面商談とオンライン商談の使い分けについて、メンバーに具体的な方針を出す
- □ 電話やメールが単なる事務的やり取りのみになっていないか、資料の体裁にこだわりすぎていないかチェックする

メンバー

- □ お客さま接点が増えるよう、対面商談とオンライン商談を組み合わせ、電話・メール・資料の内容を工夫する
- □ 従来の枠にとらわれず、ハイブリッド営業のスタイルを試行錯誤し、成功事例をチーム内に共有する

企画チーム

- □ ハイブリッド営業で成果をあげているメンバーのやり方を社内にノウハウ展開する
- □ 電話・メール・資料をメンバーが進化させやすいよう、スクリプトや営業ツールを整える

第4章

活動プロセスの実態は「フェーズ」と「行動の量・質」で見る

営業チームでよく言われる「見えない」問題

営業の活動はブラックボックス化しやすいとよく言われます。プロセスの実態を的確に把握し、状況に応じた手が打てなければ、せっかく作った勝ちパターンも、机上の空論に終わってしまいます。

前章では、「提案や見積もりの件数」「新規顧客からの受注件数」「既存顧客からの受注件数」「受注案件の単価」のいずれかが上がった「業績プラス」グループ（全体のうち約3分の1）と、すべての項目が下がった「業績マイナス」グループ（全体のうち約3分の2）の活動量についての調査結果を紹介しました。

アンケート調査では、さらに「ご自分の営業チームにおいて、業績や活動状況を把握したうえで、状況に応じた適切な営業マネジメントがされていると感じますか」ということも聞きました。「かなりそう思う」「ややそう思う」「どちらともいえない」「あまりそう思えない」「まったくそう思えない」の5段階で答えていただく設問です。

業績プラスのグループでは「かなりそう思う」と「ややそう思う」の回答合計が52・8％、業績マイナスのグループでは31・1％でした。活動実態を把握して適切な営業マネジメントを行えたかどうかが、業績面にも表れているということでしょう。勝ちパターンは、マネジメントの仕組みに落としこまれることで実を結びます。

では、適切な営業マネジメントがされていると感じなかった人たちは、どこに問題があると思ったのでしょうか。

「適切な営業マネジメントができていない」と回答した人たちに、具体的に問題だと感じたことを聞いたのが次ページのグラフです。今度は、マネジャーとメンバーという切り口で見てみましょう。

マネジャーには「マネジメントする側」としての、メンバーには「マネジメントされる側」としての問題意識を聞いています。

マネジャーの回答がメンバーを大きく上回っているものとしては、「目標数字への意識」「報告への介入」「壁にぶつかっているメンバーへのフォローや指導」「案件進捗の見える化」が挙げられます。マネジャーが、メンバーの目標達成意識にジレンマを感じつつも、実態を正しくつかめておらず、フォローや指導を含めて、介入のコミュニケーションがうまく

図表4-1 ■ メンバーとマネジャーの課題意識

Q 「適切な営業マネジメントができていない」と回答された方にお尋ねします。具体的に問題だと感じるのは何ですか。あてはまるものをすべてお答えください。

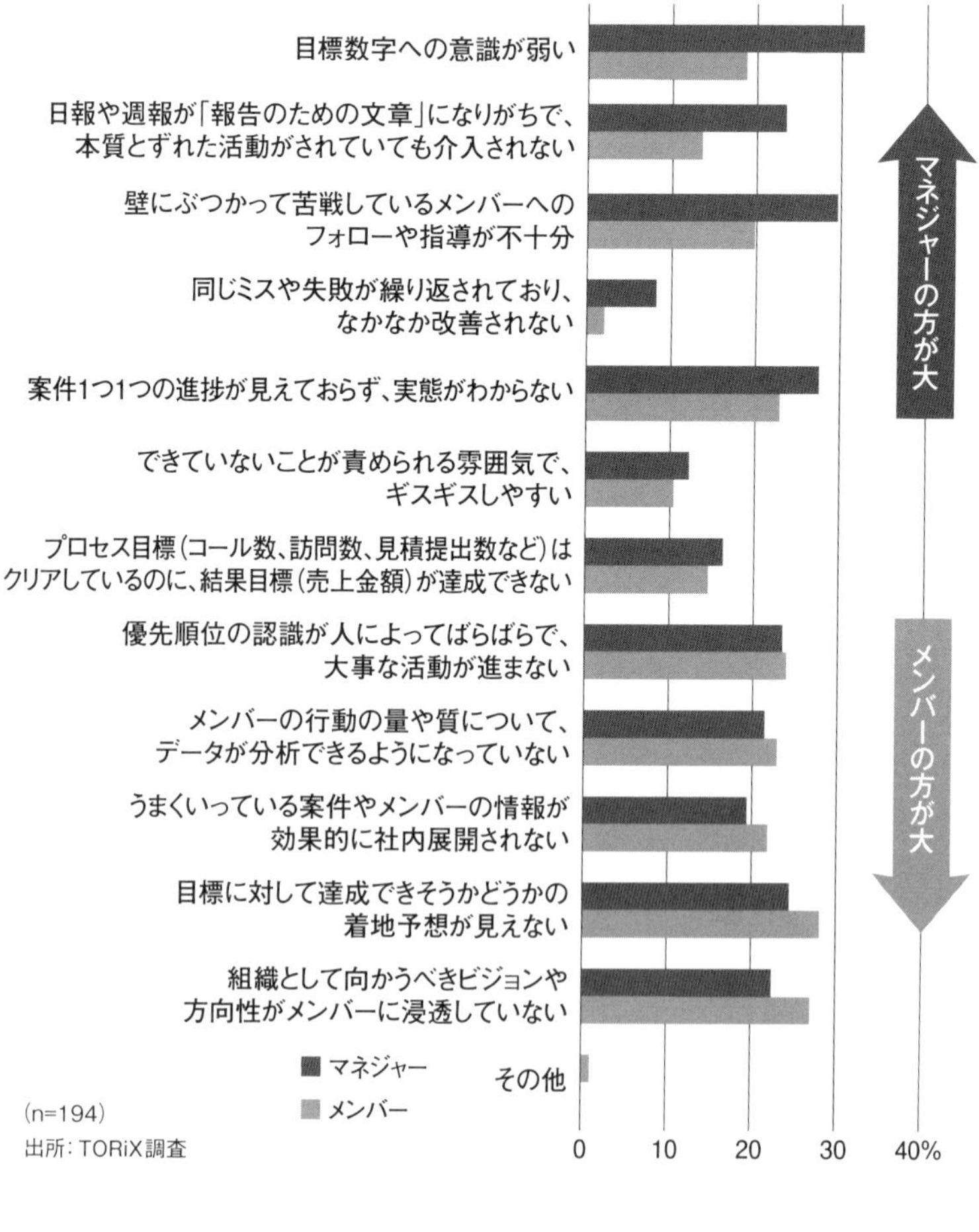

(n=194)
出所：TORiX調査

行えていない状況が見えます。

一方、メンバーの回答がマネジャーを大きく上回っているものとしては、「ビジョンや方向性の浸透」「着地予想の可視化」が目立ちます。

これらの回答傾向から、ポイントを整理しましょう。

●マネジャーは、メンバーの目標達成意識に大きな問題意識を抱えているが、メンバーからすると、ビジョンや方向性、着地予想が見えないことを問題だと感じている

●メンバーの報告からは、見たいものが見えず、多くのマネージャーが「メンバーへの介入やフォローができていない」ことに問題意識を抱えている

営業現場でよく登場する「見えない」というキーワードに対して、本章では、プロセスマネジメントによる「見える化」をテーマに解説していきます。

営業マネジャーにとっての3つの盲点

活動の実態が見えないと嘆く営業マネジャーは、現場での活動を把握するため、次のような観点を持っていることが多いようです。

①受注や売上の目標は達成できそうか（結果の観点）

②行動目標は達成できそうか（プロセスの観点）

③活動や商談内容がきちんと報告されているか（プロセスの観点）

当然のことながら、重要な「受注や売上の目標」には目を光らせますが、受注や売上は一朝一夕に増えるものでもありません。

そこで、プロセスについては、コール件数や訪問件数などの行動目標をウォッチしつつ、日報や週報による報告からメンバーの活動内容を把握しようとします。

しかし、マネジャーがメンバーの活動を適確に把握するためには、これらの観点だけでは不十分です。

営業マネジャーが注意すべき3つの盲点について解説します。

①結果主義が生む「隠し玉」

よく「自分は結果を重視します。細かいやり方はメンバーに任せています」というマネジ

図表4-2 ■ 結果主義が生む「隠し玉」

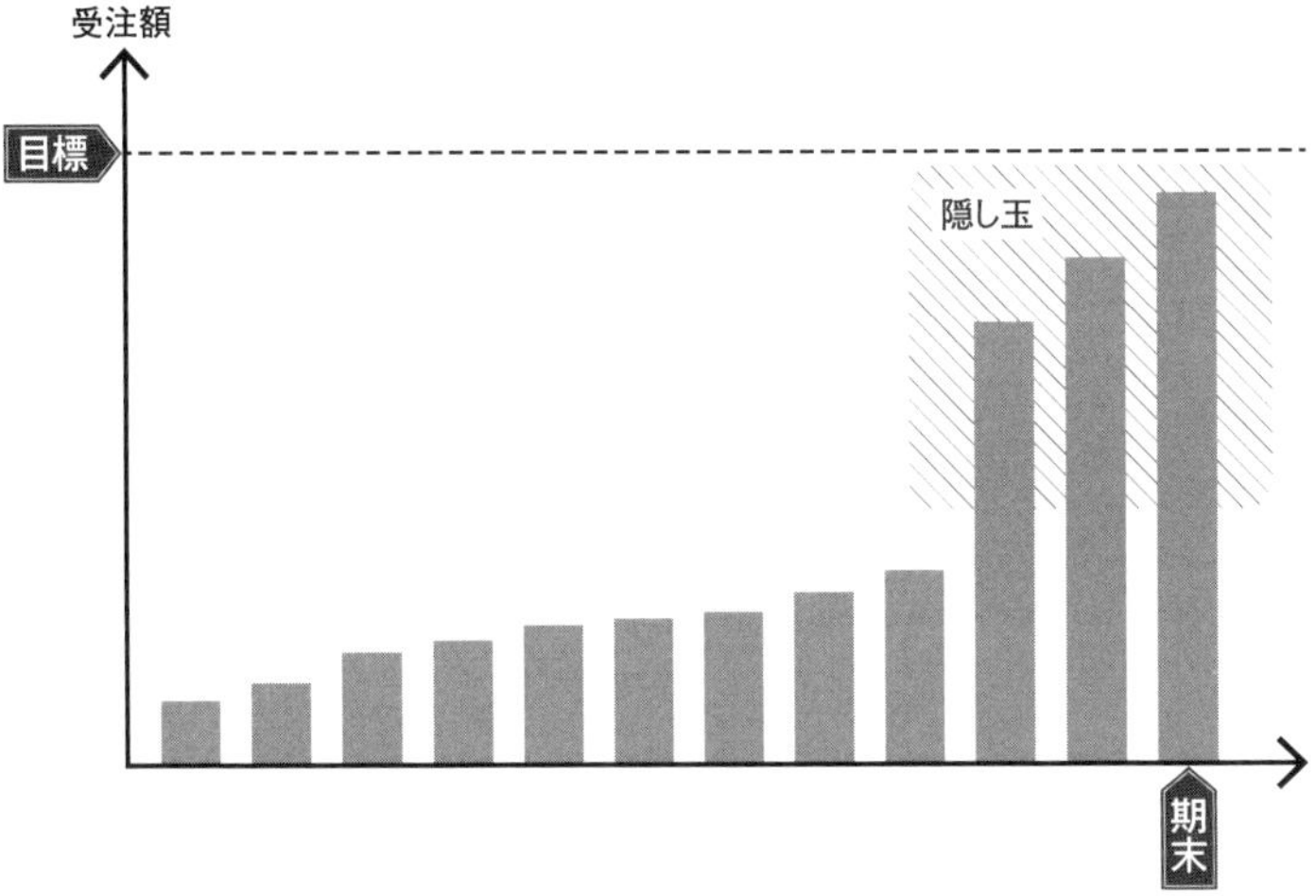

ャーがいます。そういった現場では、見積もり提示までできた案件は認識されますが、それ以前のものは「隠し玉」として、マネジャーに認識されないことが多々あります。

往々にして、「目標には届かないが最後に追い上げる」メンバーは、隠し玉案件を抱えたまま活動しています。この隠し玉案件は、もっと早い段階でマネジメントのフォローがあれば、受注が増える可能性も高くなります。

なぜ隠し玉案件が生まれるのでしょうか。それは、多くの会社で、「高めの目標設定が現場にプレッシャーを与えている」ことに起因します。

プレッシャーを受けたメンバーには、「いざというときのプラス要素として、確度がまだ低い〝緩めの案件〟は隠しておきたい」という心理が働きます。「受注できるはずの案件を失注して、上司に怒られるくらいなら、そもそも案件として報告しないで、上司に期待させなければいい」と考えるわけです。

しかし、隠し玉によって活動の実態が正しく見えなくなると、マネジャーがプロセスに介入する精度が鈍るので、チームの目標達成の難易度が上がってしまいます。

「結果で判断する」というメッセージが強く出すぎることで、大量の隠し玉が生まれてしまわないよう、注意が必要です。

②プロセス目標「は」達成

訪問件数や提案件数など、「プロセスも見ている」というマネジャーがいます。いきなり受注件数は増えませんから、手前段階の行動に注目して、その活動量が増えれば受注につながるだろうという考え方です。

しかし、パフォーマンスが上がらないメンバーのなかには、「『訪問件数』や『提案件数』は多いのに、受注が増えない」という人もいます。

図表4-3 ■ プロセス目標「は」達成

訪問件数
提案件数
受注件数
リピート件数
Good
Good
NG
NG
「とりあえず行きやすい顧客」を訪問
「とりあえず見積もり」を出しておく

これはどういうことでしょうか。

受注するためのスキルが足りていないメンバーは、難易度の低いプロセス目標を達成しようとします。そうすると、「とりあえず、行きやすいところに行く」「とりあえず、どこでも見積もりを出しておく」となります。

この状態が続くと、本質的な受注獲得活動よりも、表面的なプロセス目標に対してメンバーの努力が向いてしまうため、行動の質は上がりません。

マネジャーが、「単にやればできる行動の量」を重視しすぎると、手段(プロセス目標)が目的化されやすくなるのです。

③詳しすぎる日報や週報

「自分はメンバーの活動を日報や週報で細か

く見ている」というマネジャーもいます。しかし、既存のお客さまからの楽勝リピート案件や、箸にも棒にもかからないような惨敗案件の日報が、あまりにも詳しく書かれているときは要注意です。

これが起こるのは、詳しく書いておけば、仕事をしているように見えるからです。しかし、結果が決まっているような楽勝（惨敗）案件について、「いかにがんばって営業活動したか」が日報に詳しく書かれてしまうと、ほかの大事な案件の情報が埋もれてしまいます。

ほかの大事な案件とは、やり方次第で結果が分かれる「接戦案件」です。

前著『無敗営業「3つの質問」と「4つの力」』（日経BP）でも解説していますが、案件に対する3段階の難易度を簡単に整理しておきます。

楽勝案件は、「当社は昔からずっと御社のファンなので……」というお客さまの場合で、たとえマネジメントが行き届かなくとも、成約に至りやすい案件です。

接戦案件は、「御社もいいですが、他社も比較検討しておりまして……」のようにお客さまが迷っており、マネジャーによるフォロー次第で成約率が分かれる案件です。

惨敗案件は、「暇つぶしに話でも聞いてみようかな」というお客さまのように、どんなにマネジメントをがんばっても、結果は変わりづらい（成約に至らない）案件です。

マネジャーが日報や週報のみを頼りにメンバーの営業活動を把握しようとすれば、報告の情報量が過剰に増え、最も大事な「接戦の情報」が埋もれやすくなってしまうのです。

「営業マネジャーが注意すべき3つの盲点」をまとめると、次のようになります。

●結果主義が強く出すぎると、隠し玉案件が生まれやすい。隠し玉がたくさんあると、本来の見込案件の実態が見えなくなる。

●「行動目標は達成できそうか」を注視すると、コールの件数や訪問の件数だけでも増やそうという心理が働き、手段(プロセス目標)が目的化されがちになる。

●日報で「活動や商談内容がきちんと報告されているか」を見ようとすると、重要度の低い案件についても詳しく報告されることで、大事な接戦案件の情報が埋もれやすい。

では、マネジャーは、どんな観点でメンバーの営業活動を見ればよいのでしょうか。

プロセスに踏み込んでマネジメントする

前章で申し上げたように、提案活動がハイブリッド化すると、オンライン商談や10分電話商談、お役立ちメールなど、活動は対面商談以外にも広く分散します。マネジャーがメンバーの活動を把握する難易度が上がるわけです。そんななかで、ハイブリッド営業としての勝ちパターンを実践しているかどうか、実践して結果が出ているのかどうかは、マネジャーとしてぜひ知りたいところです。チームメンバーにとっても、うまくいっている他のメンバーの活動状況を詳しく知ることができれば、自分の営業活動に役立つ情報が得られます。

3つの盲点で大事なことがブラックボックス化しないよう、営業プロセスにより踏み込んだマネジメントをここでは提言します。よくある盲点にはまらないために、

●「見積もり提示」以前の案件状況を見る
●行動の量だけではなく、質も見る
●停滞や異常を発見しつつ、優先度の高い行動の実行状況を見る

という3つの観点を加え、プロセスに踏み込んだマネジメントをするのです。

「『見積もり提示』以前の案件状況を見る」というのは、案件の上流段階から見える化することです。営業活動における一連の流れをパイプに見立て、案件がパイプの中を受注に向

図表4-4 「もう一段、踏み込んで」プロセスをマネジメントする

結果	受注や売上の目標は達成できそうか?	＋	パイプラインの状況や商談フェーズは前進しているか?
プロセス	行動目標は達成できそうか?	＋	行動の量・質は良くなっているか?
プロセス	活動や商談内容がきちんと報告されているか?	＋	異常や抜け漏れは発生せず、優先順位は合っているか?

けて流れていくイメージを表現した「パイプライン」という言葉があります。案件の初期段階も含めてパイプラインがどうなっているか見えるようになると、確度の低い商談も含めた全体の状況を的確に把握することができます。

先ほど申し上げた「隠し玉」は、強すぎる結果主義によって生まれると書きました。さらに掘り下げると、「どの段階から案件として認識するか」の定義が曖昧なことが問題です。

マネジャーからすれば、なるべく早い段階で案件を認識したいものです。しかし、メンバーからすれば、早めに案件としてマネジャーに認識されてしまうと、クロージングまでの細かい報

告義務が発生します。また、おいそれと失注することはできません。ですから、メンバーは案件が発生したという報告はなるべく遅くする心理が働きます。

そこで、「どの段階から案件として認識するか」のルールを明確にするのです。このルールがあれば、見積もり以前の案件をマネジメントすることができます。

「行動の量だけではなく、質も見る」というのは、行動の質を表す指標も〝見える化〟することです。

行動の量だけ見ていると、たとえば「コール件数」や「訪問件数」だけがんばるものの、受注には結びつかないメンバーが生まれやすくなります。「コールからどのぐらいアポに結び付けられたか(アポ獲得率)」「訪問からどのぐらい案件化できたか(案件化率)」といった「質」も併せて見ていくことで、メンバーのパフォーマンスを上げるポイントが見やすくなります。

「停滞や異常を発見しつつ、優先度の高い行動の実行状況を見る」というのは、停滞や異常が起こっていないかどうか、優先順位の高い行動が進んでいるかを、長い報告文章に頼らず「見える化」することです。

「停滞や異常の発見」というのは、なかなか進まない商談や、受注決定予定日が近づいているはずなのに、肝心な情報が入っていない商談をわかりやすく見えるようにすることです。こういった情報は、日報や週報の文章だけでは見つからないことがあります。

また、「優先順位の高い行動」については、たとえば、新規の案件を作ることがおろそかになっている場合、新規案件作成の優先順位を上げようと号令を出す場合などに重要になってきます。そのためには、案件作成活動の優先順位を上げた結果として、活動が進んでいるかどうかを、一覧形式でモニタリングすることが必要になります。

ここでお伝えした3つの観点を取り入れてプロセスマネジメントを推進していく際、鍵になるのは、これからお伝えする「フェーズの定義」です。

プロセスを「フェーズ定義」で〝見える化〟する

多くの企業では、お客さまや商談の状況を、「ターゲットリスト」「リード（引き合い）」「提案中」「納品中」「納品終了」などといった大まかなステータスで見ています。しかし、これだけでは「提案中」のステータスに多くの案件が混ざってしまい、玉石混交状態になります。「提案中」のなかにも、本格的に見込があるのかどうか怪しいものもあれば、クロージング間近なものもあるでしょう。

こういった案件の進捗を一括りにして管理してしまうと、プロセスを具体的に見ていくことができません。

そこで、フェーズを細かく区切ることが必要になります。

フェーズを細かく区切るというのは、たとえば「提案中」のステータスにある案件についても、

●お客さまから重要な課題について聞くことができ、自社でお役立ちできそうなことはわかったが、まだ課題の全体が整理しきれていないのであれば「フェーズ2」

●お客さまに提案を出し、担当者の合意は得られたが、意思決定者の反応はわからない段階なら「フェーズ5」

のように、段階に応じて商談の進捗を定義することです。

フェーズを定義することで、次のようなメリットが得られます。

図表4-5 ■ 商談フェーズを細分化する

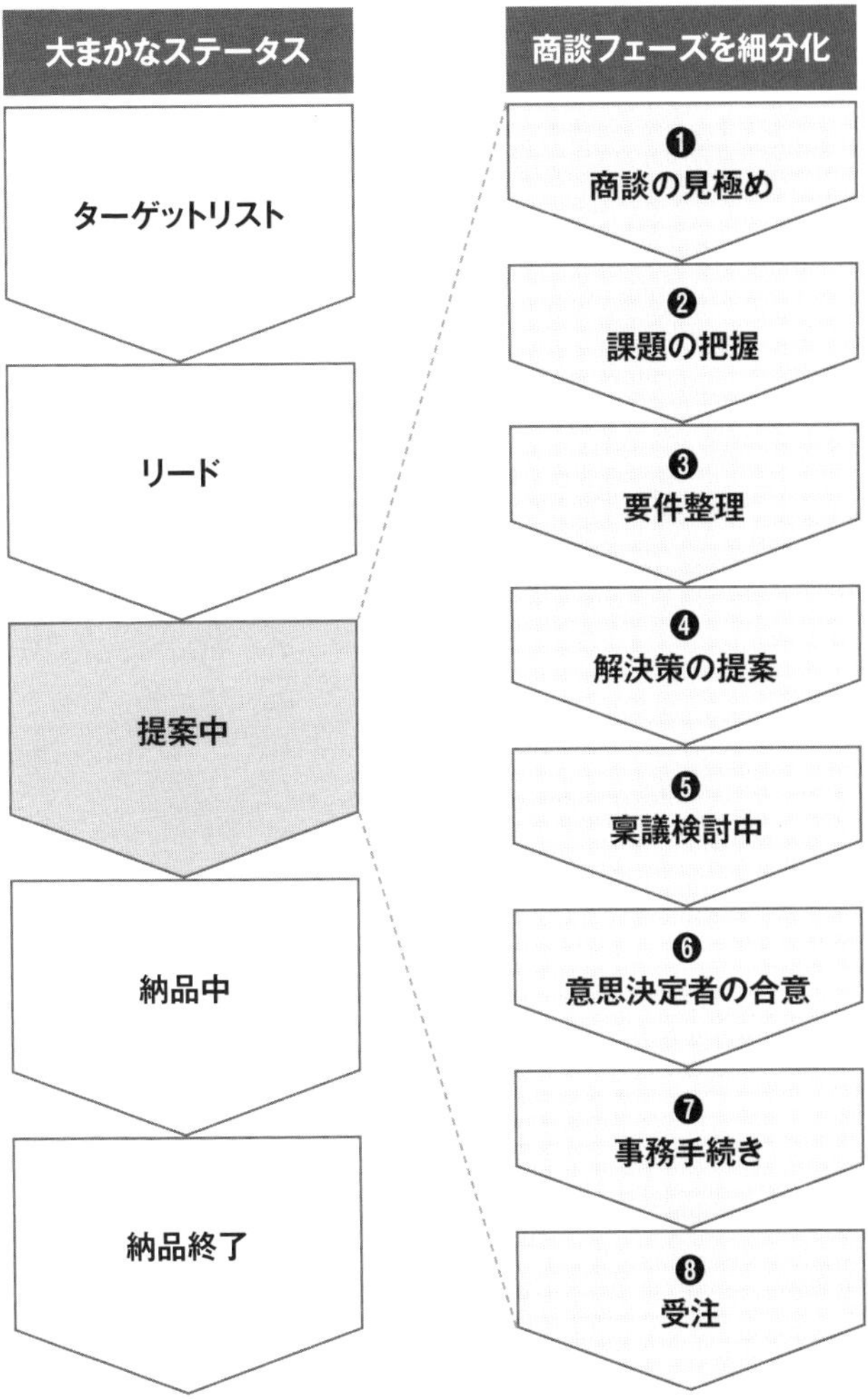
大まかなステータス
ターゲットリスト
リード
提案中
納品中
納品終了
商談フェーズを細分化
❶ 商談の見極め
❷ 課題の把握
❸ 要件整理
❹ 解決策の提案
❺ 稟議検討中
❻ 意思決定者の合意
❼ 事務手続き
❽ 受注

●「見積もり提示」以前の案件をマネジメントできる

見積もり提示以前の段階についても、案件の進捗を把握し、適切に介入することができます。

●チーム全体で商談の状況を正確に捉えられる

「お客さまは好感触でした」のような曖昧な報告がなくなり、組織全体の共通言語として、商談が今どの位置にあるのか、みんなで理解することができます。

●着地見込の精度が上がる

担当者の主観だけで、「今月は〇〇〇万円の見込です」という予想を立てていると、着地見込が大きくブレます。フェーズ定義があることで、その着地見込がどのぐらい現実的かを判断しやすくなります。

●行動の量や質をより細かい単位で測定できる

たとえば、「商談化した件数」や「フェーズアップの件数」といった指標を用いることにより、行動の量と質を併せて見やすくなります。

●異常や停滞を発見するのに「どこの段階でつまずいているのか」がわかりやすくなる

フェーズの更新日を追いかけていけば、どのフェーズで滞っているか、一目瞭然です。また、組織としても「どのフェーズが特に難所なのか」の共通言語ができ、課題や対応策が具体的に検討しやすくなります。

●経験の浅いメンバーでも、やるべきことがわかる

フェーズ2の案件は「次にフェーズ3を目指す」というように、フェーズに沿って案件を進めていくことができれば、受注への道筋が明確になります。これによって、新卒や若手のメンバーが営業活動しやすくなります。

前章にて解説したハイブリッド営業の勝ちパターンは「二人三脚」です。二人三脚スタイルの営業は、対面商談のみで進めるのとは異なり、「いきなり案件が決まらず、少しずつ進む」という特性があります。そのため、こういったフェーズ定義がされていることで、「一歩一歩の前進」を、きめ細かくチームで追いかけることができます。

フェーズ定義をする際の注意点

フェーズを定義することによるメリットは大きいのですが、一方で、フェーズ定義に取り組んだ会社からよく寄せられるのは「組織全体でフェーズの認識をそろえるのが難しい」という悩みです。そこで、何に注意してフェーズ定義をしていくか解説します。

まず、フェーズ定義のサンプルを提示します。

たとえば、③の「要件整理」は、お客さまの課題について、キーワードを要件として整理し、いわゆる「BANTC」情報を確認するプロセスに相当します。BANTCというのは、お客さまの意思決定にまつわる情報のキーワードです。

「B(Budget)」は「予算」、「A(Authority)」は「決裁者」、「N(Needs)」は「ニーズ」、「T(Timing)」は「受注予定日」、「C(Competitor)」は「競合」です。

営業担当は、課題の存在を聞いていたお客さまへ、さらに詳細をヒアリングし、要件整理して、BANTC情報を確認したら、フェーズ2の商談をフェーズ3に上げることになります。

図表4-6 商談フェーズ定義の例

フェーズ	定義
❶ 商談の見極め	お客さまから時間をいただいて話せる場を獲得した
❷ 課題の把握	当社の提案につながる課題の存在を確認した
❸ 要件整理	課題のキーワードを整理しBANTCを確認した
❹ 解決策の提案	当社がどうお役に立てるかを提案した
❺ 稟議検討中	意思決定スケジュールをお客さまと確認した
❻ 意思決定者の合意	決裁者の発注意向を確認した
❼ 事務手続き	発注に向けた事務手続きを開始した
❽ 受注	発注書を受領した

こういったフェーズの定義をするうえで、注意すべきポイントがあります。

まず、フェーズ定義をする際に、人によって解釈が分かれないようにすることです。たとえば、フェーズ2にある商談なら、「当社の提案につながる課題は何か」とマネジャーに聞かれたら、メンバーが具体的に答えられないとおかしいわけですし、フェーズ5にある商談は、お客さまと確認した意思決定スケジュールが存在するはずです。

同じ商談なのに「これはフェーズ2だろう」「いや、フェーズ3ではないか」と、人によって解釈が分かれるような言葉が飛び交ってきたら黄色信号です。認識をそろえるために、フェーズ定義の表現をブラッシュアップしていく必要があります。フェーズ定義は逐次、見直しをかけるようにしましょう。フェーズの数は多すぎず、少なすぎず(6～9ぐらいを推奨)がお勧めです。

また、よく陥りがちな落とし穴は、フェーズを「営業が何をやったか」で区切ってしまうことです。「何をやったか」で区切るというのは、「初回訪問」「二回目訪問」「ヒアリング」「見積もり提示」「契約交渉」のような分け方です。

なぜ、「営業が何をやったか」で区切ると危険なのか。それは、「質は置いておき、とりあえずこなそう」という行動を誘発するからです。

たとえば、「初回訪問」の次に「二回目訪問」というフェーズがあれば、メンバーは、「とりあえず二回目の訪問をしよう」という行動になってしまいます。

しかし、訪問には、必ず「目的」があるはずです。その「目的」とは、お客さまとの間における合意や確認です。

よって、フェーズは、「お客さまとの間で何が合意できたか」「お客さまとの間で何が進んだか」で考える必要があるのです。

この落とし穴にはまらないようにするためには、これまでの自社の接戦における勝ちパターン・負けパターンをもとに考えることが重要です。

接戦の勝敗を分ける重要な場面は、独立したフェーズにするのがコツです。そうすると、「このフェーズに差しかかっている案件は要注意」ということで、組織単位で重要な段階を認識しやすくなります。「フェーズを順番に進めていくことが勝ちパターンにつながるようにする」という共通認識をチームで持てれば、新卒や若手のメンバーに対しても、「フェーズを前に進めよう」と、指導方針がシンプルになります。

フェーズ定義には、「お試し」で回す期間があると望ましいです。時代の変化が著しいなかでは、いろいろな前提も環境に応じて変わります。特に、ハイブリッド営業の勝ちパターンを組織に根付かせようという試行錯誤の段階では、フェーズ定義に関するディスカッションの機会を何回か設けることをお勧めします。
フェーズが機能してくると、案件の上流段階が「見える化」され、隠し玉案件もなくなっていきます。

フェーズを活用して、着地見込の〝ブレ〟を抑える

フェーズ管理が浸透してきたら、「見積もり提示」以前の段階にある案件状況を精度高く捉えられます。そうすると、次に目指したいのは着地見込の精度を上げることです。

経営的には、着地見込の精度の高さは重要です。将来の売上を正しく予測できれば、各関係者に対して、業績の見通しを説得力のある形で伝えられますし、いろいろな計画が立てやすくなります。

着地見込を出すには、「①各担当の見込数字の積み上げ」と「②過去データからの計算」の2通りがあります。

「①各担当の見込数字の積み上げ」では、それぞれのメンバーが保有している案件の見込数

字を足し合わせていきます。フェーズが共通言語化されていれば、「フェーズが後半にさしかかっているものは、受注の見込が高い」「フェーズが前半のものは、まだ受注の見込はあてにしづらい」といった考え方ができます。

フェーズの考え方がないと、どうしても「着地見込の数字」がぶれやすくなります。見積もり提示以前の商談状況がわからず、見積もり提示されている案件についても、どのぐらい受注可能性があるのか、人によって大きくばらつくからです。

たとえば、「フェーズ」を使わずに着地見込管理をしている会社では、次のような光景が見られます。

もうすぐ定例の営業報告。課長が部長に報告するために、課の売上をエクセルで集計しています。現時点での達成率から考えると、課の目標に足りません。「このままでは部長に報告できない」と考えた課長は〝気持ち、乗っけた〟見込額で部長に伝えます。

〝気持ち、乗っけた〟というのは、確度は低いものの、がんばって受注しようという決意の伴った案件です。

部長は各課からの進捗報告を見ます。部の目標に足りません。「このままでは役員に報告できない」と考えた部長は、さらに〝気持ち、乗っけた〟見込額で役員に伝えます。

こういった管理や報告の仕方を行っている会社では、部長と課長がどのくらい乗せて役員に報告するかを議論する「気持ち会議」が実施されていることもあります。

役員にあがってくる進捗報告は「現場の気持ち」が乗っかった数字になっていますが、役員は、それも薄々わかっているので、「……で、実際のところはいくらぐらい（数字が）行きそうなの」と尋ねます。

こういったやり取りがされている会社では、未達でも困らないように、高めに目標が設定されがちです。高すぎる目標設定は、現場にプレッシャーをかけます。メンバーは確度がまだ低い「緩めの案件」を、いざというときのプラス要素として隠しておきたいと考えます。「受注できるはずの案件を失注すると怒られるから、案件として報告するのはやめて、上司に期待させないようにしよう」という心情です。

こうして、隠し玉が生まれます。

しかし、フェーズ管理が導入されると、このような「〝気持ち、乗っけた〟見込額による報告」や「隠し玉」がなくなり、精度の高い着地見込が報告されるようになります。

フェーズ管理が回ってくると、「期初にフェーズ3だった案件は、期末には何%の割合で受注計上される」といった数字がデータで取れるようになります。期初段階で積み上がっているパイプラインの金額をもとにして、期末の着地金額が予想で計算できるわけです。

これが「②過去データからの計算」による着地予想です。過去の計算データに基づく着地予想ですから、参考値として見ておくぐらいの活用になります。ただ、「②過去データからの計算」があると、「①各担当の見込数字の積み上げ」について、あまりにもかけ離れている場合に「おかしいぞ」というチェックが働くようになります。

着地見込の精度を上げるためには、「①各担当の見込数字の積み上げ」と「②過去データからの計算」とを照らし合わせながら、次のようなプロセスを回せばよいでしょう。

●各メンバーがフェーズをリアルタイムで更新する（これによって、実態が正しく反映されます）
●着地見込を外しがちなメンバーに介入する（着地見込が大きく外れるメンバーは、フェーズを正しく理解していない可能性が高いです）
●フェーズ定義の認識ズレがあったら、対話と議論を重ねる（定義に無理があると思ったときにはフェーズ定義そのものを見直すことも有効です）

着地見込を精度高く出せるようになると、いつも着地見込が安定しているメンバーについては、細かく介入せずに安心して任せられます。一方、「着地見込が目標にいつも届かないメンバー」に対して、プロセスの原因を細かく見ていくことが必要です。

行動の量と質をKPIでウォッチする「ABCDマネジメント」

着地見込が目標にいつも届かない場合、プロセスにおける行動の「量」と「質」について、いろいろなKPIを見ていく必要があります。

行動の「量」を表すKPIは、「やればできるアクションに関する（単純な努力で増やしやすい）」ものです。コール件数、訪問件数、提案件数などは行動量を表す指標です。

一方、行動の「質」を表すKPIは、「質の高い行動をしないと上がらない」ものです。アポ獲得率、案件化率、フェーズアップ率、受注率、受注単価などは、行動の質を表す指標です。一般的には、質を表す指標は、割り算で計算できるものになります（例：案件化率＝案件数÷訪問数）。

行動の「量」や「質」を表すKPIが定義できたら、それに沿ってメンバーの状況を見ていきます。

ABCDの4グループに分けて対応する「ABCDマネジメント」です(次ページ)。

それぞれ、行動の量と質について、真ん中の基準線を引くと、ABCDのようにメンバーの状態を整理できます。基準線は、「事業トップが基準を決めてラインを引く」あるいは「社内の統計から中央値を持ってくる」などのやり方で決めます。

ABCDそれぞれのゾーンにあるメンバーに、チームとしてどう対応していくかの方針は大まかに次のとおりです。

まず、行動の量も質もおぼつかないDゾーンにあるメンバーは、受注目標と実態に大きなギャップがあります。受注目標をさらに細かく区切り、手前段階のプロセス目標を置いていきます。先ほど、「プロセス目標だけがんばることの盲点」について述べましたが、Dゾーンにあるメンバーは例外です。ベイビーステップ方式で、達成できそうなプロセス目標を置き、ちょっとずつ、できることを増やしていきます。

一方、行動の質は高いものの量が少ないCゾーンについては、行動量のコミットが必要

図表4-7 ■ 行動の「量」と「質」を常にウォッチするABCDマネジメント

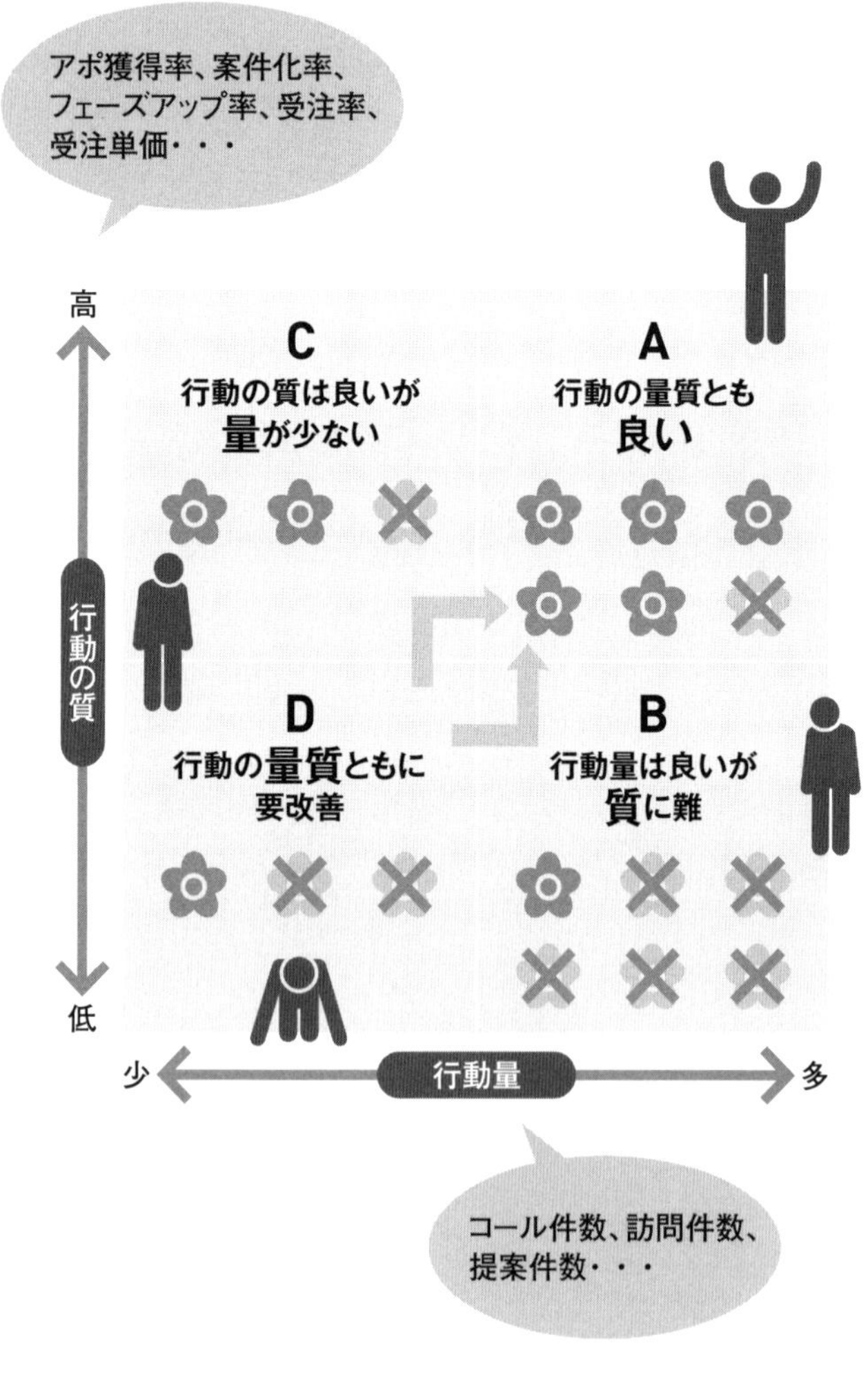

になります。たとえば、受注率や平均単価は高いのに受注目標が達成できていない場合、案件の数が少ないということになります。そうすると、「何件の商談が必要か」「そのために、何件のお客さまにアプローチするか」をロジックで計算し、目指す行動量と現実とのギャップを追いかけていきます。

そしてBゾーンは、行動の量が多くても、質が上がらなければ成果が出ないので、スキルアップのための方策が必要です。そのために、自社の勝ちパターン分析にもとづいたツールの供給やトレーニングが効果を発揮します。詳しくは、第6章の「セールス・イネーブルメント」で解説します。

さて、行動の量と質ともに優れているAゾーンは、マネジャーの右腕になる存在です。このAゾーンにあるメンバーが、マネジャーと一体になってチーム運営に関わっていくことで、現在業務に対するマネジャーの負担は軽減され、未来に対してより時間を使えるようになります。

では、行動の「量」や「質」を具体的に改善していく方法について説明しましょう。

プロセスを絞って「カテゴリー分け」すればＫＰＩを改善できる

行動の量と質を改善するためには、「ターゲットとなるプロセス」を定めることが必要です。

たとえば、「訪問はしているが、なかなか提案につながらない」ということが課題なら、行動の量は訪問件数、質は案件化率（提案件数÷訪問件数）を取ってウォッチします。「なかなか受注が増えない」が課題なら、行動の量は提案件数、質は受注率（受注件数÷提案件数）で測定します。

行動の量や質について測定しようと思えば、たくさんのＫＰＩを設定することはできますが、多すぎるとマネジメント上の混乱をきたします。どの課題に注力するか、ぼやけてしまうからです。

また、「ある数字を上げようとすると、別の数字が下がりやすくなる」という構造もあります。受注率を上げようとすると、受注が見込めない案件は誰も抱えたくないですから、案

図表4-8 ■ 課題とKPIを絞り込む必要

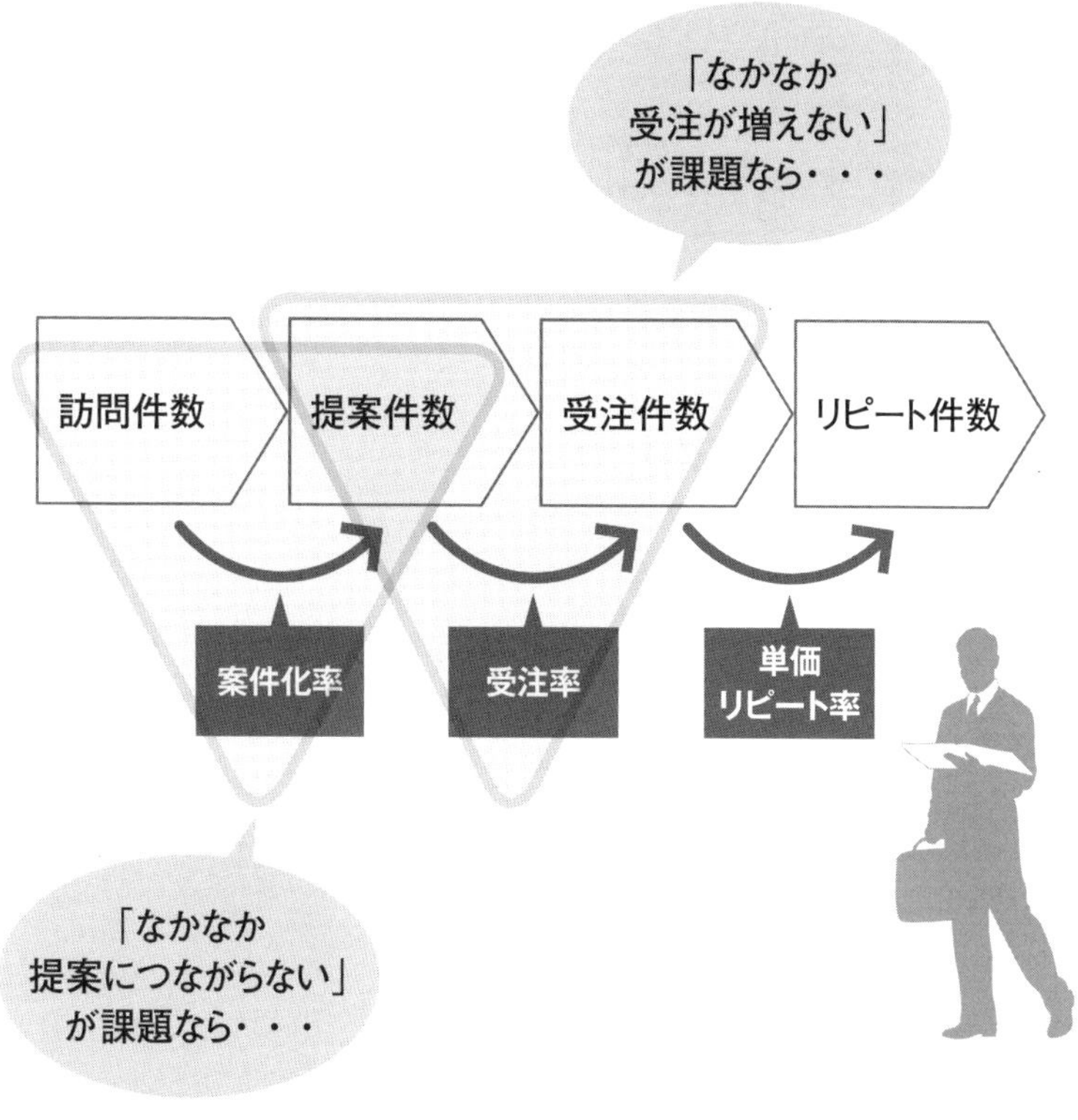

件数は減りがちです。逆に「案件数を増やすぞ！」と号令をかけると、確度の低い案件が増えるので、一時的に受注率は下がります。この状況は「何かを得ると、別の何かを失う、相容れない関係」という意味で「トレードオフ」と呼ばれます。

営業マネジメントにおいて、「あれもやれ、これもやれ」のように、たくさんの指示や方針が出されてしまうと、メンバーは、この「トレードオフ」に悩まされることになります。「たくさん訪問して、提案数を増やすんだ。もっと受注率も上げてほしいし、単価も高く提案していこう」と言われると、メンバーはどこに注力していいか、わからなくなってしまうのです。

そこで、課題と重点ＫＰＩは絞り込んで、施策を回していくことをお勧めします。

一つのケースとして、「なかなか受注が増えない」を課題としたとき、「行動の量と質を測定しながら、ＫＰＩとなる受注率を改善していく方法」についてご紹介します。

受注を増やすことを考えると、行動の「量」は提案件数、行動の「質」は受注率ということになります。

まずは、測定の仕組みを作ることが必要です。そのためには、「受注や失注にはどういうパターンがあるか」をカテゴリー分けします。

「受注原因」について見てみましょう。次ページにある図をご覧ください。

左上は「営業要因であり、積極的に増やしたい」タイプの受注です。的確なニーズを把握できた、競合との違いを理解いただいた、社内の検討支援が的確だった……こういう受注を組織として「狙って増やす」ことができると望ましいです。

左下の「人間関係やキャラクターを評価」というのも、受注としてうれしいものではありますが、しかし、人間関係やキャラクターを評価いただいた受注というのは、当然、人と人の相性に左右されてしまいます。異動などでも変動しやすくなります。

右上の「問い合わせ時点で当社に決めていた」「他社にないソリューション」と言う理由も、積極的に増やしたい受注ではあります。しかし、営業要因というよりも、マーケティングや商品開発によるものです。

右下の「とにかく安かったから受注」というのは、増えれば増えるほど、利益を圧迫する要因になりかねません。

このように、受注要因をカテゴリー化し、集計していくと、効果的な受注分析ができるようになります。

「失注原因」についても、同様に分析します。

カテゴリーに分け、「営業要因であり、積極的に減らしたい」タイプの失注をどう減らし

図表4-9 ■ 成功・失敗の原因をカテゴリ化する

		営業要因	営業要因以外
受注原因	積極的に増やしたい	●的確なニーズ把握 ●競合との違いを理解いただいた ●社内の検討支援が的確	●問い合わせ時点で当社に決めていた ●他社にないソリューション
	あれば嬉しい	●人間関係やキャラクターを評価	●価格がとにかく安かった

		営業要因	営業要因以外
失注原因	積極的に減らしたい	●ニーズを把握しきれず ●競合への提案負け ●社内の検討支援をしきれず	●問い合わせ時点で他社に決めていた ●当社にないソリューション
	ある程度しかたない	●そもそもニーズの緊急度が低かった	●先方の社内事情 ●圧倒的な予算不足

ていくかがポイントです。

失注原因のカテゴリー分けのコツは、「価格で他社が安かった」「機能面で他社が評価された」といったものは、表現を工夫することです。なぜかというと、失注した営業の言い訳は、これらの項目に集中することが多いためです。価格に関する項目は「圧倒的な予算不足」、機能面については「当社にないソリューション」のようにしておき、営業段階のどこでつまずいたのか、精緻にデータを取れるようにしておきます。

カテゴリー分けとは別に、「詳細」は別途記入欄を設けます。もし価格や機能に関するお客さまの声があれば、その「詳細」欄に書くようにします。

受注・失注原因のカテゴリー分けが整ったら、マネジメント方針として、行動の「量を増やす」か「質を上げる」かのどちらかに力点を置いて、指示を出します。

「量を増やす」指示を出すと、提案数が上がった結果、一時的に失注は増えます。その際に、失注カテゴリーを見ながら、「営業要因であり、積極的に減らしたい失注」が増えてしまっていないか、ウォッチします。行動量（提案数）を増やした結果として、望ましくない失注が増えているようであれば、量を増やす方針をどこかでやめて、「質の向上」に転換します。

また、「質を上げる」指示を出したときに、きちんと「積極的に増やしたい受注」が取れているかどうか、モニタリングします。「積極的に増やしたい受注」を狙い通り取れるように、マネジメントとして介入します。狙い通りに「積極的に増やしたい受注」が伸びるようであれば、今度は、タイミングを見て、「行動量の増加」に転換します。

このように、受注・失注のカテゴリーを作ると、「減らしたい失注を減らし」「増やしたい受注を増やす」ことがやりやすくなります。会議の場では、カテゴリー集計をしながら、みんなで振り返っていくと、効果的にPDCAが回ります。

これを応用すれば、「商談数を増やしたい」「アポ獲得率を上げたい」のようなテーマについても、同じように考えられます。

まずは、焦点を当てるプロセスを定め、行動の量と質を定義し、成功・失敗のカテゴリーを集計できるようにして、量か質どちらかに関する重点方針を出すのです。あとは、カテゴリーを見ながら改善のサイクルを回していきます。

注意すべき点として、前章でお伝えしたハイブリッド営業の勝ちパターンを作っていく過程においては、「行動」の定義が従来と変わっていきます。「電話商談も、商談として1件にカウントするかどうか」「お客さまへのアプローチとして、お役立ちメールの件数を測定するか」などについて、チームで議論することが必要です。

「ルート型」「アカウント型」に合わせてABCDマネジメントを行う

ＫＰＩについて、すべての指標を管理しようとすると大変ですし、大事な点がぼやけてしまうので、メリハリをつけることが必要です。

ここでは、担当するお客さまの企業規模や、担当するお客さまリストの件数に着目し、次ページにあるように「ルート型」「アカウント型」という分類で見ていきます。

ルート型営業では、一人の営業担当者がたくさんのリストを抱えて営業活動しています。商談のリードタイムは短く、一人の営業担当者が抱える提案数は多く、複雑な承認プロセスを経ずに受注が決まりやすいという特徴があります。営業のターゲットとしては、個人や中小企業が典型的ですが、新規開拓をミッションとするチームでは、大手企業をターゲットとしていることもあります。

ルート型では、一件あたりの単価はそれほど大きくならないため、大量行動しながらも、お客さまの購買タイミングを捉えて接触することが重要です。

図表4-10 ■「ルート型」と「アカウント型」では戦い方が異なる

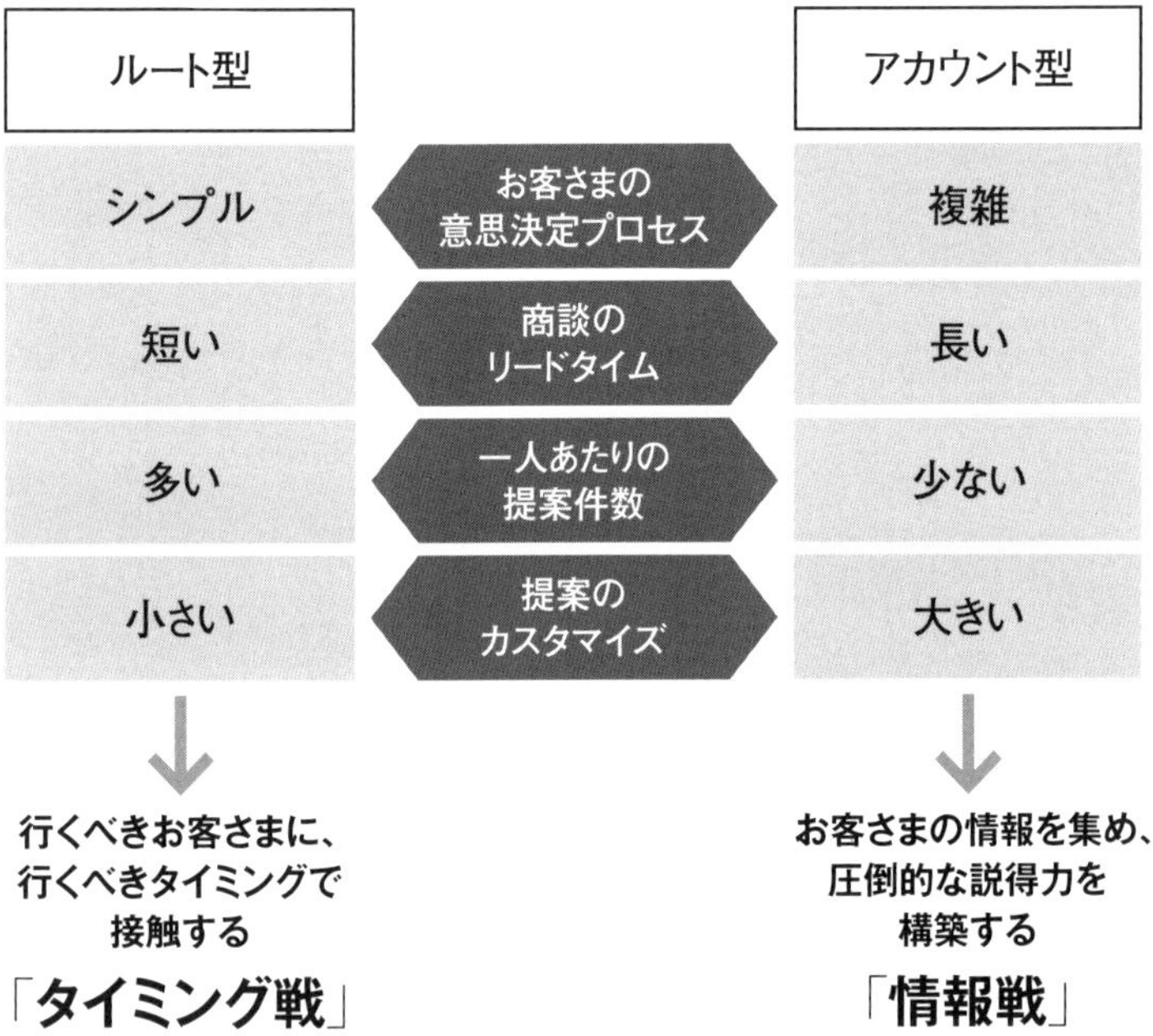
ルート型
アカウント型
シンプル
お客さまの意思決定プロセス
複雑
短い
商談のリードタイム
長い
多い
一人あたりの提案件数
少ない
小さい
提案のカスタマイズ
大きい
行くべきお客さまに、行くべきタイミングで接触する
「タイミング戦」
お客さまの情報を集め、圧倒的な説得力を構築する
「情報戦」

ルート型におけるスタンダードなKPIはこちらです。

●行動の量：コール件数、訪問件数、接触のリードタイム、提案件数

●行動の質：アポ獲得率（訪問件数÷コール件数）、案件化率（提案件数÷訪問件数）、受注件数や受注率（受注件数÷提案件数）、受注単価（売上÷受注件数）、リピート率

ルート型の場合、「タイミング」が命なので、KPIのグラフを眺めるだけでなく、重点ターゲットに対する定期接触や再接触の状況を詳しくモニタリングすると効果的です。

一方、アカウント型営業では、「お客さま一社が持つ大きな予算のなかで、どれくらい自社シェアを上げられるか」が問われます。

一案件の金額が大きくなるため、「意思決定に絡む関係者の数が多く、お客さまの複雑な意思決定構造を把握しながら、時間をかけて丁寧にアプローチし、社内の稟議を通せるだけの説得力が生み出せるか」が勝負です。

アカウント型では、主に次のようなKPIを見ていきます。

●行動の量：訪問件数、キーマンとの接触件数、フェーズ滞在日数、提案件数（商品ラインごと）

●行動の質：案件化率（提案件数÷訪問件数）、新規商談作成の件数や金額、フェーズア

ップの件数や金額、パイプラインに積まれている金額、受注件数や受注率（受注件数÷提案件数）、受注単価（売上÷受注件数）、お客さま取引単価、リピート率

アカウント型については、「情報」が鍵を握っています。数字の状況のみならず、重要案件における情報（お客さまに関する情報や検討状況など）の入力具合を見ていく必要があるでしょう。

ＫＰＩが定まってくると、行動の量と質について、先にお伝えしたＡＢＣＤマネジメントで営業のパフォーマンスを細かく見ることができます。

すると、「〇〇日たっていたら、本来は次のフェーズに進んでいるべきなのに、実際には進んでいない商談」や、「なかなか行動量が増えないメンバー」などの現象について、基準値をもとに見えるようになります。

また、営業チームにとって大事な「次の仕込みがされていない」といった状況にも、早期に対処できます。多くの営業組織では、「既存顧客のフォローで手一杯で、新規開拓の時間が取れない」「提案やクロージングに時間を取られて、次の期に必要な売上のもとになる案件が作れない」などということが起こりがちです。ＫＰＩを用いたＡＢＣＤマネジメントができると、データを見ながら対処できるため、このような状況が続くことを避けられま

す。

3章でお伝えした「二人三脚」という勝ちパターンを検証するためには、KPIにおいて変化が表れていることを確認すればよいでしょう。

●トータルで同じ営業活動時間でも、お客さまに対する行動「量」が増えているかどうか(電話商談やオンライン商談もカウントすると、段取り力が高ければ接点が増加しているはず。また、放置されているフェーズ滞在案件が減ってくることが見込まれる)

●メールや電話の往復回数が多いメンバーは、行動の「質」が上がっているかどうか(納得感の醸成ができていれば、案件化率や受注率が上がっているはず)

さて、「ABCDマネジメント」を実行するためには、フェーズの更新が即時反映され、データがリアルタイムで見られたほうが便利です。

そこで、最近普及しているSFAなどの営業支援システム活用が鍵となります。

第4章
の
まとめ

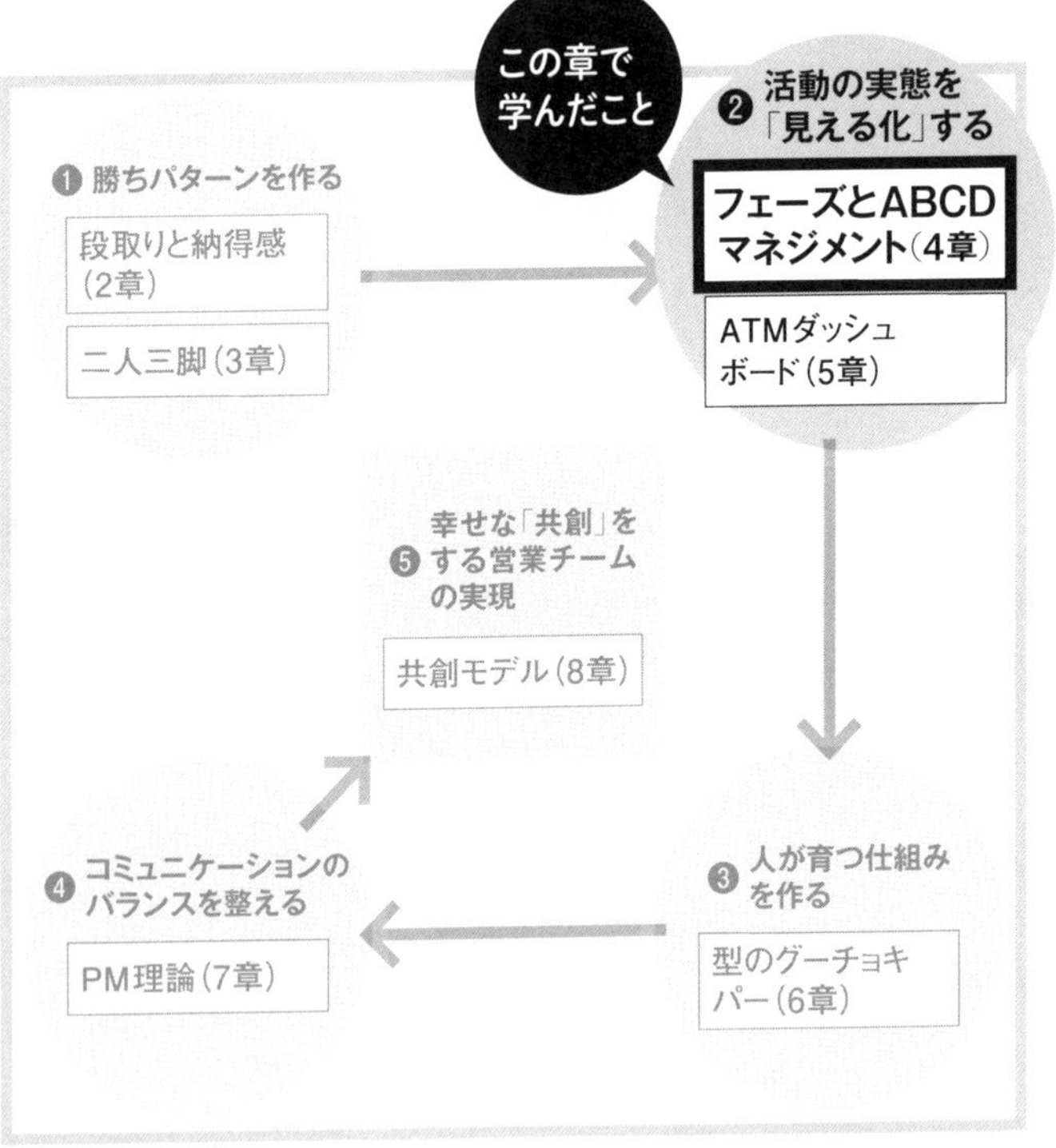
この章で
学んだこと
❶ 勝ちパターンを作る
段取りと納得感（2章）
二人三脚（3章）
❷ 活動の実態を「見える化」する
フェーズとABCDマネジメント（4章）
ATMダッシュボード（5章）
❸ 人が育つ仕組みを作る
型のグーチョキパー（6章）
❹ コミュニケーションのバランスを整える
PM理論（7章）
❺ 幸せな「共創」をする営業チームの実現
共創モデル（8章）

アクションリスト

事業トップ

- □ 自社のフェーズ定義に関する合意形成を推進する
- □ ABCDマネジメントを現場で行うために、行動の「量」や「質」に対する合格基準を明確にする
- □ 重点KPIを定めて、アナウンスする

チームリーダー

- □ フェーズの定義をチームに浸透させ、メンバーの認識をそろえる
- □ フェーズや重点KPIに沿った案件指導を行う
- □ 行動の「量」や「質」を見ながらABCDマネジメントを実践する

メンバー

- □ 担当する案件のフェーズを前に進め、フェーズ更新をリアルタイムで報告する
- □ フェーズの認識について違和感があったら声をあげる
- □ 重点KPIに注力し、行動の「量」「質」はABCDの中でもAゾーンを目指す

企画チーム

- □ 自社のフェーズ定義を言語化するため、営業現場の合意を形成する
- □ フェーズを更新・管理する仕組みを構築する
- □ 重点KPIについて、ABCDの状態が見える化されるツールを用意する

第5章

「仕組み」を使って プロセスマネジメントを推進する

営業支援システム（SFA）とは

２０１０年代半ばから、いわゆる「営業支援システム（SFA：Sales Force Automation）」の普及が進んでいます。SFAは、営業のプロセスや進捗状況を管理・支援することで営業活動を仕組み化できるツールです。

営業支援システムには、自社開発のシステムもありますし、市販のものもあります。本書では、双方を含めて「SFA」と呼ぶことにします。

SFAの導入・活用については、リモートワークの浸透に伴い、これから進んでいくことが予想されます。エクセルやスプレッドシートでも数字の管理はできますが、便利なSFAを上手に使えば、データをリアルタイムで自在に集計・分析したり、情報の即時共有が行えたりするため、プロセスマネジメントの効率は飛躍的に向上します。

本書では、SFAをまだ導入されていない方でもおわかりいただけるように、極力、システムの専門的な言葉や知識を使わずに解説します。

ＳＦＡには、次の５つの機能があります。

●顧客情報をマネジメントする

お客さまの会社や個人に関する情報を記録・整理・共有することで、お客さまに対して、より効果的なアプローチができるようになります。特にオンライン商談が増えていくと、お客さまと名刺交換する機会が減るため、この機能を使って、お客さまに関する情報を蓄積していけるかどうかで、マーケティングや営業活動の効率が変わります。

●案件や商談の進捗をマネジメントする

案件や商談の詳細情報について、活動の履歴や提案商品・サービス、進捗状況、受注予定日などのＢＡＮＴＣ情報、受注見込金額などを記録・整理・共有できます。それによって、マネジャーは、メンバーが進めている商談の状況をタイムリーに理解し、支援することが可能になります。

●営業担当の行動をマネジメントする

営業担当ごとに、個々の活動やスケジュールをＳＦＡ上で記録・整理・共有できます。そのデータに基づいて、行動のプロセスに関する「量」(コール数、訪問数、提案数など)や「質」(アポ獲得率、案件化率、受注率など)をKPIとして効果的に分析すれば、メンバーのパフォーマンスを上げるための介入のヒントにもなります。

●社内の情報共有やコミュニケーションを促進する

ファイルの共有や、チャットを通じたコミュニケーションにより、迅速かつ効果的なやり取りができます。また、申請や承認のフローとひも付けすることによって、日常の報告や相談もスムーズに行えます。

●売上(見込)や予実をタイムリーに出力する

いろいろな切り口から、売上および売上見込の数字を集計・分析することができます。エクセル集計とは異なり、全員が正しい情報をリアルタイムで参照することにより、実態や将来予測を適切に把握することができます。経営側としても、データをもとにした精緻な意思決定をスピーディに行いやすくなります。

ここで挙げた機能以外にも、SFAには、ツールやシステムによって、便利な使い方があります。

しかし、「酒は飲んでも飲まれるな」という言葉があるように、SFAに踊らされることのないよう、注意が必要です。効果的に使いこなすために必要なことを、これから解説していきます。

ツール活用において乗り越えるべき壁

SFAは便利なツールではありますが、一方、導入した会社では、次のような問題についての話を耳にすることがあります。

- 「ITリテラシー」問題：特にベテラン層のITリテラシーによる拒絶反応
- 「トップが無関心」問題：組織のトップが、SFAに対して興味・関心が薄く、実際に使わない（ので、メンバーも使わない）
- 「発言権のあるベテラン」問題：営業成績が良いベテランがSFAに否定的
- 「システム的な制約」問題：SFAも一つのシステムである以上、万能ではなく、できな

いこともあるため、ある一つの事象を捉えて「SFAは使えない」発言が出てくる
●「データが入らない」問題：「全部入れてください」あるいは「入れられる人は入れてください」という指示によって、入力自体が形骸化してしまう
●「SFAの必要性」問題：SFAを使わなくても業務フロー自体が成り立ってしまっていると、使われない
●「フェーズが動かない」問題：徐々に入力されるようになっても、「フェーズが動かない」状態の商談が多発してしまう

実際、SFAを導入した会社は、どれくらいのレベルで活用できているのでしょうか。活用の度合いについて調べてみました。

左下から右上にかけて階段を昇っていくような図になっていますが、一番使いこなせている状態が右上の回答結果の「⑧全社的な活用・連携がスムーズで業績アップに寄与している」で、全体の2・6％です。「⑦営業現場ではデータ分析も含めフル活用しているが他部署との連携に課題」（7・9％）と合わせると10・5％ですから、「（少なくとも）営業現場がSFAをフル活用できている」のは10社に1社程度ということになります。

図表5-1 ■ SFAの活用・定着にあたって存在する壁

Q 組織全体でSFAを活用するレベルは、どの位置にありますか。

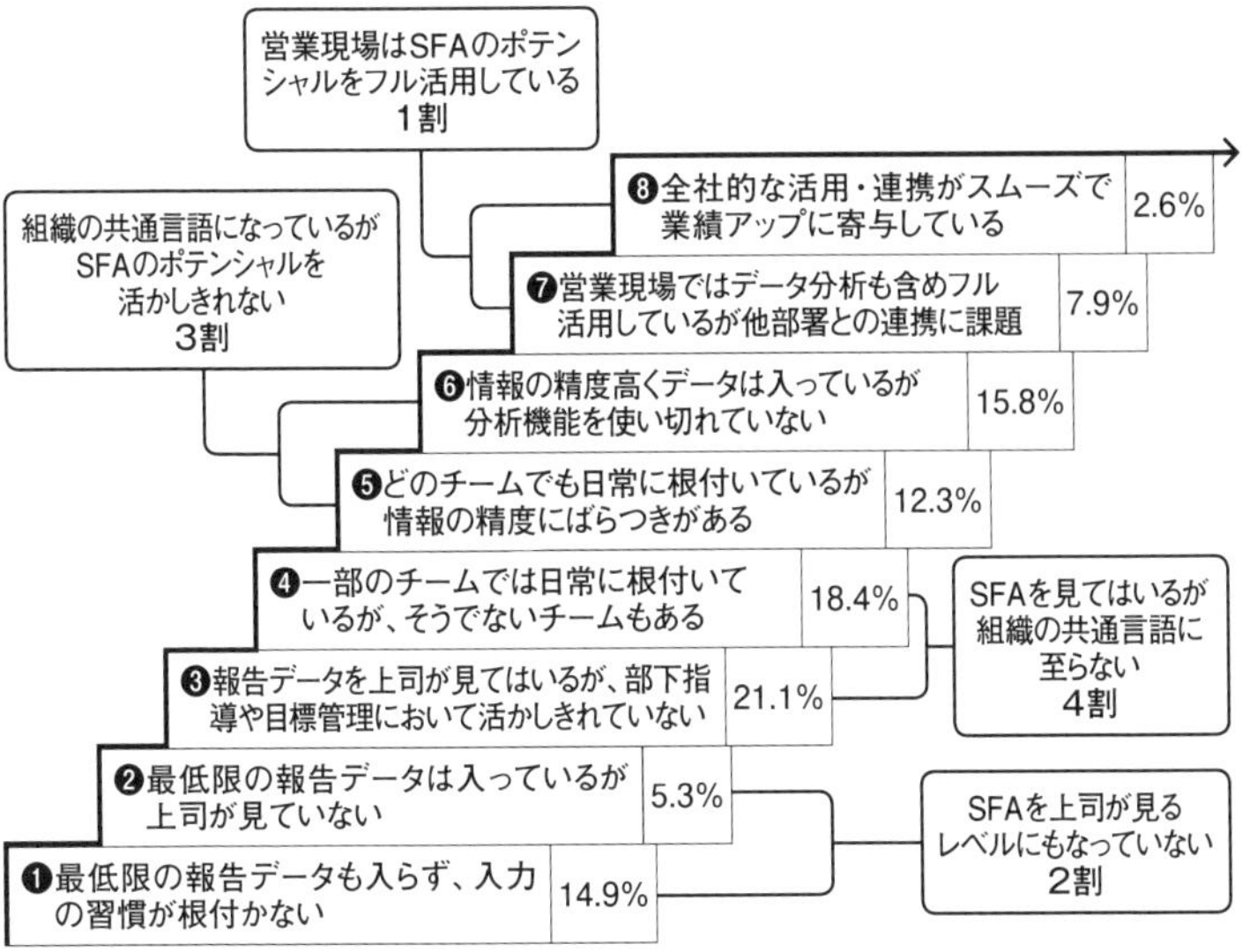

(n=114)
出所: TORiX調査　※活用度合いについて、「わからない」との回答が1.8%あったので図からは除外

「システムの活用において、集計と分析は別のもの」ということがよく言われますが、このレベルでは、データが集計されて正しく実態を反映しているのみならず、分析によって必要な示唆を出し、それがアクションに落とし込まれる（そして、そのアクションをした結果はまたデータに反映される）というサイクルがきちんと回っている状態です。

さて、ここから徐々に下っていきます。「⑥情報の精度高くデータは入っているが分析機能を使い切れていない」（15・8％）、「⑤どのチームでも日常に根付いているが情報の精度にばらつきがある」（12・3％）を合わせて28・1％と、3割程度は「共通言語になっているがSFAのポテンシャルを活かしきれない」ことがわかります。

このあたりは、「必要なデータは集計できて、みんなが当たり前に見るようになってはいるものの、アクションに影響を与えるような分析からの示唆までは至らない」というレベルです。

では、残りの6割を見てみましょう。

「④一部のチームでは日常に根付いているが、そうでないチームもある」（18・4％）と「③報告データを上司が見てはいるが、部下指導や目標管理において活かしきれていない」（21・1％）の合計39・5％は、活用状況にばらつきがある段階です。

この4割のケースでは、必要なデータが集計できていなかったり、SFAを参照はしているものの、エクセルとの二重入力が解消されていないといったケースが多くなります。組織の共通言語としてはまだ定着していないと言えるでしょう。

そして、「②最低限の報告データは入っているが上司が見ていない」（5・3％）と「①最低限の報告データも入らず、入力の習慣が根付かない」（14・9％）を合わせた約2割が、「SFAを上司が見るレベルにもなっていない」ということになります。

このあたりでは、SFAを使うようにと会社から言われても、まったく耳を貸さずに独自のやり方で管理しているマネジャーがいたり、メンバーの入力データが社内のコミュニケーションにおいて話題にのぼらない、という状況が散見されます。

このように見ていくと、

● 「SFAを上司が見るレベルにもなっていない」2割
● 「SFAを見てはいるが組織の共通言語に至らない」4割
● 「組織の共通言語になっているがSFAのポテンシャルを活かしきれない」3割

という3つが、「SFAを活用していくために乗り越えるべき主な壁」になります。

では、その壁を乗り越えるために、現場にどのような支援が必要でしょうか。

「組織全体で営業支援システムを効果的に活用するために、どんなサポートがあったらありがたいと感じますか」という質問に対する営業現場の回答を見てみましょう。

一番上にきているのは、「入力が目的化しないよう、業績に寄与しているかどうかの検証を絶えず行いながら、運用やルールを定期的に見直してほしい」(32・5%)というものです。次に来るのは、「情報入力項目が多すぎて負担が大きいので、必要最低限の入力項目に絞ってほしい」(28・1%)です。

これらをまとめると、「データの入力が目的化しないよう、活用状況をウォッチしながら、必要最低限の項目に絞られた状態にする」ということになります。先ほど、フェーズの定義について、「フェーズは逐次、見直していくものである」ということを書きましたが、SFAの活用においてもそれは重要です。

SFAは便利な機能が盛りだくさんなのですが、気をつけないと、「管理する側が『こんな情報も見られたらいいな』というノリで追加した入力項目」に対して、現場が苦しむことになります。

同様に、回答状況を上から見ていくと、「現場で使いやすいような変更やカスタマイズが柔軟にできるようにしてほしい」(25・4%)、「システムを、営業会議や社内のコミュニケー

図表5-2 ■ SFAの活用に向けて望まれる支援

Q 組織全体で営業支援システムを効果的に活用するために、どんなサポートがあったらありがたいと感じますか（いくつでも）。

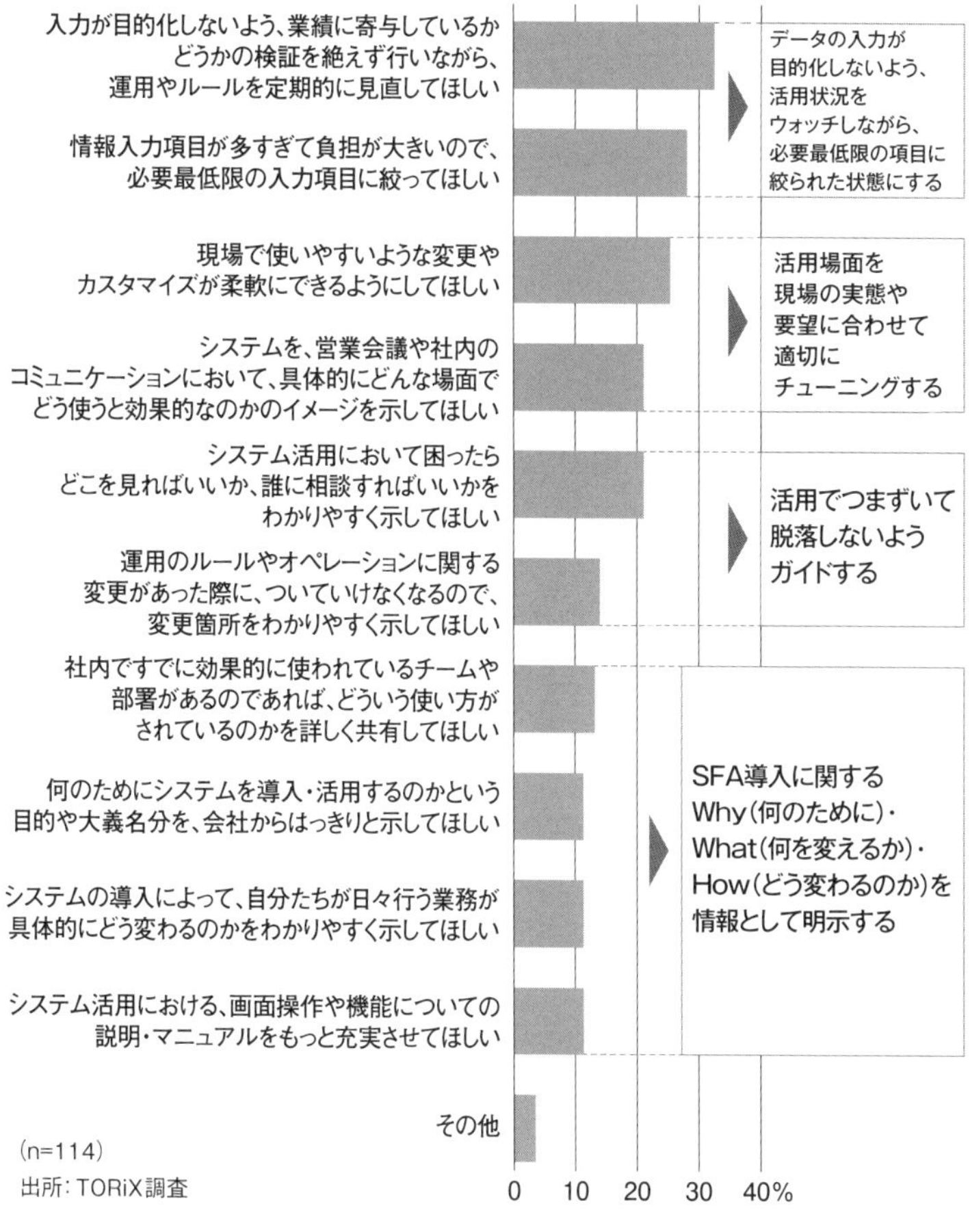
入力が目的化しないよう、業績に寄与しているかどうかの検証を絶えず行いながら、運用やルールを定期的に見直してほしい
情報入力項目が多すぎて負担が大きいので、必要最低限の入力項目に絞ってほしい
データの入力が目的化しないよう、活用状況をウォッチしながら、必要最低限の項目に絞られた状態にする
現場で使いやすいような変更やカスタマイズが柔軟にできるようにしてほしい
システムを、営業会議や社内のコミュニケーションにおいて、具体的にどんな場面でどう使うと効果的なのかのイメージを示してほしい
活用場面を現場の実態や要望に合わせて適切にチューニングする
システム活用において困ったらどこを見ればいいか、誰に相談すればいいかをわかりやすく示してほしい
運用のルールやオペレーションに関する変更があった際に、ついていけなくなるので、変更箇所をわかりやすく示してほしい
活用でつまずいて脱落しないようガイドする
社内ですでに効果的に使われているチームや部署があるのであれば、どういう使い方がされているのかを詳しく共有してほしい
何のためにシステムを導入・活用するのかという目的や大義名分を、会社からはっきりと示してほしい
システムの導入によって、自分たちが日々行う業務が具体的にどう変わるのかをわかりやすく示してほしい
システム活用における、画面操作や機能についての説明・マニュアルをもっと充実させてほしい
SFA導入に関するWhy（何のために）・What（何を変えるか）・How（どう変わるのか）を情報として明示する
その他
0 10 20 30 40%

（n=114）
出所：TORiX調査

ションにおいて、具体的にどんな場面でどう使うと効果的なのかのイメージを示してほしい」(21・1%)となります。これは、現場でSFAを使おうとしたときに生じるギャップをうまくカバーしきれていないが故に発生する要望です。

このような声に対しては、活用場面を現場の実態や要望に合わせて適切にチューニングすることが必要です。

さらに、回答を下の方に見ていくと、活用でつまずいて脱落しないようガイドすることや、SFA導入に関するWhy(何のために)・What(何を変えるか)・How(どう変わるのか)を情報として明示することが求められています。

現場が望む支援のなかで、一番重要なものは、「最小限に抑えたデータ入力項目の設計」です。具体的な考え方とやり方をこれから説明していきます。

商談項目の設計は「フェーズ」を起点にする

どうしたら、データの入力項目を〝目的に沿った必要最低限のもの〟にしぼり込めるのでしょうか。ヒントは、前章でお伝えした「プロセスマネジメントの考え方」にあります。プロセスマネジメントの肝は、「フェーズ定義」です。

SFAの入力項目も、フェーズ定義をもとに考えます。

フェーズが明確に定義され、社内で共通言語化することで、営業メンバーのやることがはっきりします。また、フェーズが定まることによって、KPIの測定も効果的に行うことができます。

フェーズの定義から商談項目に落とし込んでいくにあたっては、それぞれのフェーズを認識できるようにする最低限の情報項目を考えていきます。

もちろん、商談項目以外にも、「お客さまの企業情報」「お客さま担当者・責任者の個人情報」「営業の活動」など、データベースのために必要な項目はありますが、ここでは肝となる「商談項目」を例にとって説明します。

前章で紹介したフェーズの定義に合わせて、商談項目の例を記載します。

これは、商材やビジネスモデルによって変わるところがありますので、あくまでも例ということで、読者のみなさんも適宜アレンジしてください。どうやって実装していくかに

図表5-3 ■ **フェーズに合わせた商談項目の例**

フェーズ	状態	商談項目
❶ 商談の見極め	お客さまから時間をいただいて話せる場を獲得した	初回訪問や電話をした日付
❷ 課題の把握	当社の提案につながる課題の存在を確認した	課題の内容・検討状況・次回訪問日・次のアクション
❸ 要件整理	課題のキーワードを整理しBANTCを確認した	予算・決裁者・ニーズ・受注決定予定日・競合
❹ 解決策の提案	当社がどうお役に立てるかを提案した	提案内容・見積もり金額・導入すべき理由・なぜ今なのか
❺ 稟議検討中	意思決定スケジュールをお客さまと確認した	意思決定基準・受注までの段取り・ネックと対応策
❻ 意思決定者の合意	決裁者の発注意向を確認した	稟議における当社採用理由
❼ 事務手続き	発注に向けた事務手続きを開始した	発注書の作成・納品準備
❽ 受注	発注書を受領した	発注書受領の日付・決着理由カテゴリ・決着理由詳細

ついては、SFAベンダーなどに尋ねるとよいでしょう。

●フェーズ①「商談の見極め」

たとえば、お客さまとのアポをいただき、実際に商談の場でお話ししてみたら、少なくとも〝冷やかし〟ではなかった場合を考えてみます。お客さまから時間をいただいて話せる場をすでに獲得しているので、「初回訪問の日付」や「コールした日付」の情報が入れられるはずです。ここで、日付をきちんと入れておくようにすれば、あとで、「長期停滞している案件なのかどうか」が素早くチェックできます。

●フェーズ②「課題の把握」

お客さまとの会話のなかで、当社の提案につながる課題の存在を確認できたらこのフェーズになります。該当する「課題の内容」を聞いているはずですし、当社の提案につなげるためには「検討状況」の確認が必要になります。加えて、当社が提案活動を進めていくうえでは、「次回訪問日」と「次のアクション」が必要になります。これらの情報が入っていれば、マネジャーとしても、「この案件は追うべきかどうか」の判断を下しやすくなります。

●フェーズ③「要件整理」

課題のキーワードを整理し、BANTCを確認していると、フェーズ②のときの「課題の内容」が更新されているはずです。さらに、「予算」「決裁者」「ニーズ」「受注決定予定日」「競合」が徐々に埋まってきます（もちろん、BANTCがすべて埋まらない場合もあるでしょう）。「課題」と「ニーズ」の違いを定義すると、課題は、「理想と現状のギャップのうちで、お客さまが『解決すべき』と認識したもの」であり、ニーズは、「お客さまが当社に対して求めてきていること」という切り分けになります。

これらの項目が入力されていると、案件の状態が正しく把握できるため、マネジャーがメンバーに対して適切な支援をしやすくなります。

●フェーズ④「解決策の提案」

当社がどうお役に立てるかを提案するなら、「提案内容」「見積もり金額」が必要です。また、当社がお役に立てるということは、（お客さまが当社サービスを）「導入すべき理由」や（導入タイミングとして）「なぜ今なのか」についてある程度見えているはずです。

フェーズが浸透していない営業チームでは、こういった情報が見えておらず、単に見積もりの金額だけ案件一覧として列挙されていることがあります。「見積もり提示まではされているが、勝ち筋の薄い案件」というのがたくさんあると、マネジャーを悩ませることになります。「勝負案件だと思ってマネジャーが同行してみたら、お客さまが本気で検討していなかった」という事態は避けたいものです。

しかし、これらの項目がしっかりと入っていれば、マネジャーは案件の受注確度を精緻に見積もり、必要な営業同行などの判断を正しく行うことができます。

●フェーズ⑤「稟議検討中」

お客さまの意思決定スケジュールを確認するには、お客さまの「意思決定基準」を把握している必要があります。このとき、お客さまとの間で「受注までの段取り」が明確になっていると理想的です。最終決定はいつで、それまでに「お客さまは、社内のどなたとどうコミュニケーションするか」「当社は、どのタイミングで何をサポートするか」といったアクションプランがあると、受注率が上がります。

このフェーズでは、失注のリスクにつながる要因を次々と解消していく必要があるので、受注に向けた「ネックと対応策」が見えていると、マネジャーも安心して商談レビューを行えます。

●フェーズ⑥「意思決定者の合意」

意思決定者からの「御社にお願いします」という意思確認ができたら、受注も間近です。しかし、早々に浮かれるのは禁物。なぜ当社が選ばれたのか、知っておきたいところです。それが「稟議における当社の採用理由」です。この項目があると、あとで他のメンバーが受注案件の詳細を見たときに、「何が決め手になったのか」という重要情報を探しやすくなります。

ごくたまに、メンバーが「ほぼ受注です」と言っていた案件がひっくり返って失注になることがありますが、「稟議における当社の採用理由」をきちんと確認するようにしておけば、早合点によるぬか喜びをなくすことができます（稟議における当社の採用理由が確認できないということは、前のフェーズでまだやることが残っている、ということになります）。

●フェーズ⑦「事務手続き」

商材によっては、事務手続きのプロセスが長い場合もあります。「発注書の作成」や「納品準備」のために発生したタスクを管理する必要があるときは、ここを〝独立したフェーズ〟として設けることもあります。

社内的に、受注が正式確定する前に納品準備に入らないといけないのであれば、このフェーズがあると便利です。

●フェーズ⑧「受注」

正式な受注です。「発注書を受領した日付」とともに、「決着理由カテゴリー」を把握します。また、特に接戦案件なら、「お客さまの検討が裏側でどう進んでいて、何が決定的瞬間を生んだのか」といった決定場面を「決着理由詳細」に書いておけるようにすると、組織としても大きな学びになります。

特に接戦案件を受注した場合は、ここに書いてあるカテゴリや詳細を、会議の場で振り返るのがお勧めです。

以上、各フェーズについての項目例を挙げてきましたが、「Ｍｕｓｔ／Ｗａｎｔ」をどう設定するのかも含めて、細かいアレンジは、あなたの組織の実態に合わせて調整してください。

最後に、項目を設定する際のポイントについて紹介しておきます。

●フェーズごとに必須入力項目を明確にする
●「この項目に情報が入ったらフェーズが進む」という連動があることで、フェーズの定義への理解が深まるようにする
●必須入力項目は、多くしすぎないよう注意する（ないよりあったほうがいい、というレベルで増やすと入力負担が大きくなる）
●項目ごとの入力方式については、情報量が多いものや、そもそも入力されているかどうかが重要なものについては「自由記入」、カテゴリーごとの集計や分析がしたい場合は「選択式」にしておくと便利。あとで日付が重要な意味を持つものは「日付」でカレンダーから選ぶ形がよい。

ツールを使い切れないのは、集計結果しか見ないことが原因

フェーズや入力項目ができたところで、今度は、SFAを営業マネジャーの日常業務にひも付けていきます。

「活用場面を現場の実態や要望へ適切にチューニングする」ということは、SFAの活用に

図表5-4 ■ 多くの営業マネジャーはSFAを使い切れていない

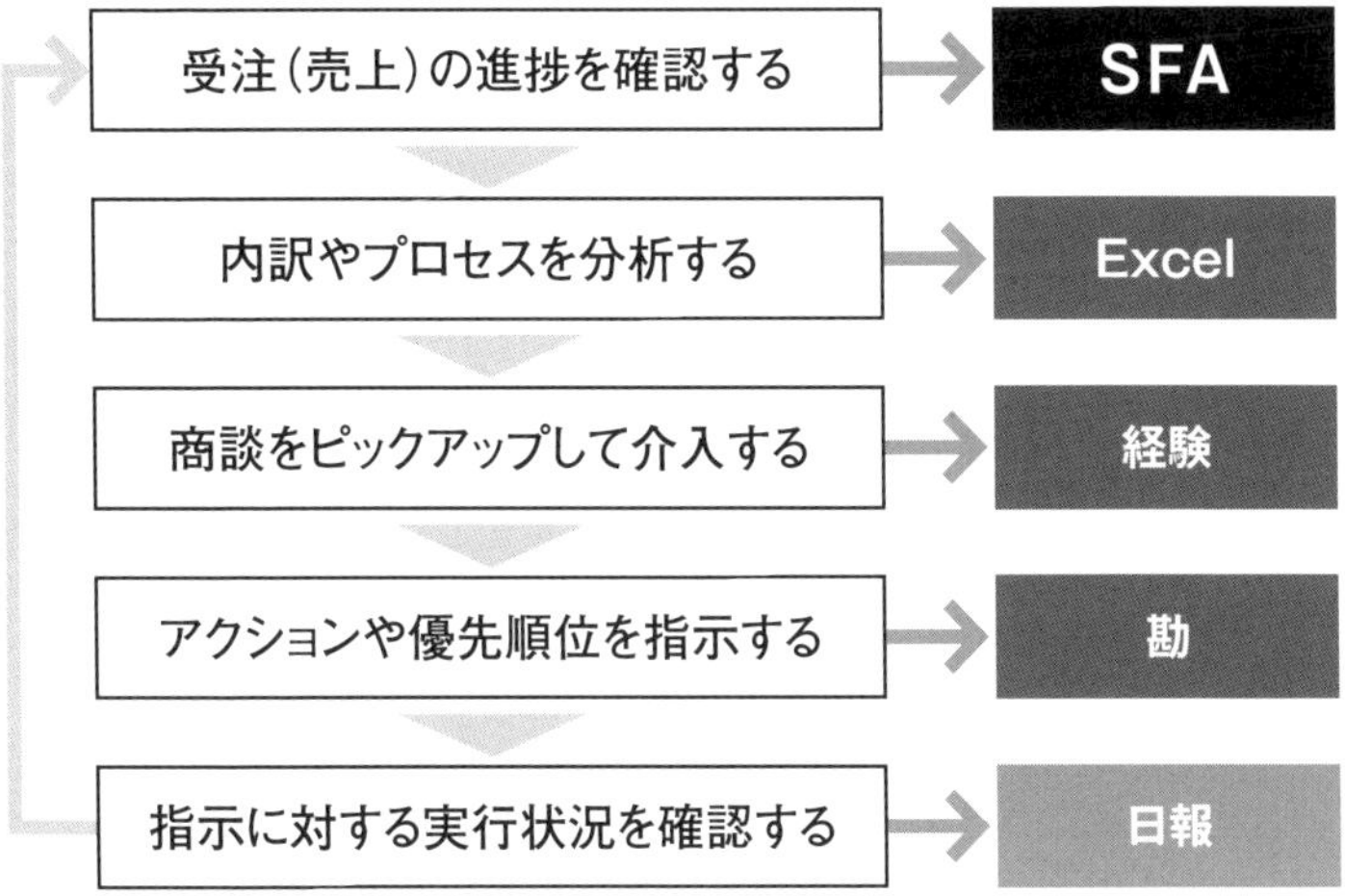
受注（売上）の進捗を確認する
SFA
内訳やプロセスを分析する
Excel
商談をピックアップして介入する
経験
アクションや優先順位を指示する
勘
指示に対する実行状況を確認する
日報

向けて、営業現場から求められているサポートでもあります。

しかし、図表5-1でもお見せしたように、多くの営業組織では、SFAのポテンシャルを使い切れていません。「営業マネジメントのサイクルにおいて、SFAをどう使ったらいいか、わからない」という声をよく聞きます。

使い方を深く理解していないと、営業マネジャーはSFAを単なる〝数字の集計ツール〟のように考えてしまいがちです。

SFAの使い方が理解されていない営業現場は、たとえば上のようなイメージです。

まず、定例会議の直前にマネジャーがSFAの売上集計だけ見ます。「あれ、思ったより進捗していないな」となったら、マネジャーはとりあえずSFAのデータをダウンロードし、自分なりにエクセルで色々といじり始めます。目標を達成するには、数字が足りないので、エクセルに吐き出した案件一覧を見ると、どれどれ、この案件は何となく受注できそうだから商談同行のアポを指示しよう、のように色付けをします。そうこうしているうちに、会議が始まるまで時間がなくなりました。マネジャーは急いでチームのメンバーに何を指示するか考えます。「まずは案件を増やさないと話にならないから、う〜ん……そうだ！〝案件数の増加〟を会議で重点目標として伝えよう。しっかりやっているかどうかは、あとで日報を読んでチェックすればいい」。

このような使い方では、残念ながら、SFAのポテンシャルを活用しきれていません。

これらは、SFAを〝数字の集計ツール〟として使うことからスタートしているのが原因です。たしかに受注(売上)の進捗を確認する集計ツールとしても便利ではありますが、SFAを日常のマネジメント行為から切り離してしまっているのです。

メンバーに対する日常のマネジメントのなかには、「受注（売上）の進捗を確認する」以外にも、次のようなタスクがあります。

●内訳やプロセスを分析する

「いろいろな角度から売上の内訳やプロセスに関する数字を見て、ボトルネックや異常値を発見する」「うまくいっているメンバーやチームに焦点を当てて、成功要因を探る」などの分析を行います。

●商談をピックアップして介入する

商談一覧のなかから、重要な商談をピックアップし、その商談を担当するメンバーと個別にコミュニケーションしながら、受注に向けてサポートしていきます。

●アクションや優先順位を指示する

チーム全体に対して、「こういうお客さまには優先してアプローチしよう」「いつまでにこれをやってほしい」など、方針を明確にしたうえで指示します。

●指示に対する実行状況を確認する

メンバーが日々活動している内容を把握して、「マネジャーが出した方針や指示に対して、着実に実行されているか」をチェックします。うまくいかないメンバーを早期発見して介入したり、重要なのにうまく進捗しない商談への同行をセットしたりと、柔軟に対応することが必要です。

SFAを日常のマネジメント行為とひも付けて設計すれば、マネジャーにとってSFAは「なくてはならないもの」になります。一方、多くの会社では、SFAの要件を設計する際に、まだまだ営業マネジャーの関与が少ないのが現状です。特に、側面支援する企画チームや管理部門が、営業現場と一体になって、〝数字の集計ツール〟以上のものになるようディスカッションを重ねていけると理想的です。

次にご紹介するSFAの「ダッシュボード」機能は、こういったマネジメントサイクルを効果的にサポートしてくれます。

ダッシュボードに「単なる数字の集計以上の役割」を持たせ、マネジメント行為とダッシュボードをひも付けていくと、SFAの活用度合いが大きく向上します。

営業マネジャーが毎日使いたくなる「ATMダッシュボード」

SFAを単なる売上集計ツールとして使うのではなく、マネジメントサイクルに結びつけていくうえでは、ダッシュボードの効果的な設計がポイントになります。SFAはダッシュボードをたくさん作れるのですが、逆に、「どういう観点でダッシュボードを作ったらいいのか」を定めないと、やみくもに増えて、収集がつかなくなります。

そこでお勧めするのが、「停滞や異常を発見し、要注意の案件に介入する（Alert：アラート）」「優先順位の高い行動を推進する（Targeting：ターゲティング）」「業績や進捗を見て分析しながら、次の手を打つ（Monitoring：モニタリング）」という目的ごとに切り分けた「A」「T」「M」の3種類のダッシュボードを作ることです。

ATMといえば、まず思い浮かべるのが、金融機関の現金自動預け払い機としてのATM（Automatic Teller Machine）でしょう。ATMの普及は、引き出しや振り込みなど、お金にまつわる私たちの生活をガラリと一変させました。

「ATMダッシュボード」も、私たちのSFA活用シーンをいっきに便利なものにしてく

図表5-5 ■ ダッシュボードの“ATM”

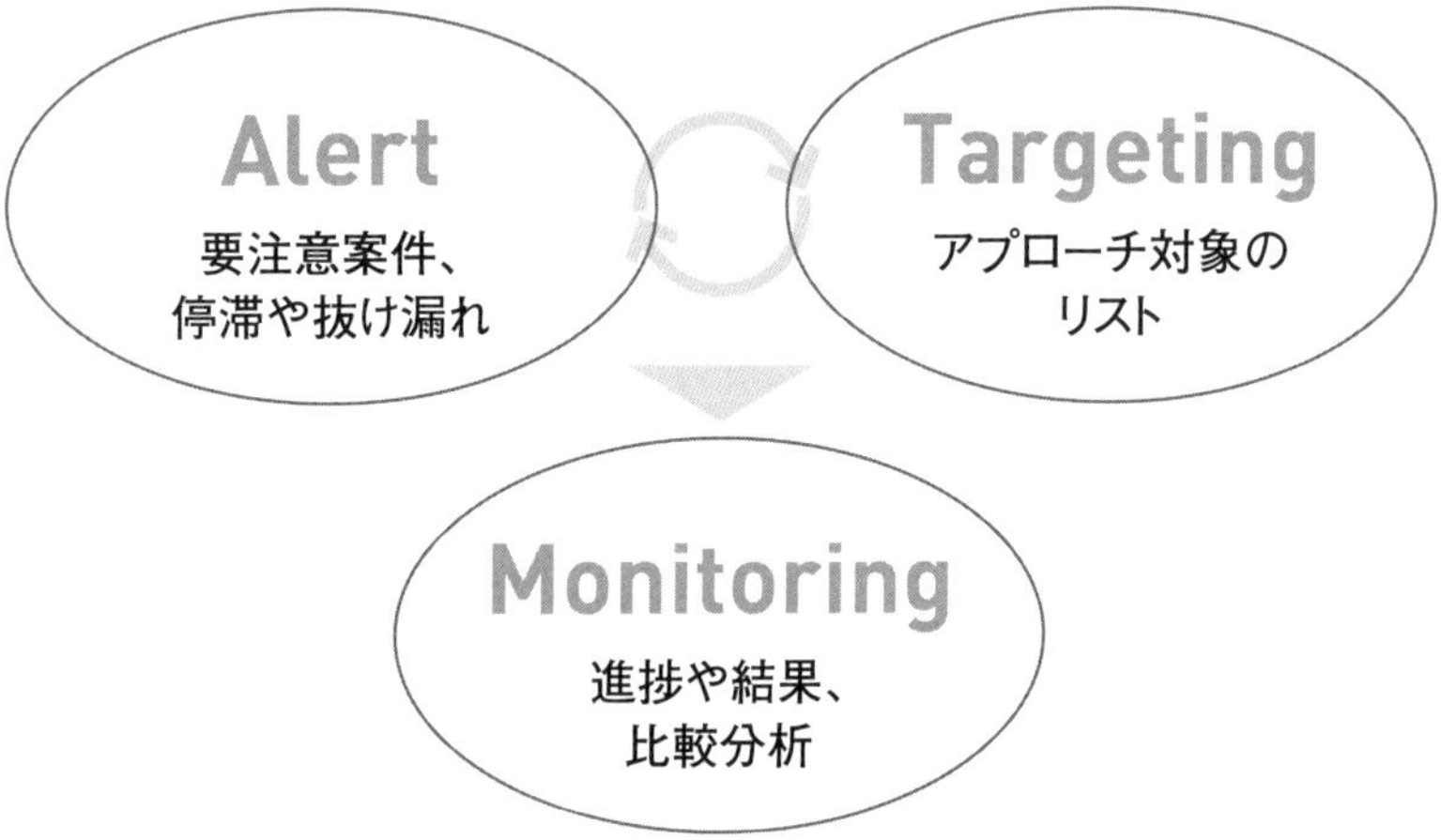

れるものです。これからご説明していきます。

〔A〕停滞や異常を発見し、要注意の案件に介入する

これは、「アラート（Alert）を表示させる」ということです。

マネジャーがメンバーに対して、「あの案件、そろそろ提案しないといけないはずだけど、どうなっているの」「この案件、見積もりを出してからずいぶん経つのに、返事がきていないから、お客さまに確認したほうがいいね」と言う場面がよくあります。

そのような場合、マネジャーとしては、「言う前に行動してほしい」「何回も同じことを言わせないでほしい」と思うはずです。そのリマインドが来る前に、メンバーが対処できれば、案件は効果的に進みます。アラートのダッシュボードは、こういった要注意案件、停滞や抜け漏れを一覧表示させるものです。

〔T〕優先順位の高い行動を推進する

これは、「活動のターゲティング（Targeting）」です。

マネジャーには、「どういう行動をしてほしい」「どのお客さまにアプローチしてほしい」「特にこの案件に注力してほしい」といった優先順位や、「やってほしいアクション」があります。しかし、日常の営業現場では、得てしてマネジャーからの指示や方針が入り乱れて飛んでおり、メンバーからすると、「たくさん言われるが、結局、どれを優先すべきか、わからない」となりがちです。

ターゲティングのダッシュボードは、優先順位や「やってほしいアクション」をアプローチ先のリストとして表示させるものです。

〔M〕業績や進捗を見て、分析しながら次の手を打つ

これは、「集計や分析のモニタリング（Monitoring）」です。

「ＳＦＡのダッシュボード」と言われると、これを想起する方が多いと思います。業績の進捗や各種ＫＰＩの状況、さらには人ごとや時系列の比較をすることで、ボトルネックや異常値を発見し、早期対処します。一方、うまくいっている人やチームを分析して、その活動を組織のなかに展開できると望ましいです。

モニタリングのダッシュボードは、「次につなげるための示唆が得られる集計や分析」を支援します。

ＡＴＭのダッシュボードは、車の運転でたとえると、アラートが「黄色信号」、ターゲティングが「青信号」、モニタリングが「カーナビ」のようなものです。黄色信号に注意しながら、青信号に合わせてアクセルを踏み込み、目的地までの進捗をカーナビで確認するがごとく、ＡＴＭを使いこなすことによって、営業活動の実態を見える化したうえで効果的に手を打つことができます。

特に、２０２０年のコロナ禍以降、営業チームでもリモートワークを取り入れた働き方が増えてきました。リモートワークでは、メンバー同士が対面で顔を合わせる機会が従来より少なくなります。そんなとき、ＡＴＭダッシュボードがあれば、活動の実態を効果的に把握することができます。

では、ATMという3つのダッシュボードについてそれぞれ解説します。

「アラート」を共通言語にして、要注意を〝見える化〟する

停滞や異常を発見し、介入するのが「アラート」のダッシュボードです。

ここには、「停滞している商談」や「放置されている商談」、あるいは、「然るべきプロセスに進んでいるのに、必要な情報が入っていない商談」などが表示されます。

アラートのダッシュボードは、「人ごと」「チームごと」の件数で、「本来、そうなっているのは望ましくない」ものを表示させます。たとえば、「次のアクションが未更新になっている商談」や「ずっと動いていない商談」「この日までに受注決定しているはずなのに、その日をすぎている商談」などです。

そういった商談があると、「あの案件、どうなっているの」と尋ねることになります。しかし、多くのマネジャーは、「どの基準でメンバーに確認するか」というのが暗黙知になっているので、メンバーからすると、「ある日、突然、確認される」ことになります。

そこで、あらかじめ、「マネジャーが『こういう状態は望ましくない』と思う商談」を選ん

図表5-6 ■「アラート」ダッシュボードで、本来あってはならない事象を明確にし、抜け漏れや遅延の状況確認を自動化する

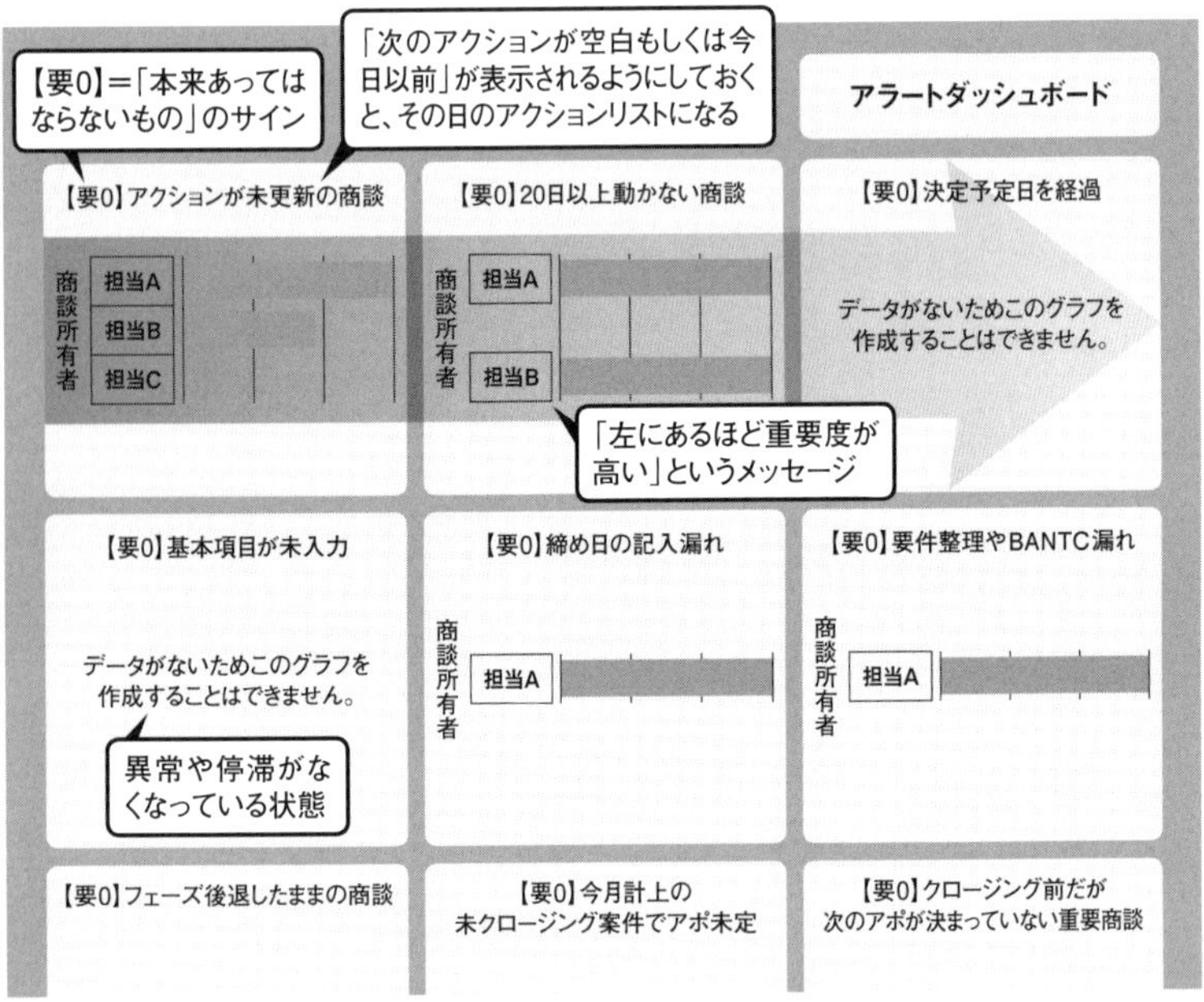

で、表示させるダッシュボードを作っておくのです。

ダッシュボードをいくつか並べて表示できるSFAを使っている場合、その並べ方で優先順位を表現することができます。たとえば、「左上にあるものほど重要度が高い」という約束事をメンバーと共有しておけば、「どの状態を解消する必要があるのか」について、メリハリをつけることができます。

アラートのダッシュボードに掲載すべき商談リストの例をいくつか示します。

- 次のアクションが未更新あるいは過去の日付になっている商談リスト
- 決定予定日が空白あるいは過去の日付になっている商談リスト
- クロージング段階まできているが、ネックや対応策が空白の商談リスト
- フェーズが○日以上動かないまま、対策が決まっていない商談リスト
- フェーズが後退したまま、対策が決まっていない商談リスト
- 「特定のフェーズにきたら、必ずヒアリングしてほしい項目」が埋まっていない商談リスト
- 何かしら入力の漏れやエラーあるいは遅延がある商談リスト

アラートのダッシュボードは、メンバーもマネジャーもお互いが見ることで、「ここに表示されているのは、望ましくないイレギュラーである」という共通認識を作ることができます。すると、「マネジャーがいちいち細かいことを言う前に、メンバーがこのダッシュボードを見て、自主的に対応する」という流れを作ることができます。

ただ、アラートのダッシュボードを作るうえでの注意点があります。

それは、「アラートの基準が厳しすぎると、メンバーはアラートを消すことに集中してしまい、手段が目的化しやすい」ということです。

そのため、アラートのダッシュボードに表示させるのは、「金額○○円以上」「重点セグメントのお客さまに関するもののみ」というように、条件を狭めておくのがお勧めです。目安としては、メンバーが1日の仕事を終える前に、「アラートを0にする」ことを目指せる現実的な件数にとどめます。

「ターゲティング」で方針の優先順位や実行状況を〝見える化〟する

優先順位の高い行動を推進するのが、「ターゲティング」のダッシュボードです。

ここには、「アプローチするべきだが、接触されていないお客さまのリスト」などが入ります。

「やるべきだが、まだされていない行動」について表示させるわけです。

ターゲティングのダッシュボードには、「人ごと」「チームごと」の件数で、「ある時点までに、やりきってほしい」ものを表示させます。「実行したら消える」となるように検索条件を設定しておけば、タスクリストと同じような意味を持ちます。

通常、メンバーは、タスクリストをそれぞれ自分で管理していると思います。これをみんなが見られる画面で、共通表示することにより、どのくらい進捗しているか、チーム全体の視点から見えるようになります。特に、画面の左上から右下にかけて、優先順位をルール化しておけば、「あれもこれも」とならず、「一番優先してやってほしいことは何か」をわかりやすくすることにもつながります。

ターゲティングのダッシュボードについて、いくつか例を示します。

●セミナーやキャンペーンなど、特にこの時期にご案内すべきだが、まだ案内していないお客さまリスト

●重点セグメントだが、まだアプローチがされていないお客さまリスト

図表5-7 ■「ターゲティング」ダッシュボードで、期限つきアクションの優先順位と実行状況を見える化する

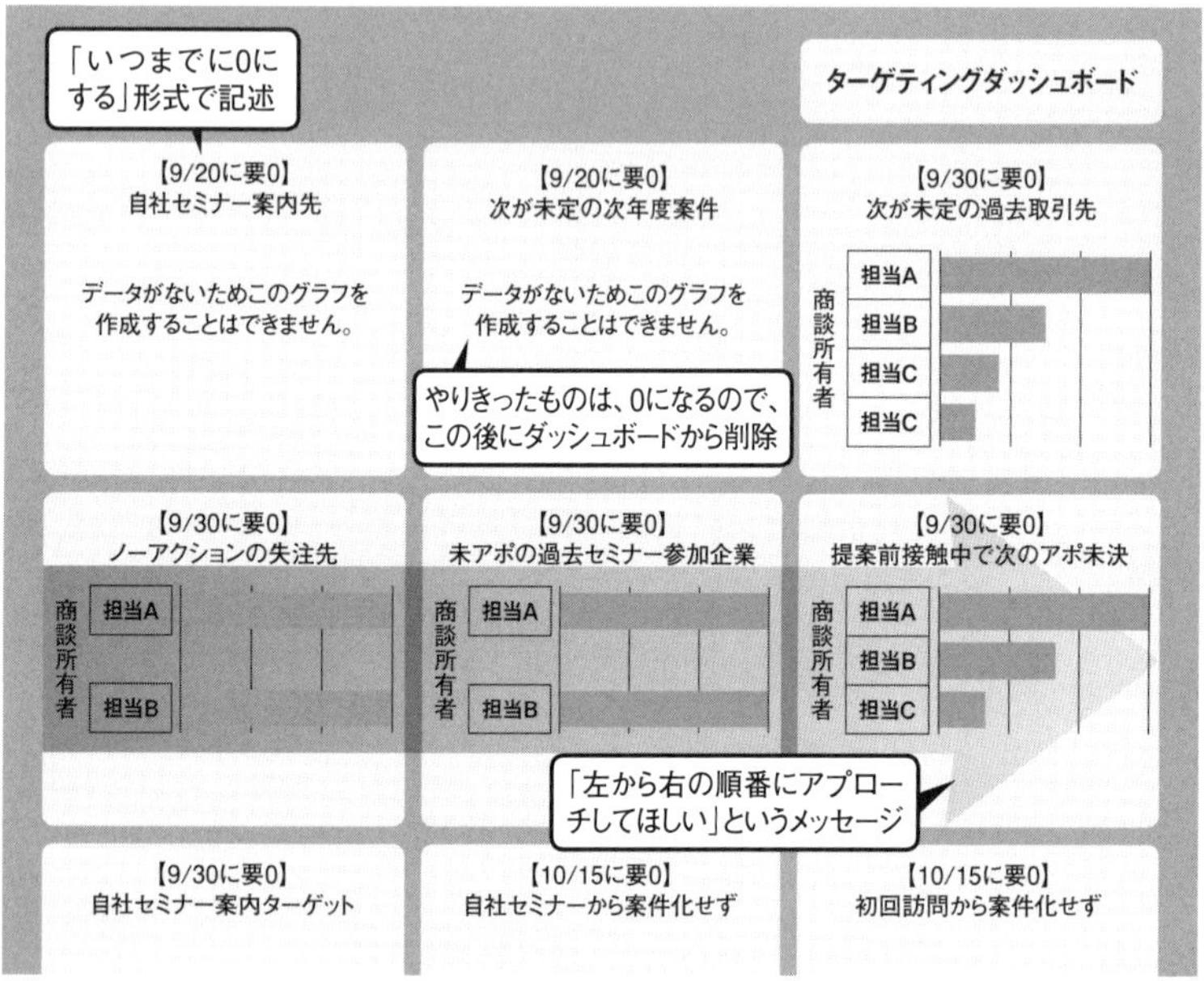

●案件化が見えているものの、次のアポやアクションが未定の商談リスト
●既存のお客さまで、まだクロスセルやアップセルの提案がされていないリスト
●過去に失注したまま、フォローされていない商談リスト
●過去に接触しているが、フォローが充分でなく、掘り起こしが必要なお客さまリスト
●提案前の段階から、ずっと動かない状態で、何かしらフォローが必要な商談リスト

アラートとターゲティングのダッシュボードの違いは、アラートには、「本来であれば起こっていてはおかしいもの」が表示されるのに対して、ターゲティングには、「一定期間をかけてやりきってほしいアクション」が表示される点です。

ターゲティングは、会社の方針や戦略として優先順位を上げて実行すべきリストです。そのため、いつまでに着手するのか、期限付きで示すことをお勧めします。

「モニタリング」で戦略、戦術、施策の効果を検証する

業績や進捗を見ながら次の手を打つのが「モニタリング」のダッシュボードです。

仮説を検証し、行動の質と量をモニタリングする

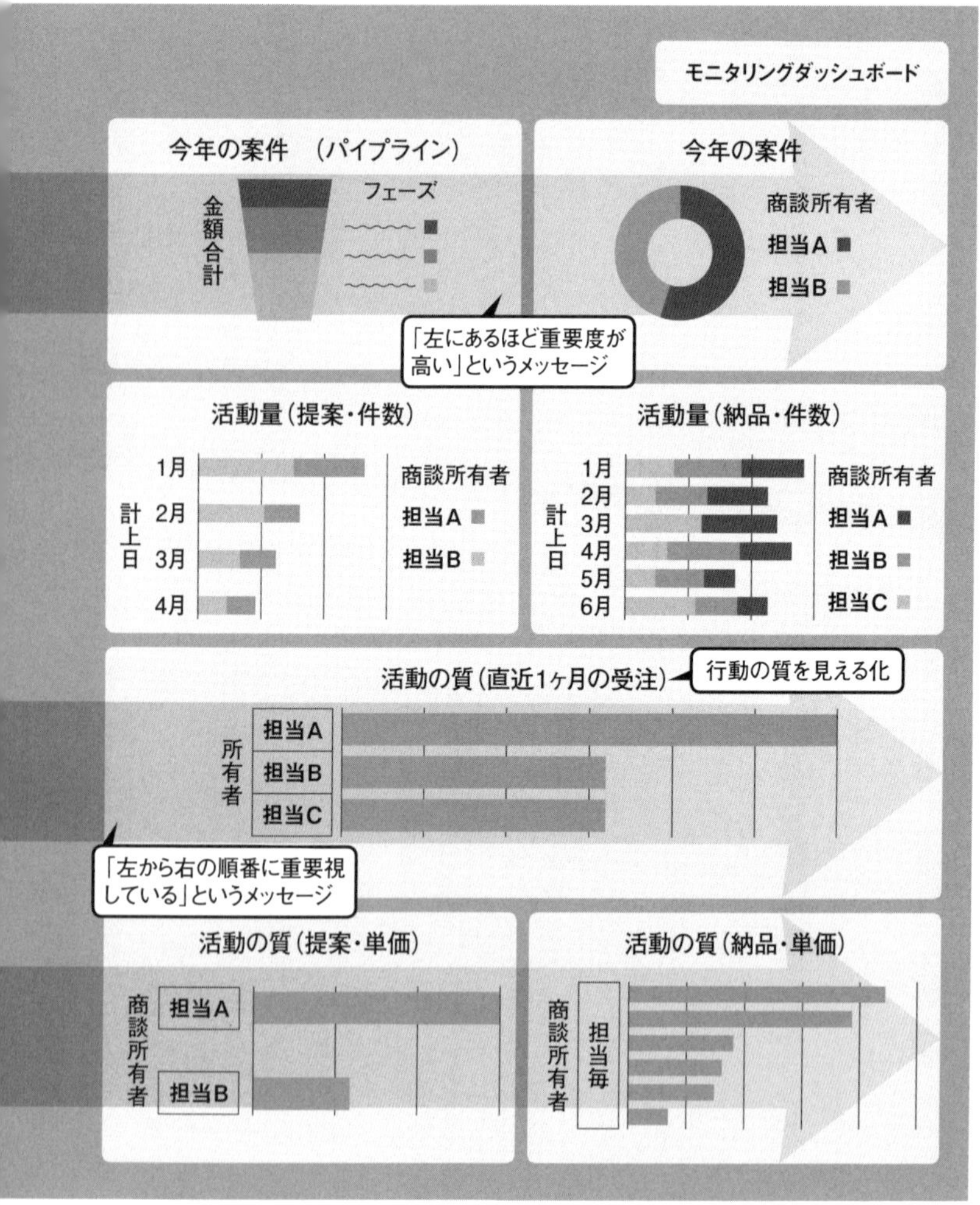

モニタリングダッシュボード
今年の案件　（パイプライン）
金額合計
フェーズ
今年の案件
商談所有者
担当A
担当B
「左にあるほど重要度が高い」というメッセージ
活動量（提案・件数）
計上日
1月
2月
3月
4月
商談所有者
担当A
担当B
活動量（納品・件数）
計上日
1月
2月
3月
4月
5月
6月
商談所有者
担当A
担当B
担当C
活動の質（直近1ヶ月の受注）
行動の質を見える化
所有者
担当A
担当B
担当C
「左から右の順番に重要視している」というメッセージ
活動の質（提案・単価）
商談所有者
担当A
担当B
活動の質（納品・単価）
商談所有者
担当毎

図表5-8 ■ 「モニタリング」ダッシュボードで、マネジメントの

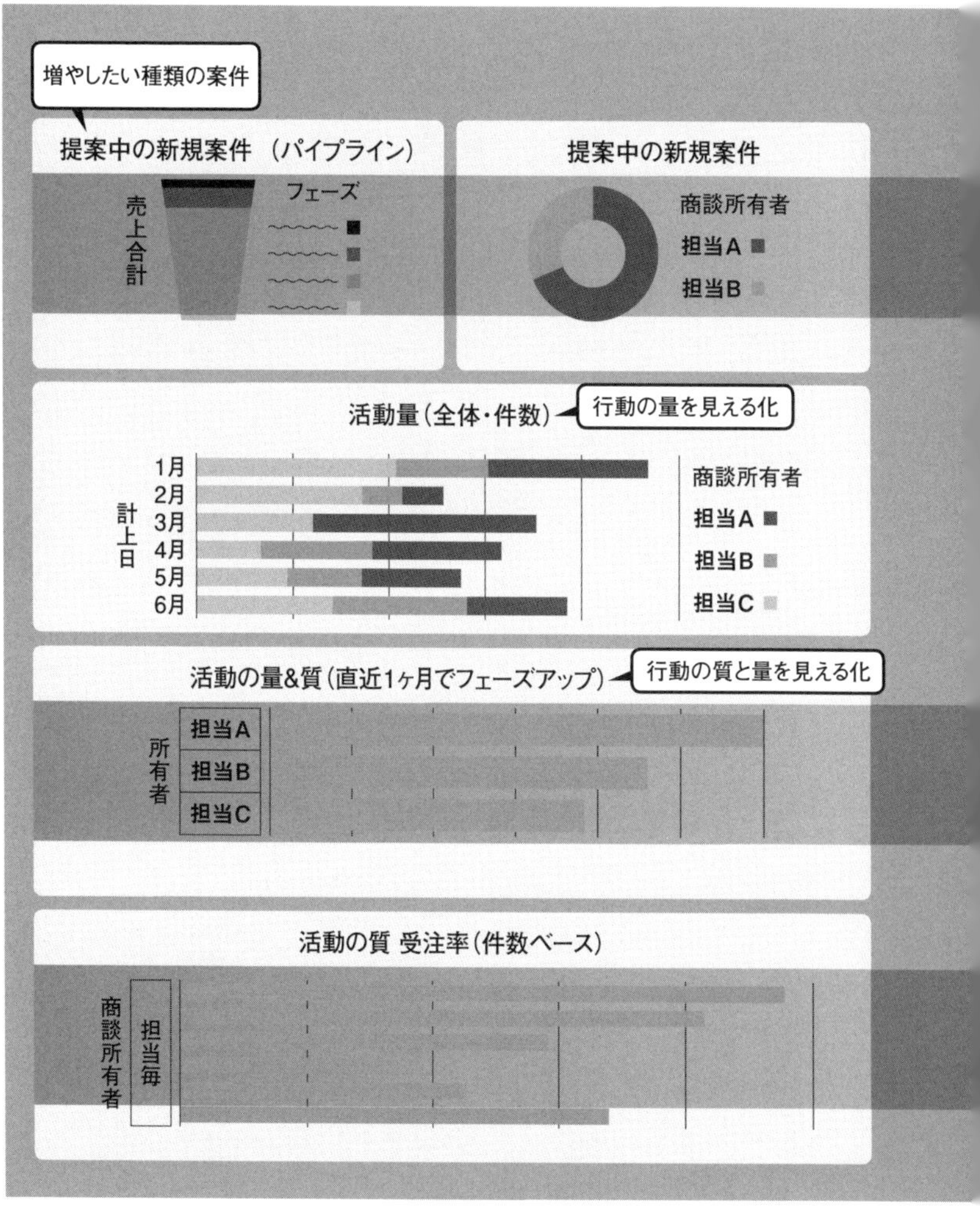

売上や受注の進捗、いろいろな切り口からの集計分析や、行動の「量」や「質」のKPIなどがここに入ります。

活動が順調に進んでいるかどうかは、モニタリングのダッシュボードに表れています。アラートが解消され、ターゲティングの活動が進めば、結果として、業績が好調に進捗している様子が、モニタリングに反映されるはずです。

こういったモニタリングのダッシュボードでは、受注や売上の集計結果を表示させるだけでなく、行動の「量」や「質」を知るための重点KPIも見えるようにすることで、効果的にプロセスを追いかけられるようになります。

また、アラートやターゲティングのダッシュボードは、現場寄り（営業マネジャーとメンバーの間）で使われる頻度が多いのに比べて、モニタリングのダッシュボードは、経営陣と営業マネジャーの共通言語として頻繁に参照されます。

モニタリングのダッシュボードについても、いくつか例を示しておきます。

特に、「パイプラインに乗っている売上の状況」「新規案件作成の金額や件数」「フェーズアップの金額や件数」が明確に見えていると、営業活動の状況を適切に把握しやすくなります。

〈日々の状況確認〉

●パイプラインに乗っている全案件一覧
●進行中の接戦案件一覧
●マネジャーに相談中の案件一覧　など

〈当期における目標達成状況確認〉

●現時点の確定受注（売上）額および目標達成状況
●着地見込受注（売上）額
●パイプラインに乗っている案件の合計売上額
●活動総件数
●面談率と面談数
●受注率と受注数
●受注単価
●新規案件作成の金額や件数
●フェーズアップの金額や件数　など

〈過去の蓄積データ集計・分析〉

●リード作成／商談化／受注／失注の金額や件数の推移
●直近の受注（失注）案件一覧
●受注（失注）原因のカテゴリー分析
●特定のフェーズアップ（滞留）原因のカテゴリー分析
●マーケティングの経路ごとパフォーマンス分析　など

おそらく、SFAを導入する会社のなかでも、「モニタリングのダッシュボード＝SFAのダッシュボード」と考えているケースは多いと思います。

しかし、当然ながら、数字を眺めているだけでは、業績は伸びません。アラートを解消し、ターゲティングの活動を進め、その状況をモニタリングしながら、手を打っていくことが必要なのです。

商談一覧とダッシュボードを見ながらメンテナンスする

ATMのダッシュボードがそろうと、SFAは単なる「数字の集計の道具」ではなく、マネジャーにとって、手放せない重要なツールになります。モニタリング（M）で日々の状況はウォッチしつつ、アラート（A）のダッシュボードで異常や停滞を未然に防ぎ、メンバーへの方針や指示の実行状況をターゲティング（T）で追いかけるのです。

ダッシュボードはかなり便利ですが、一方で、ダッシュボードだけ見ていれば順調に進むかというと、そうではありません。特に、最初の方は、ダッシュボード自体の完成度がそこまで高まっていないので、どうしても見落としなどが出てきます。

そこで、マネジャーは、ATMのダッシュボードもチェックしつつ、常に商談一覧も併せて見るようにしましょう。

メンバーも、自分の担当商談一覧を常にチェックしながら、「何かおかしいな」と気づいたら、迅速に対応していくことが重要です。特に、ATMダッシュボードがある程度機能するようになるまでは、併せて商談一覧をこまめにチェックしておかないと、観点の漏れが発生します。

そして、「マネジャーがメンバーに同じことばかり指摘しているな」と感じたら、ダッシュボードをバージョンアップします。「何回も指摘されている異常や抜け漏れがあれば、ア

図表5-9 ■「ATMダッシュボード」で、SFAを使ったマネジメントサイクルに

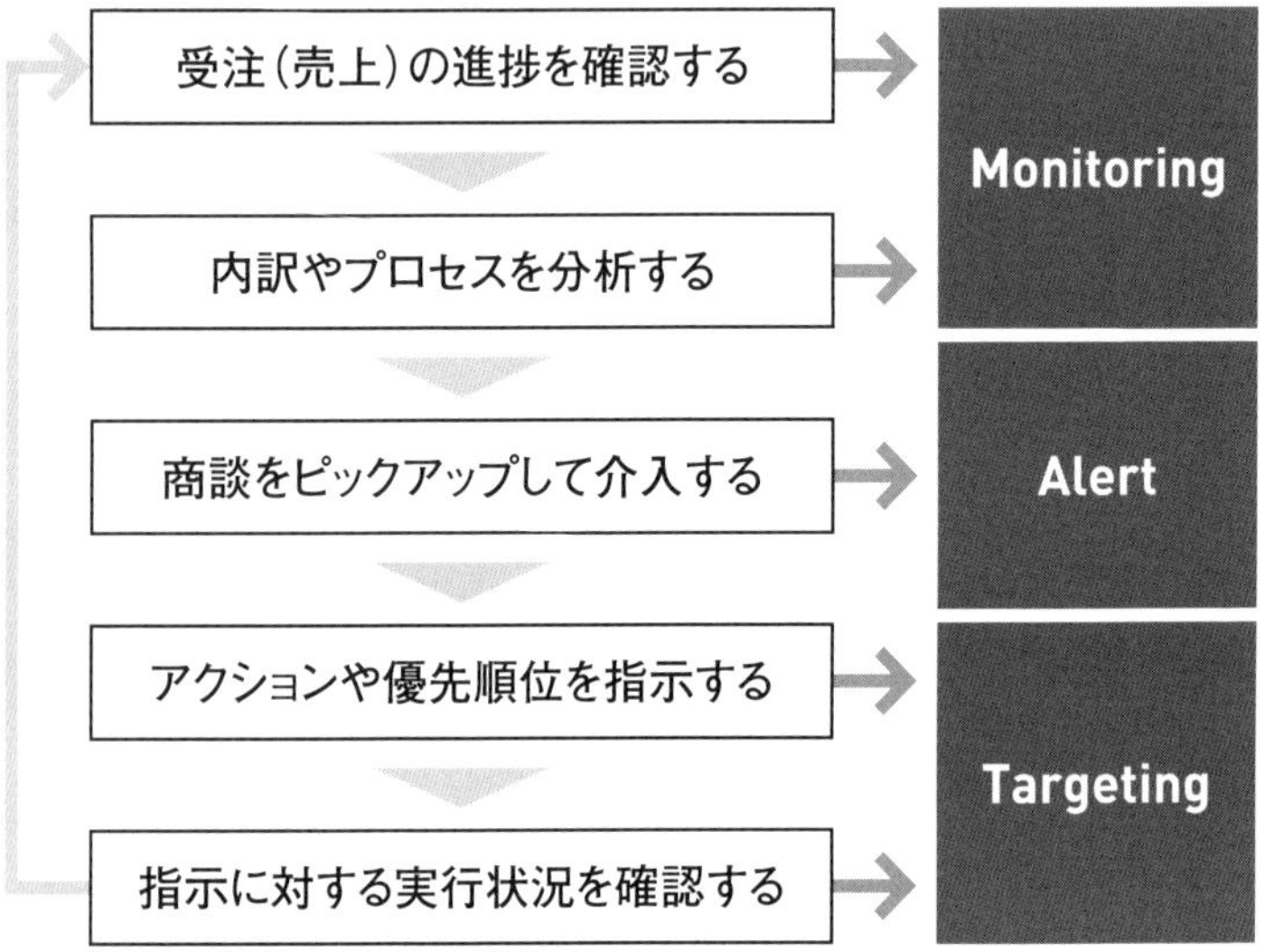
受注（売上）の進捗を確認する
内訳やプロセスを分析する
商談をピックアップして介入する
アクションや優先順位を指示する
指示に対する実行状況を確認する
Monitoring
Alert
Targeting

ATMダッシュボードを作る際の
チェックポイントはこちらから

ラートのダッシュボードを増やす」「大事な活動が進まないのであれば、ターゲティングのダッシュボードを改善する」といった具合です。

ＡＴＭのダッシュボードを作る際には、それぞれのチェックポイントがあります。紙面に載せる情報量の都合から、本書には書ききれませんが、興味のある方は、図の右下にある「ＱＲコード」からお問い合わせください。

「データが入らない」問題を解消するアナウンス

商談一覧とダッシュボードを見ながらメンテナンスすることができれば、かなりＳＦＡが日常の営業活動に定着している状態になります。

営業活動にＳＦＡを定着させるためには、「データが入っていて、きちんと使われている」ことが必須条件になります。

「データが入らない問題」の乗り越え方として、「ＳＦＡへの入力を促すアナウンス」の例を紹介します。これは、ＳＦＡの導入時だけでなく、導入して一定期間が経ったけれども、これから力を入れて運用していきたいというタイミングでもかまいません。できれば、チームの全員がそろったミーティングの場で行うことが重要です。

まず、なぜSFAを導入・活用するのか、「目的」をきちんと言葉で伝えます。

次に「期限」を設定します。「全メンバーが入力をしようと思ったら、この猶予期間があればできる」というスケジュールを設定することがポイントです。

「必須項目」と「任意の項目」を分けます。ほとんどの会社では、ここが分かれていないので要注意です。「入力できるところを入れてください」「できれば全部入力してください」といった指示は、残念ながら意味を持ちません。SFAが形骸化してしまうきっかけを作るだけです。必ず、必須と任意を分けて、その意図を説明することが重要です。

「運用ルール」としては、フェーズの更新などを考えると、リアルタイムの更新が基本です。ただし、代理店販売（自社が直接販売するのではなく、販売を他の会社に委託している場合）などにおいては、リアルタイムにデータを取るのが難しい場合もあります。それでも、毎週で更新期限を設けることなどが必要です。

そして、ここが大事なポイントですが、「完全入力日」について伝える必要があります。この日までに入力をそろえるという期限になったら、その日は、「全員の入力」を確認します。

図表5-10 SFAへの入力を促すアナウンス

「XXXという目的で、SFAの活用を進めていきます。これによって経営の予測精度が上がり、マネジャーからみなさんへのレスポンスもより的確になってくるので、みなさんも仕事しやすくなるというメリットがあります。ただし、そのためには、データが正しく入っていることが必要です。

→ ❶ 目的

みなさんも忙しいと思うので、入力には期間を設けます。**今から2週間後の●月●日（金）12:00までに全員**入力してください。XXXの**条件がそろった商談の必須入力項目**はXXX、それ以外の商談はXXXの項目が入っていれば大丈夫です。その日以降は、**締めのサイクル**を毎日（or毎週）とします。

→ ❷ 期限 ❸ 必須項目 ❹ 運用ルール

●月●日(金)は、**入力されたのを確認して返事**します。**そのデータをもとに月曜日に会議**をやりますので、金曜日12:00までの入力が難しい方は、必ず事前にご一報ください。

→ ❺ 完全入力日 ❻ 活用場面

入力していると色々な質問が出てくると思いますので、**今から試しにこの場で30分**、入力の時間を取ります。

→ ❼ 即時Q&A

これによって、本気でＳＦＡを運用するのだということが伝わります。ですので、完全入力日の期限は、夕方などに設定しないほうがよいです。必ず、その日のうちに未入力者へのリマインドや確認を終えられるように組みましょう。

さらに、入力されたデータをどのような場で使うのかという「活動場面」を伝えます。入力する側からすると、情報がどう使われるのか、気になります。「入力したけれど使われない」という情報が多いと、メンバーも入力の意欲が落ちてしまいます。必須入力項目は、最低限に抑えておきたいところです。

最後に、最も重要なことですが、「その場で入力して、質問も受け付ける」という「即時Ｑ＆Ａ」の時間を設けるようにしましょう。あと回しにすると、時間が経ってから質問が大量にくることがあります。また、入力の難しさを感じたメンバーが、「データの入れ方がわからなかったので」とあとから声をあげることもあります。

ツールが業績に寄与するまでのステップ

ＳＦＡが効果的に使われるためのダッシュボードを設計し、データが入力されるためものアナウンスをしたら、あとは業績に寄与するまで、組織ぐるみで粘り強くサポートしていきます。

ステップは7段階です。

①わかりやすい大義名分

まず、「何のためにSFAを入れるのか」をはっきりさせ、わかりやすい一言にすることが重要です。マネジャー・メンバーの会話で、日常的に「何のためか」が言葉としてかわされるようになると、浸透のための第1ステップをクリアです。

②Before→Afterの明確化

特に、SFA活用が現場に浸透するまでの間は、「やり方がよくわからないと、慣れた従来のやり方に戻ってしまう」ということがあります。ですので、どこがどう変わるか、資料の形で言語化することが必要です。これを、「SFAの画面操作マニュアル」だけで済ませている会社もありますが、Before→Afterの変更点を丁寧に記載することが重要です。

図表5-11 ■ SFA活用を成功させる組織ぐるみのサポート

❶ わかりやすい大義名分	「何のためにSFAを入れるのか?」が、わかりやすい一言になっていて、上司・部下の会話で使われている
❷ Before→Afterの明確化	SFAの導入により、従来業務とどこがどう変わるか(どこが変わらないか)が資料で言語化されている
❸ ヘルプ体制の充実	困ったらどこを見ればいいか、誰に相談すればいいかが周知されており、ヘルプ担当から動く流れができている
❹ 現場の伝道師を育成	「これがないと困る」「これがあるから業績が上げられる」と明言するマネジャーの名前が明らかになっている
❺ Mustラインの調整	Must項目の未入力者がいなくなっており、かつ、本当に必要なMust項目に絞られている
❻ 変更対応フローの確立	運用ルール及びダッシュボードや入力項目、ページレイアウトの変更がどう周知され、変更が適用されるかが機能している
❼ 業績への寄与を確認	縦軸に業績、横軸にSFAの活用度合いをプロットすると、正の相関が成り立っている

③ヘルプ体制の充実

ヘルプデスク的な役割を持つスタッフがダッシュボードを巡回したり、営業会議をオブザーブするなどして、SFAがしっかり使われているかどうか、チェックしていきます。「何かあれば、質問するなり、ヘルプを依頼してくるだろう」とは思わず、SFAの操作に詳しいメンバーが、現場の動きをつぶさに見て、介入していくことが必要です。

④現場の伝道師を育成

営業マネジャーが複数いる場合、全員がいきなり使えるようにはなりません。まずは、一人でいいので、「SFAがないとやっていけない」とまで言うようなマネジャーを作ることが大事です。そういったマネジャーは、「伝道師」となり、組織全体でSFA活用を推進していくうえでのキーパーソンになります。

⑤Mustラインの調整

SFAは便利なので、特に最初は、入力項目が増えがちです。したがって、使われていない情報項目を削って、スリムにしていく動きが必要です。これを行わないと、「何かを言い訳にして入力しないメンバーが黙認される」「真面目にすべての項目を入れているメンバーが、入力作業だけで莫大な時間を取られてしまう」という不具合が起こります。

⑥変更対応フローの確立

ある程度SFAの活用に慣れてくると、入力項目やダッシュボードが自然とブラッシュアップされていきます。その際、途中で入力の定義や運用方法を変更することが必要になります。変更した内容が周知・実行されるように、フローを整えることも重要です。

⑦業績への寄与を確認

SFAはあくまでも「手段」であり、「目的」ではありません。したがって、「SFAをしっかり使いこなしている人（チーム）の業績が上がっている」状態になるはずです。ここをゴールとして、SFA活用のための施策を回していきます。

SFAが組織で有効に活用されているかどうか、判断する基準として、「縦軸に業績、横軸にSFAの活用度合いをプロットすると、正の相関が成り立つ状態」が理想です。

その「正の相関」とは、どのような状態でしょうか。

私は、誰でもわかるように、「ラグビーボールを作りましょう」と表現しています。

ラグビーボールというのは、次ページの図で示しているように、「SFAをしっかり使っているチーム（あるいはメンバー）ほど業績が上がっている」という状態を作ることです。

そのためには、パフォーマンスの上がらないメンバーが放っておかれない仕組みを作ることが重要です。マネジメントにおいては、「手段を目的化する」ことが大きなリスクだからです。

施策の実行状況と達成率が相関するようになれば、「やっていることは間違っていない」と言えます。

2章・3章では、オンライン商談やハイブリッド営業における勝ちパターンを解説しました。勝ちパターンを自社に合わせて具体的に作り込んでいく際、「本当にこの勝ちパターンを実行していれば成果が上がるのか」という点に、チーム全体が腹落ちしていることが重要です。施策の実行と成果が相関するラグビーボールの状態になっていれば、「やっていることは正しいのだ」という確信をみんなで持つことができます。

さて、本書冒頭でご紹介した「オセロの4つ角」のうち、2つ目の角は、「活動の実態を『見える化』する」ことでした。これについては、4章・5章で解説してきました。プロセスマネジメントにおいて「フェーズ」を定義し、「ABCDマネジメント」ができる土壌を整えたら、「ATMダッシュボード」を使ってSFA上でプロセスマネジメントを推進します。

図表5-12 ■「ラグビーボール」を作る

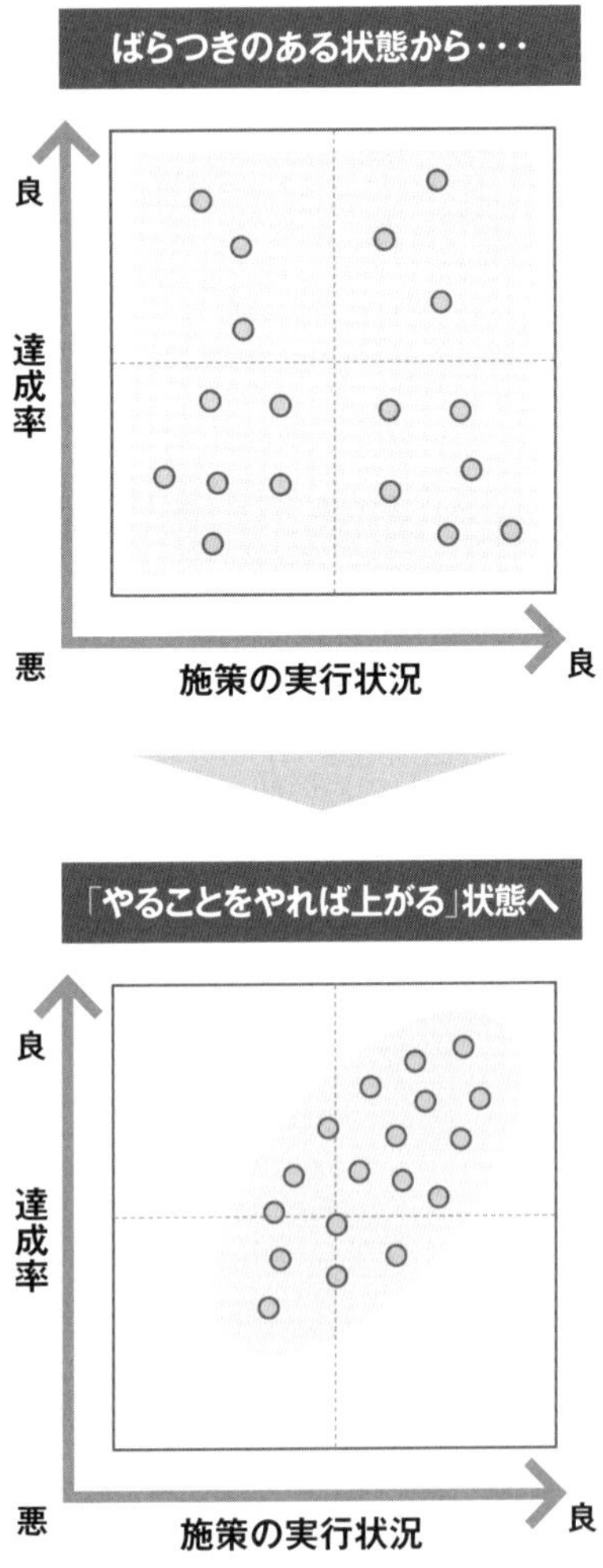

ばらつきのある状態から・・・
良
達成率
悪
施策の実行状況
良
「やることをやれば上がる」状態へ
良
達成率
悪
施策の実行状況
良

このプロセスマネジメントのサイクルを、施策の実行状況と達成率が相関する「ラグビーボール」の状態が作れるまで、ぐるぐると回していくのです。

しかし、どうしてもこのラグビーボールの状態が作れないこともあります。

それは、メンバーのスキルがどうしても追いつかないときです。

「やるべきことはわかっていても、うまく実行できない」という人を、組織でしっかりと育てられるようにしておくことが必要になります。

3つ目の角は、「人を育てる仕組みを作る」です。

第5章のまとめ

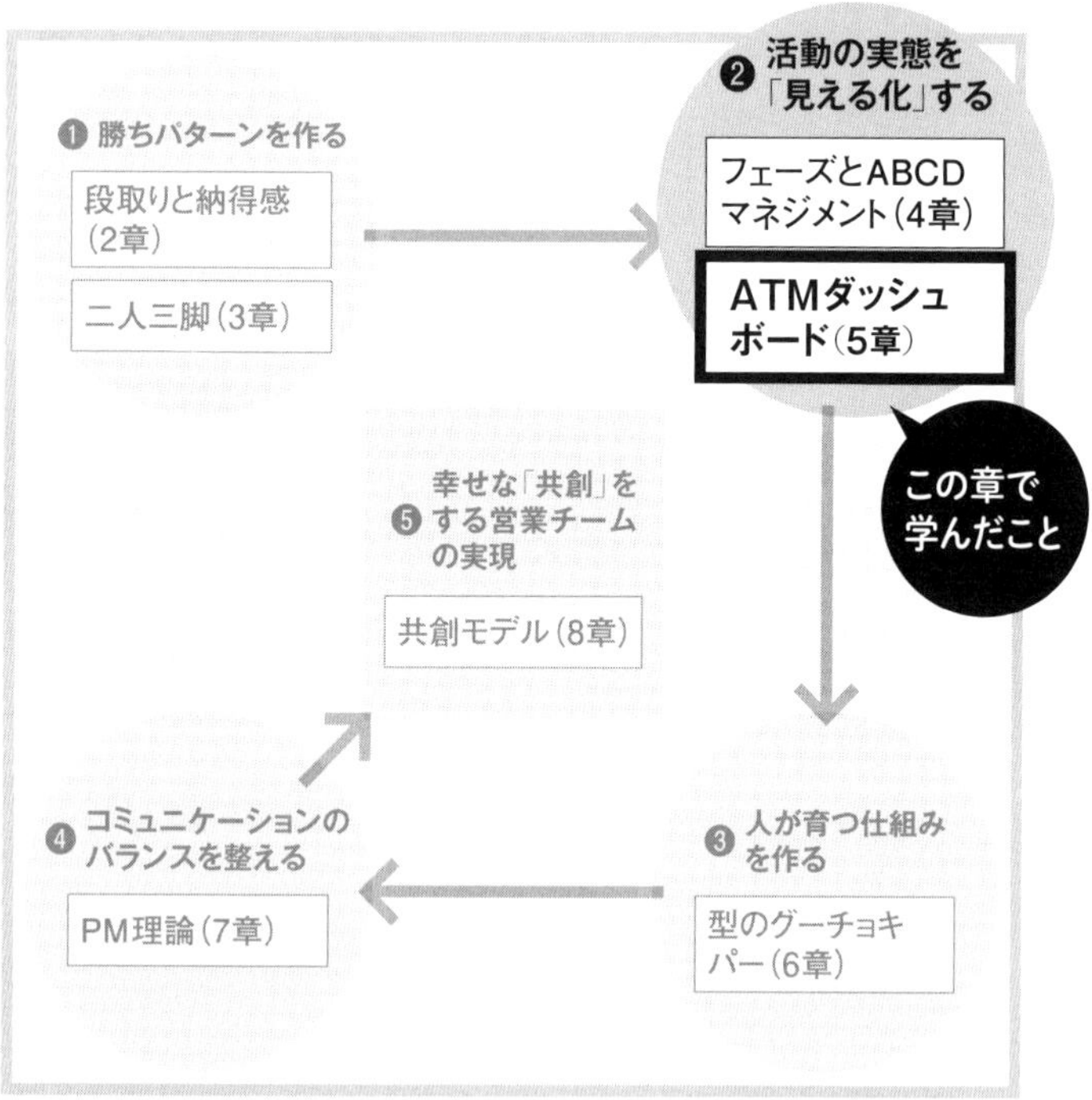

❶勝ちパターンを作る
段取りと納得感（2章）
二人三脚（3章）
❷活動の実態を「見える化」する
フェーズとABCDマネジメント（4章）
ATMダッシュボード（5章）
この章で学んだこと
❸人が育つ仕組みを作る
型のグーチョキパー（6章）
❹コミュニケーションのバランスを整える
PM理論（7章）
❺幸せな「共創」をする営業チームの実現
共創モデル（8章）

アクションリスト

事業トップ

- □ プロセスマネジメントとATMダッシュボードの重要性を全体にメッセージとして伝え続ける
- □ モニタリングダッシュボードを日々チェックし、方針の優先順位がターゲティングに反映されるよう指示を出す

チームリーダー

- □ 情報の入力項目やダッシュボードの設計について積極的に関与し、自分の意見を会社にフィードバックする
- □ 「手放せない」レベルになるまで、商談一覧とATMダッシュボードを見ながら、マネジメントのサイクルを回す

メンバー

- □ アラートに気をつけながら、ターゲティングの活動を進め、自らの業績進捗をモニタリングで確認する
- □ Mustになっている情報を、日々きちんと入力しつつ、入力項目が多すぎるときは会社にフィードバックする

企画チーム

- □ 営業現場と連携しながら、情報の入力項目やATMダッシュボードを設計する
- □ ATMを定期巡回して、入力項目やダッシュボードをメンテナンスする
- □ ツールを現場が使いこなせるよう、活用のためのサポートを行う

第6章

人が育つ仕組みを作る セールス・イネーブルメント

組織単位の人材育成には「型」が必要

活動の実態を「見える化」し、プロセスマネジメントをしっかり運用すれば、組織全体のパフォーマンスレベルが上がります。しかし、思うように数字が進捗しないメンバーは、どうしても個別に出てきます。「成果を出すためのやり方がわからない」「やり方を頭では理解していても、うまく実行できない」といった問題です。

前章で解説したSFAは、たしかに便利なツールです。しかし、システムを使いこなし、業績の数字を上げるのは、結局は人の役割です。

誰かの超人的なパフォーマンスに頼るのではなく、組織として売上を上げていくためには、どのように営業活動を進めていくかの「型」が必要です。

さらに、2016年より政府は「働き方改革」を推進しています。効率的に業務を進めていくためにも、パフォーマンスの再現性を実現する「型」の重要性は増しています。

そこで、「人を育てる仕組み」について本章で解説します。

「型」というのは、「その組織で、誰でも当たり前のようにできているべきこと」を定義したものです。この「型」が土台にあることで、成長の方向性がはっきりします。また、「これさえ押さえておけば、あとは各人の個性を活かしていこう」というのが明確になるので、各メンバーが動きやすくなります。

「型」をもとに人が育つ仕組みを作っておけば、多くのメンバーが活用できますし、直属のマネジャーが個別に一人ひとりを見ながら育てていく際にも、大いに役立ちます。

近年では、こういった取り組みを「セールス・イネーブルメント」と呼び、専門のチームを設けている会社もあります。

セールス・イネーブルメントにおける理想は、「型」を構築・運用することにより、前章でお伝えしたラグビーボール（縦軸に業績、横軸に施策の実行度合いをプロットすると、正の相関が成り立つ状態）ができることです。この観点を抜かして、「型」だけを先行して作ってしまうと、「作られたけれども使われないマニュアル」ができてしまうので要注意です。

「『型』をきちんと実行している人の業績が上がっている状態」が作れるように、実際に使われる場面を確かめながらセールス・イネーブルメントを回していきましょう。

ただ、組織のなかでもハイパフォーマーに位置する層は、個性が抜きん出ていて、独自

図表6-1 ■ 組織で「型」を作るメリット

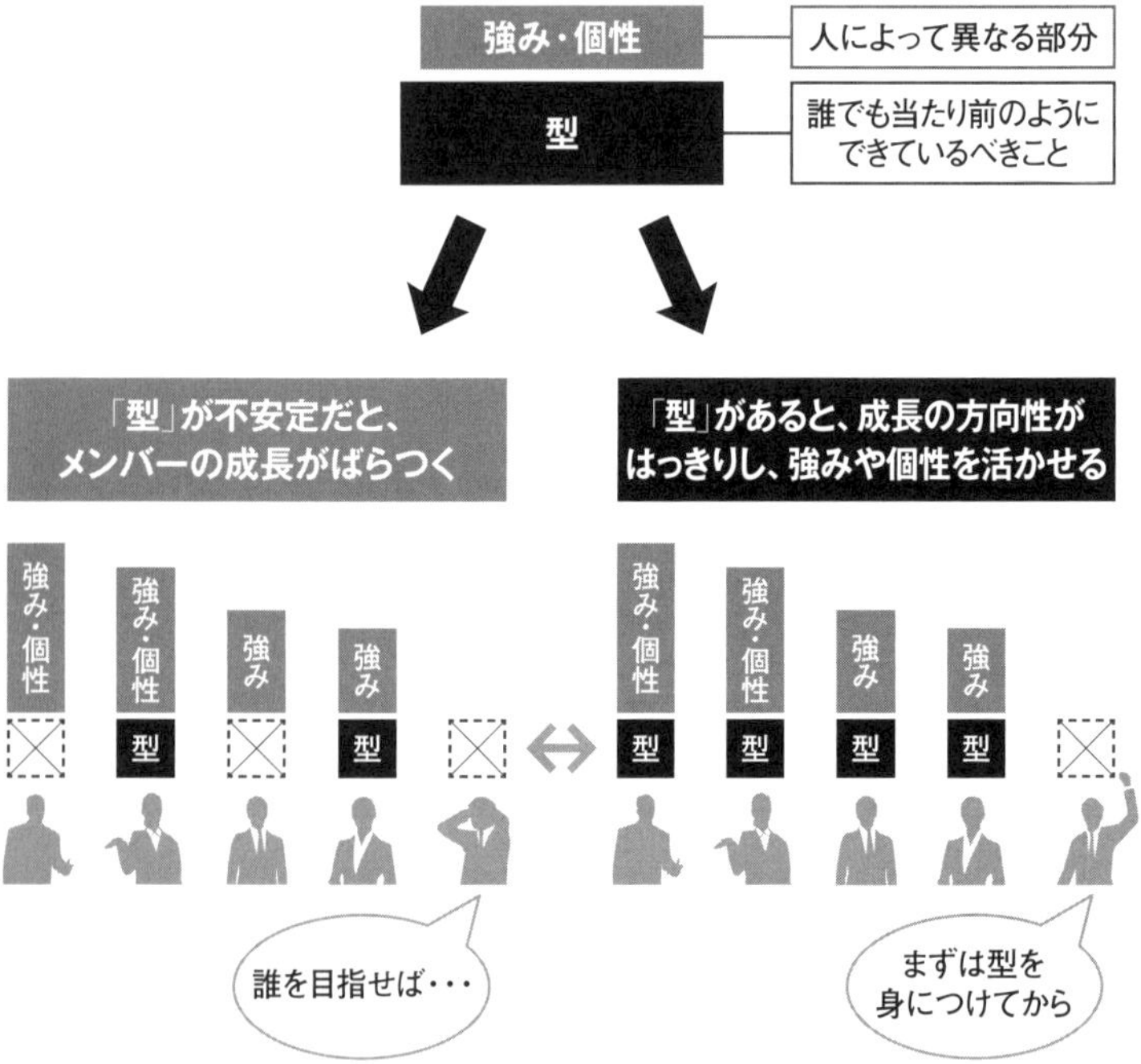

のやり方で成果をあげているケースもあります。

「型」を用いたセールス・イネーブルメントの主な対象となるのは、いわゆる成績の上位2割を除いた層です。第4章でお伝えしたABCDマネジメントを回しながら、「型」の活用によって実際に成果(行動の「量」や「質」)が上がっているかをウォッチしていきましょう。

「型」を機能させるための〝グー・チョキ・パー〟

セールス・イネーブルメントの中核を成す「型」に求められる要素としては、「グー」「チョキ」「パー」の3つがあります。

●グー:Gutai(具体的なサンプル)

どのように提案活動を進めていくのかについて、動画や資料のサンプルが具体的に示されたもの。要するに、「成果が上がらず悩んでいる人は、これを真似しましょう/参考にしましょう」という狙いです。できれば、サンプルは1人の例だけでなく、複数あると望ましいです。

●チョキ：Check point（チェックポイント）

具体的な動画サンプルがいくつかあったとき、「その行動の共通点として、いずれも、このポイントを押さえていますよ」というマニュアルがあると、型の説得力が増します。

●パー：Perfomance（パフォーマンスの確認）

具体的な動画サンプル、それにチェックポイントがそろえば、教材としては十分です。ただ、「頭でわかること」と「実際にできること」は別の話です。実際に本人がどのくらいのレベルで実行できるか、測定する仕組みが必要です。

なぜ、このグー・チョキ・パーの3要素が必要なのでしょうか。

仮に、「具体的なサンプル」が抜けてしまうと、参考になるのは、抽象的な「チェックポイント」のみです。言葉で表現されたマニュアルだけあっても、成果が出ないメンバーは、うまく実行できません。

たとえば、「お客さまの発言を受け止めながら、一方的な説明にならないように進める」と言葉に書かれていても、「受け止めるとは、どういう動作なのか」「一方的な説明とは、どのくらいの割合でこちらが話している状態なのか」といったことは、人によって解釈が分か

図表6-2 「型のグー・チョキ・パー」が揃った状態

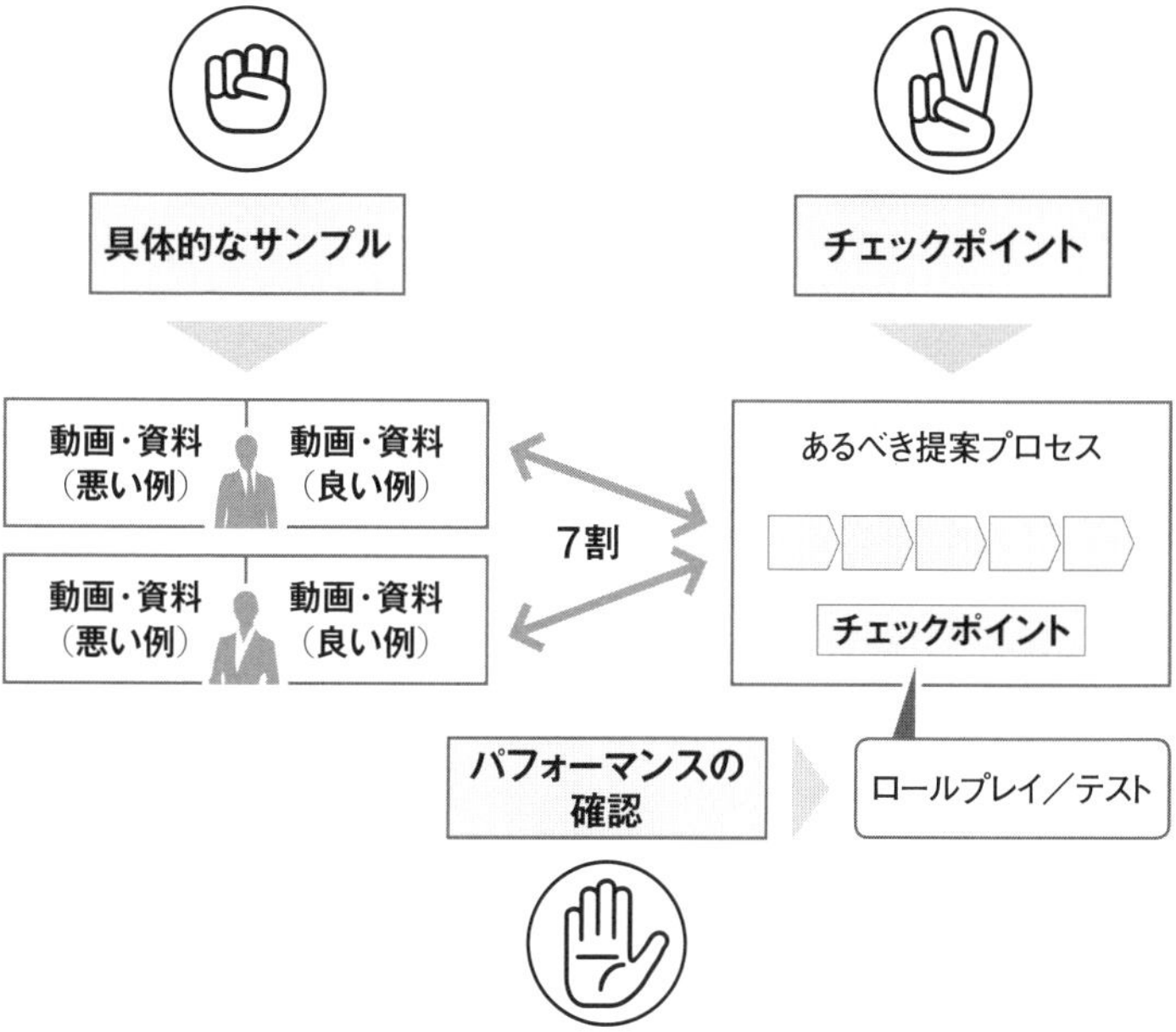

れます。実際にどなたかが演じている動画や、実際の提案に使った資料があると、わかりやすいのです。

また、「チェックポイント」なしに、「具体的なサンプル」だけで要点を伝えることは困難です。

ハイパフォーマーの演じている商談場面の動画があっても、「どこが具体的にＧｏｏｄなのか」を理解するための言語化が必要です。

そして、「パフォーマンスの確認」がなければ、実際に型をどのくらい使いこなせているのか、それぞれのメンバーのレベルがわかりません。「営業活動の成果を見ればいいじゃないか」という意見もあるでしょう。しかし、いわゆる人材育成の取り組みが成果に表れるには、多少のタイムラグが生じます。

したがって、その場で「どのぐらい実践できるか」を測る仕組みが必要なのです。

それでは、「型のグー・チョキ・パー」について、一つずつ見ていきましょう。

「型」の"グー"：具体的な動画や資料のサンプルを用意する

学習効果を高めたければ、文字だけの情報だけでは、どうしても足りません。人によって理解度が違いますし、イメージも異なるからです。

具体的な動画や、提案資料のサンプルなどの営業ツールがあると、「このレベルを目指していけばいいのか」「これを使えばいいのか」ということが、わかりやすくなります。

特に、スマホの普及によって、動画は簡単に作成できるようになりました。クラウドサービスがあれば、ファイルの共有も手軽です。

動画には、シーンとチェックポイントの対応を明確にするために、テロップを入れておきましょう。

お手本動画として撮影するのは、商談の場面がメインになります。しかし、コール活動をしている場面や資料作成のPC操作の動画も作っておくと、特に新卒や若手のメンバーにとっては、大いに役立ちます。

動画サンプルを作る際のポイントは3つあります。

1つ目は、「お手本動画は、何人か抽出して作成すること」です。

サンプルを1人にすると、「あの人は特別だから」「うちのエリアはやり方が違う」のように、ケースバイケースの声が出てしまいます。パフォーマンスも上がっていて模範になりそうなメンバーのなかで、できれば2人以上のサンプルを用意しましょう。

図表6-3 ■ “動画サンプル”のフォーマット

チェックポイントの区切りを入れる
ポイント確認
ロープレ前半
中間コメント
ロープレ後半
振り返り
テロップを入れる(ポイントを強調することも可)
御社はどのようなところが強みですか?

ここで、人選をする際に、SFAのモニタリング(M)ダッシュボードがきちんと作られていると、「なぜこの人の営業をお手本にするべきなのか」を客観的に説明しやすくなります。また、活動の実態が正しく入力されていれば、具体的にどのような営業活動をしているから成果が出ているのかも一目瞭然です。

ポイントの2つ目は、「良い例だけでなく、あえて悪い例も作ること」です。

良い例として撮影したメンバーに、あえて悪い例も実演してもらうと、比較対照によって理解が深まります。良い例だけだと、動画を見た人は、「なんとなく自分もこんなふうにやっている気がする」と感じがちです。しかし、悪い例も用意すると、新卒や若手のメンバーは「自分はこちらに近いかも」と、はっとするほうが多いのです。

3つ目は、「完璧なものを作ろうとしないこと」です。

あまりにも完璧な例を作ろうとすると、そもそもサンプルを撮らせてもらう対象者がいなくなってしまいます。また、演じてもらうとき、チェックポイントに対して忠実に演じようとするあまりに、どうしても不自然になります。「7割ぐらいは、チェックポイントのとおりにやっているかな」くらいで十分です。

お手本動画とは別に、「解説のレクチャー動画」を作ることもお勧めします。「お手本動画をどうやって捉え、何を学べばいいのか」というポイントを解説するのです。

ZoomやTeams、Google Meetなどのオンライン会議ツールには「録画機能」がついています。この機能を使えば、自分のPC上で、簡単な動画教材を作成できます。

特に、オンラインとリアルを組み合わせたハイブリッド営業においては、「お客さまとのオンライン商談」や「お役立ちメールをどうやって作るか」といったサンプルがあると、ノウハウをチーム内で展開しやすくなります。

このような「動画教材」の効用は非常に大きいと言えます。

また、動画だけでなく、資料で「具体的なサンプル」を営業ツールとして作っておくことも有効です。

こちらは、当社における営業ツールのフォルダです。

メンバー向けには、「映像」「音声」「教材」「資料」の形で武器を用意しておきます。

「映像」「音声」「教材」は、動画のサンプルや解説教材です。

「資料」は、お客さま向けの営業活動で、サンプルをそのまま使えるように加工したものです。「資料」は、「基本セット」「参考資料」というレベル感で分けています。各メンバーが自分なりにアレンジしたものは、「個人ごとカスタマイズ」というフォルダに入っていて、他のメンバーから参照可能です。

こういったツールの運用を始めると、日々の活動のなかで、「Aさんが作ったこの資料、いいかも」という事例がたくさん出てきますので、とりあえず時系列で作ったフォルダに放り込んでおきます。そして、「Aさんが作った資料、いいって聞いたのですが、どこにありますか」のような問い合わせが増えてきたら、「基本セット」や「参考資料」に〝昇格〟させるのです。

図表6-4 ■ 営業ツールの武器供給

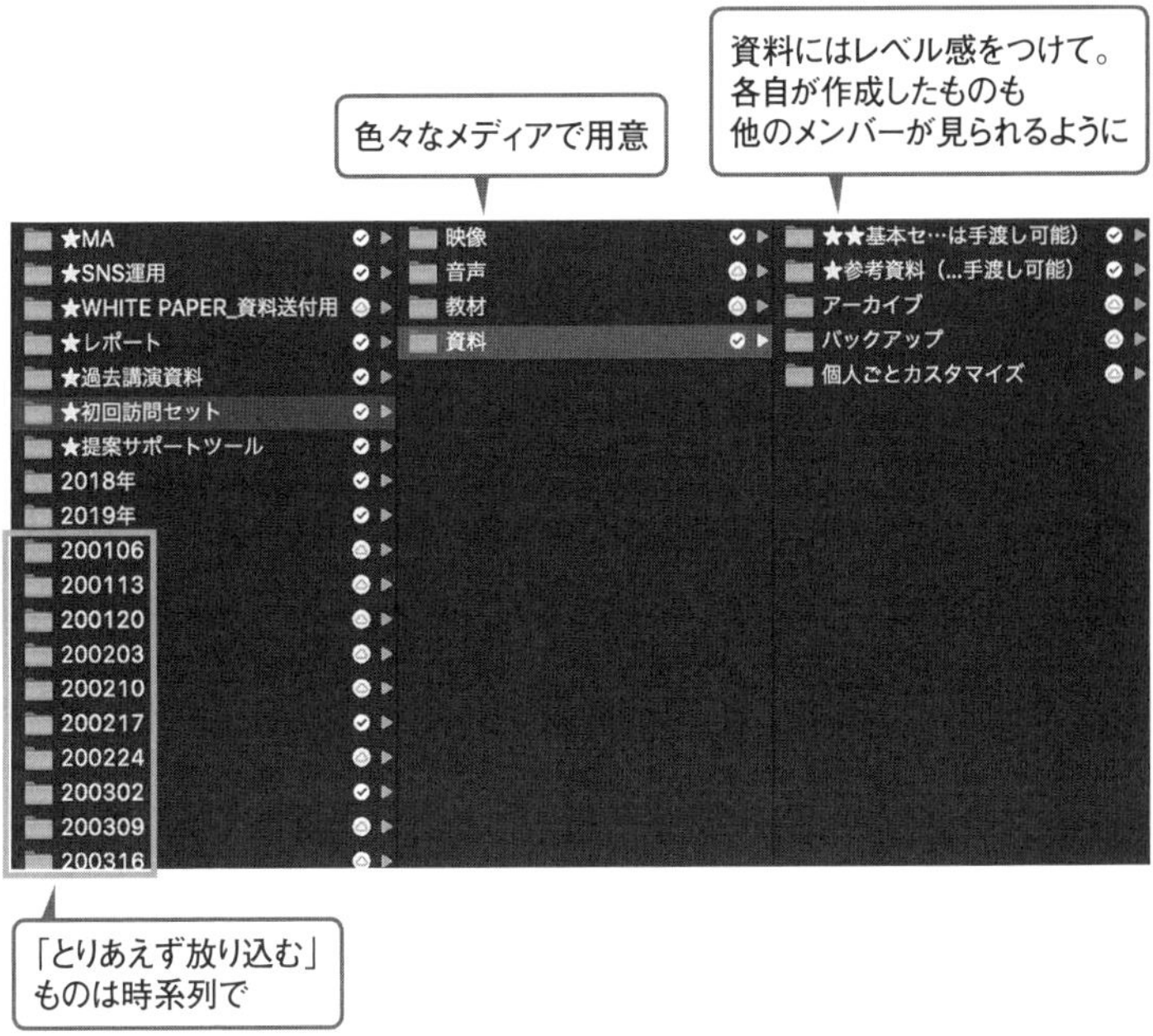

これらの動画サンプルや資料などの営業ツールに対する理解を深めるためには、どんな要点を押さえるべきかという「チェックポイント」を明確にする必要があります。すなわち、型の「チョキ」です。

「型」の〝チョキ〟：チェックポイントをみんなが見えるところに置いておく

お手本のサンプル動画には、「どんなチェックポイントを押さえた商談なのか」といった「基準」が必要です。

チェックポイントの基準を言語化しておくことで、動画を見たメンバーは、どこが重要なのか、理解しやすくなります。そのために、「成果を上げるために押さえるべきポイント」への合意を社内で固めましょう。

チェックポイントを定義する際には、社内のハイパフォーマーを参考にすることが多いかと思います。ただし、ハイパフォーマーにはいろいろなタイプがいます。メンバーの「個性や強み」の部分と、「誰でも真似できるようになってほしい要素」をきちんと分けることが必要です。

「誰でも真似できるようになってほしい要素」を考えるにあたり、前提として押さえておきたいポイントがあります。お客さまは、一般的に「わかってくれる営業」を強く求める傾向があるということです。お客さまとのズレを発生させず、「わかってくれる」と感じていただけるような営業が備えるべきスキルについては、3章の「10ミニッツ営業」でも解説しましたが、下記の4つとなります。

●お客さまを理解する「質問力」
●お客さまに必要とされるための「価値訴求力」
●お客さまの意思決定を助ける「提案ロジック構築力」
●お客さまと共に段取りを進める「提案行動力」

対面営業中心の世界観でも、オンラインとリアルのハイブリッド営業においても、共通する本質は同じです。

4つの力をもとにしたハイパフォーマーの営業について、詳細は前著『無敗営業「3つの質問」と「4つの力」』(日経BP社)をご参照ください。チェックポイントの例も、いくつかご紹介しています。

チェックポイントは、ある程度の言語化をしたら、実際に使うメンバーの目線で検討していく必要があります。チェックポイントは、メンバーが「これを意識して実践することで、成果が上がる」と思えるものでなければなりません。

「お手本の動画サンプル」は、先にもお伝えしたとおり、チェックポイントに対して、7割くらい沿ったものにしましょう。完璧に合わせようとすると、動画が不自然なものになってしまうので、3割ぐらいは個性が出ていたほうがリアリティがあります。

チェックポイントは、1つのスキルについて1枚のシートに落とし込んでおくと便利です。「想定シーンのイメージは湧くか」「プロセスの区切りはわかりやすいか」「Good／Badが簡潔に示されているか」を確認しておきましょう。

チェックポイントを作成したら、動画サンプルと同じように、いつでも誰からでもアクセスできるようにしておくことが必要です。

ここまでくると、「動画とチェックポイントを見れば、コツをつかんで実践できる」というメンバーもいるでしょう。しかし、そういった人たちは、わずかな上位層です。多くのメンバーは、「頭でわかっていても、実践するのは難しい」となりがちです。

図表6-5 ■ “チェックポイント”を、実際に使うメンバーの目線で検討

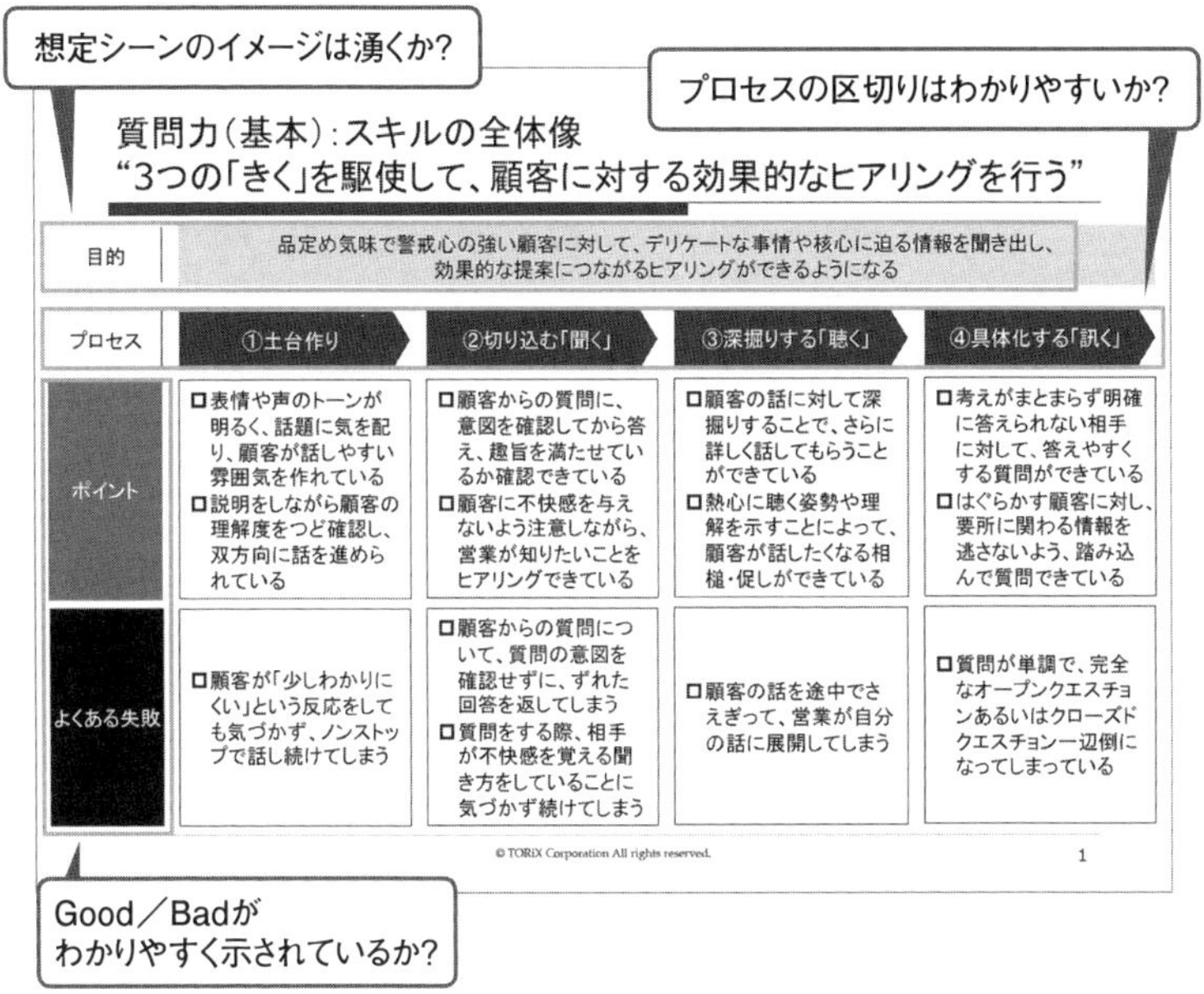
想定シーンのイメージは湧くか?
プロセスの区切りはわかりやすいか?
質問力(基本):スキルの全体像
“3つの「きく」を駆使して、顧客に対する効果的なヒアリングを行う”
Good／Badが
わかりやすく示されているか?
© TORiX Corporation All rights reserved.
1

目的	品定め気味で警戒心の強い顧客に対して、デリケートな事情や核心に迫る情報を聞き出し、効果的な提案につながるヒアリングができるようになる			
プロセス	①土台作り	②切り込む「聞く」	③深掘りする「聴く」	④具体化する「訊く」
ポイント	□表情や声のトーンが明るく、話題に気を配り、顧客が話しやすい雰囲気を作れている □説明をしながら顧客の理解度をつど確認し、双方向に話を進められている	□顧客からの質問に、意図を確認してから答え、趣旨を満たせているか確認できている □顧客に不快感を与えないよう注意しながら、営業が知りたいことをヒアリングできている	□顧客の話に対して深掘りすることで、さらに詳しく話してもらうことができている □熱心に聴く姿勢や理解を示すことによって、顧客が話したくなる相槌・促しができている	□考えがまとまらず明確に答えられない相手に対して、答えやすくする質問ができている □はぐらかす顧客に対し、要所に関わる情報を逃さないよう、踏み込んで質問できている
よくある失敗	□顧客が「少しわかりにくい」という反応をしても気づかず、ノンストップで話し続けてしまう	□顧客からの質問について、質問の意図を確認せずに、ずれた回答を返してしまう □質問をする際、相手が不快感を覚える聞き方をしていることに気づかず続けてしまう	□顧客の話を途中でさえぎって、営業が自分の話に展開してしまう	□質問が単調で、完全なオープンクエスチョンあるいはクローズドクエスチョン一辺倒になってしまっている

そこで、「パフォーマンスを確認するトレーニング」が必要になります。

「型」の〝パー〟：パフォーマンスを確認するロールプレイ

具体的な動画サンプル（グー）とチェックポイント（チョキ）で教材を作ったとしても、それだけでは、「頭でわかっていても、実行できない」というメンバーは上達しません。

実際に、その場面をやってもらい、パフォーマンスを確認するロールプレイ（ロープレ）が必要です。


営業が強い会社は、ロープレに力を入れています。理由は、お客さまに対するコミュニケーションのスキルや知識は、実際にやってみないと身につかないからです。

実際、リクルートやキーエンスでは、社内におけるロープレの優先順位が非常に高く位置づけられています。練習による営業スキルアップの重要性を全員が認識しており、社内でのロープレ大会や、ＯＪＴでのロープレ指導が組織に根付いているのです。

一方、忙しさの問題から、ロープレの優先順位は下がりがちな会社が多く見受けられます。ロープレの優先順位が下がりがちなのは、効果を感じるまでに時間がかかるからでしょう。

効果を実感できるロープレにするためには、押さえるべきポイントがあります。

まず、ロープレの目的をはっきりさせましょう。ロープレをやる際に、「何ができなかった人が、どんな状態になったらよいのか」を定める必要があります。

ロープレには、大きく2パターンあります。

1つ目は、新商品や新サービスが出たタイミングに行うロープレです。お客さまの前で基本的な説明やトークができるようになるまで、ロープレを行います。この場合、全員が「新商品や新サービスについて詳しくない状態」からスタートします。お客さまに対して自信を持って提案できる状態になるために、デモのトークスクリプトとともに、プレゼンや説明の仕方も練習しましょう。

2つ目は、一定レベルに上がらないメンバーを引き上げるためのロープレです。この場合、「何がどうできていないのか」が人それぞれです。メンバーごとの課題をはっきりさせて、チェックポイントに沿って現状把握することが必要です。この言語化があると、どの部分を強化するべきか、および、どんな状態になったらよいのかがはっきりします。チェックポイントの完成度が高ければ、課題やゴールの設定がだいぶ楽になります。

そして、ロープレを実践するときには、「一方的に話す練習」にならないように注意しましょう。

一方的に話す練習をすると、いざお客さまの前に出たとき、悪い意味で練習の成果を発揮して、本番の商談でも一方的に話してしまいます。

特にハイブリッド営業におけるオンライン商談では、資料の説明もあえてブツ切れにして双方向に行うのがポイントです。ロープレで重点的にやるべきなのは、「こちらからの説明やトークに対して、難色を示された場面」や「質問力によって、相手から情報を聞き出す場面」において、双方向にやり取りする練習です。「間やタイミング」「具体的にどういう言い回しを使うか」「どこまで踏み込んで聞くか」といった点に留意して、レベルアップを図りましょう。

ここでは、「1本15分もあれば効果的にできるロープレ方法」をご紹介します。

一方的に話す練習ではなく、「客観的に見る」「気づく」ことに力点を置いているのが特徴です。

図表6-6 ■ パフォーマンスを確認し スキルを上げる「15分ロープレ」

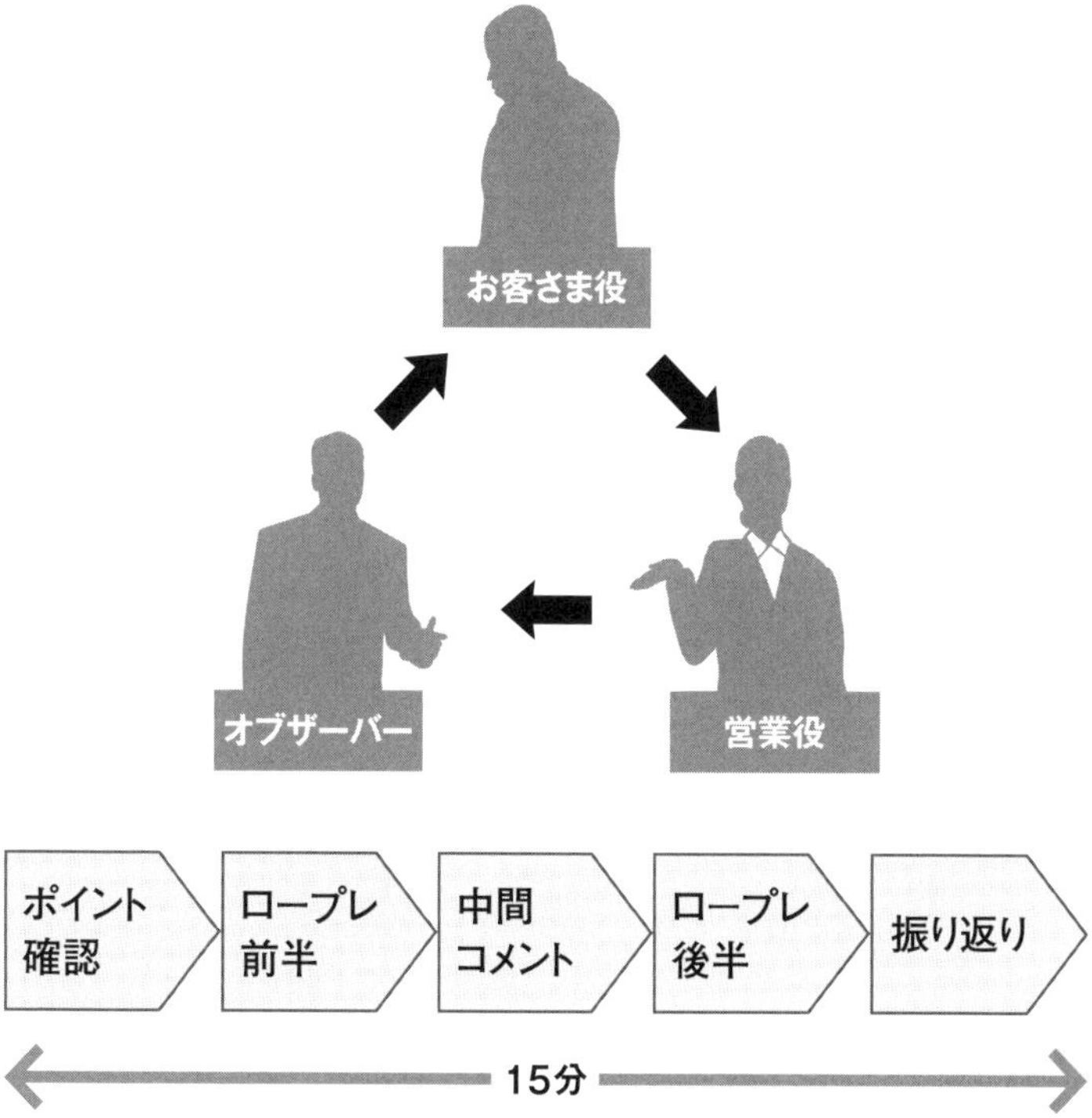
お客さま役
オブザーバー
営業役
ポイント確認
ロープレ前半
中間コメント
ロープレ後半
振り返り
15分

15分ロープレに関する詳細は
こちらから

このロープレでは、「お客さま役」「営業役」「オブザーバー」というように、ロープレの役回りを三位一体でローテーションしていきます。オブザーバーは、商談を横で見ていてフィードバックする役割ですが、何人いてもかまいません。15分を1つのターンとして、15分(1ターン)が終わったら、それぞれの役回りを交替します。

15分の進め方としては、最初に2分程度で、「どんな場面設定でやるのか」「どんなところに営業役は気をつけるか」などといったポイントを確認します。たとえば、「今回は、他社を気に入っているお客さまへの初回訪問で、一方的に話しすぎず、他社取引状況をスムーズに聞き出す練習をします」といったレベルで具体化します。

ポイントを確認したら、ロープレ前半をスタートします。あらかじめ確認されている課題が浮き彫りになるように、お客さま役と営業役を演じていきます。4分程度を目安として、場面の区切りを工夫しましょう。

重要なのは前半のロープレが終わってからです。お客さま役やオブザーバーは、「もっとこうしたらよくなるのでは」といったコメントを営業役に2分程度で簡単にフィードバックします。このコメントをもとに、4分ほど行う後半のロープレで、営業役は「改善」「軌道修正」を図ります。

ロープレ後半は、前半の続きの場面からでも、最初からやり直してもかまいません。重要なのは、「営業役のメンバーが、中間コメントをもとに、どのくらい自分の行動を変えられるか」です。みんなからもらったアドバイスをもとに、すぐ改善できると、実際の商談でも、お客さまの反応をもとに、その場で自分の行動を修正できるようになります。

最後に、3分ほどで、みんなでロープレ全体を振り返っていきます。特に、「中間コメントからあとのところで、どのくらい軌道修正や改善ができたか」をメインに議論します。

ここで、「オブザーバー」の存在が重要な意味を持ってきます。

オブザーバー役になると、普段の「営業としての自分」は脇に置いて、自由な発想と客観的な視点から商談を見ることができます。

通常のロープレ練習では、「営業役」に焦点が当たりがちですが、意外と「お客さま役やオブザーバーを経験すること」から重要な気づきが生まれます。

15分ロープレでは、営業役だけでなく、お客さま役やオブザーバーも経験できるように、3つの役回りをローテーションしていくことをお勧めします。たとえば、60分あれば4ターンのロープレを回すことができます。

もっとも、「15分」というのはあくまでも目安なので、あなたの会社が取り扱っている商材に合わせて、時間はアレンジいただいてかまいません。たとえば、「うちの業界では、商談時間なんて立ち話の3分ぐらいしかもらえない」ということであれば、実態に合わせて短く設定するのがよいでしょうし、「商談時間は標準でも1～2時間ある」というケースなら、商談時間のうち特に重要な局面の数分間をきちんと区切って行う、といった具合です。

ロープレについて注意すべき点は、「手段を目的化させないこと」です。

「この練習をすると、どんなKPIが改善されるのか」を明確にすることが必要です。ロープレの練習をしたら、実際にその指標が上がっていったかどうかも、行動の「量」と「質」を見ていくABCDマネジメントにおいて、しっかりとモニタリングしましょう。

組織ぐるみでPDCAを回し、「型」を磨き上げる

ここまで、セールス・イネーブルメントにおける「型」の3要素「グー・チョキ・パー」についてて解説してきました。

マネジメントにおいて手段を目的化させないためには、「型の動画を視聴したか」「ロープレをやったか」といったレベルで運用してはいけません。業績への寄与度をしっかりと測

っていきましょう。

そのうえで、これまでお伝えしてきたセールス・イネーブルメントとプロセスマネジメントを併せて見ていくことが重要になります。

セールス・イネーブルメントのPDCAの上位概念には、「マネジメントの方針」があります。戦略や戦術および、重点KPIの定義です。

それが、SFAに落とし込まれていき、入力項目やATMダッシュボードの設計において、具体的に反映されます。

日々の活動を回していくと、営業活動で壁にぶつかったメンバーの様子はATMダッシュボードに表れてきます。アラートがなかなか解消されない、ターゲティングで示されている重点お客さま先にアプローチできない、行動の「量」や「質」がモニタリング上で改善されない、などです。

そこで、「やるべきことが、そもそも実行できない」「やろうとしても難しくて、うまくいかない」「人によって、やり方にばらつきがありすぎる」といった声を丹念に拾いながら、「型」のグー・チョキ・パーをブラッシュアップしていきます。

「型」は、そろえただけでは意味がありません。実際に現場で使ってみて、それが業績に寄与しているかを見ていきます。ラグビーボール（縦軸に業績、横軸に施策の実行度合いをプ

図表6-7 ■ セールスイネーブルメントのPDCA

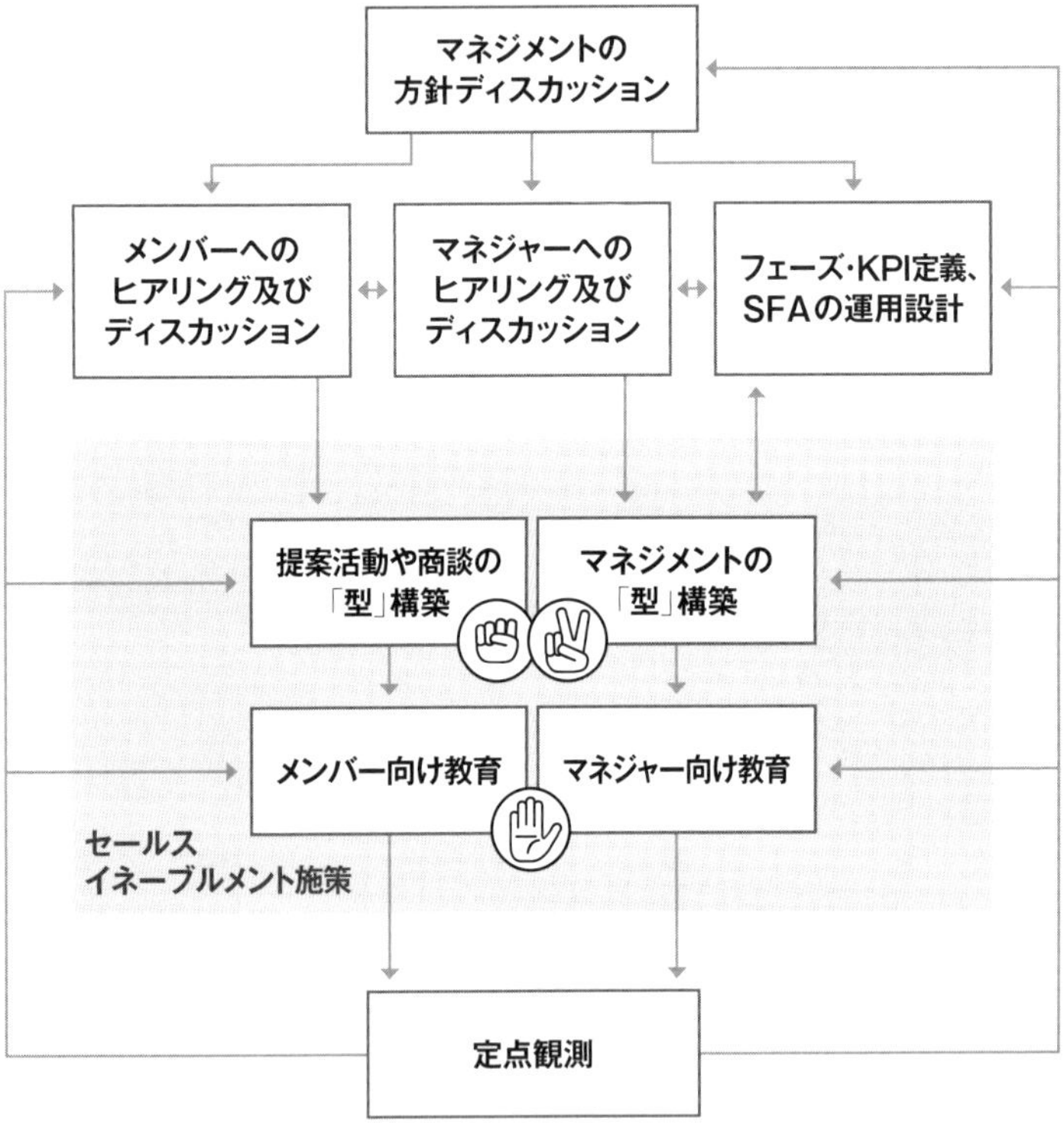

ロットすると、正の相関が成り立つ状態)ができるように、粘り強くセールス・イネーブルメントの施策を回していきましょう。

モニタリングサイクルを回していくと、ある程度の運用負荷がかかります。「具体的な動画教材をそろえる」「チェックポイントを言語化する」「ロープレが行われているか、監督する」「成果としてKPIが改善されているか、追いかける」などの必要があるからです。その運用負荷をできる限り減らすためにも、「どのような体制でセールス・イネーブルメントを実行するか」について、いくつか書いておきます。

セールス・イネーブルメントの運用パターンは主に3通りです。

1つ目は「教育係がまったくいない場合」です。

いわゆる企画チームの部署があっても、人材育成や教育に関する専門知識を持ったスタッフがいないときは、営業現場のマネジャーが、それぞれ「型」を作り、運用することになるでしょう。企画チームの役割は、横串を刺したノウハウ共有や、あるいは外部研修の企画になります。研修の中間課題や事後課題として、「型」の構築や運用を盛り込むことで、日常業務のなかで、「型」の活用機会を増やせます。

そして、研修を何回か設けて、そのなかでの中間発表などで、うまくいっているチームのやり方を他のチームが真似しやすいように仕掛けましょう。そうやって、徐々に勝ちパターンの横展開を図ります。

2つ目は、「教育係はいるが兼務で忙しい場合」です。

教育係は、あらかじめ、ターゲットとなる模範チームを定め、現場と協力しながら組織単位の人材育成を推進していくのがお勧めです。「型」を作ったり、運用したりする時間が取れない場合は、模範チームがやっていることを知見として、社内展開するのが効率的です。先程お伝えした研修も、社内に教育係がいれば、より行いやすくなるでしょう。教育係は、「会議をオブザーブする」「チームのメーリングリストやチャットの同報に入れてもらう」「商談に同行する」など、模範チームの横に張り付いて、そのやり方をモニタリングします。そして他のチームに対して、模範チームがやっていることを周知していきます。

その際、ファイルや情報の格納場所、運用方法などを、負担が少ない状態で回せるように工夫することが必要です。

3つ目は、「専任の教育チームがいる場合」です。

「型」を作るところに、ある程度のリソースを割けます。具体的な動画教材をそろえ、チェックポイントを言語化し、ロープレが行われているかどうかを監督し、その成果として

KPIが改善されているかをモニタリングするにあたり、それぞれの担当者を置くことができるでしょう。こういった側面支援が充実すると、業績を底上げする要因になります。

特に、SFAのATMダッシュボードをウォッチしながら人材育成の成果を測定できると、プロセスマネジメントの再現性も上がっていきます。

さて、本章では、「型」の構築や運用をすることによるセールス・イネーブルメント、すなわち「人が育つ仕組みづくり」について解説してきました。これは、オセロの3つ目の角になります。勝ちパターンが作られ、その活動実態を「見える化」したうえで、人が育つ仕組みができると、組織内のコミュニケーションにも余裕ができやすくなります。

営業チームは、受注や売上の「数字」という重要なミッションを背負っています。しかし、社内のコミュニケーションが「達成へのプレッシャーをかけるメッセージ」に偏ってしまうと、どうしても心身が疲弊してしまいます。

チーム内コミュニケーションのバランスを取るうえでは、2つの軸を考慮する必要があります。1つは、目標設定や計画立案、目標達成のための指示などです。もう1つは、チームの人間関係を良好に保ち、集団のまとまりを維持するためのやり取りです。

オセロの4つ目の角は、「コミュニケーションのバランス」がテーマです。

第6章のまとめ

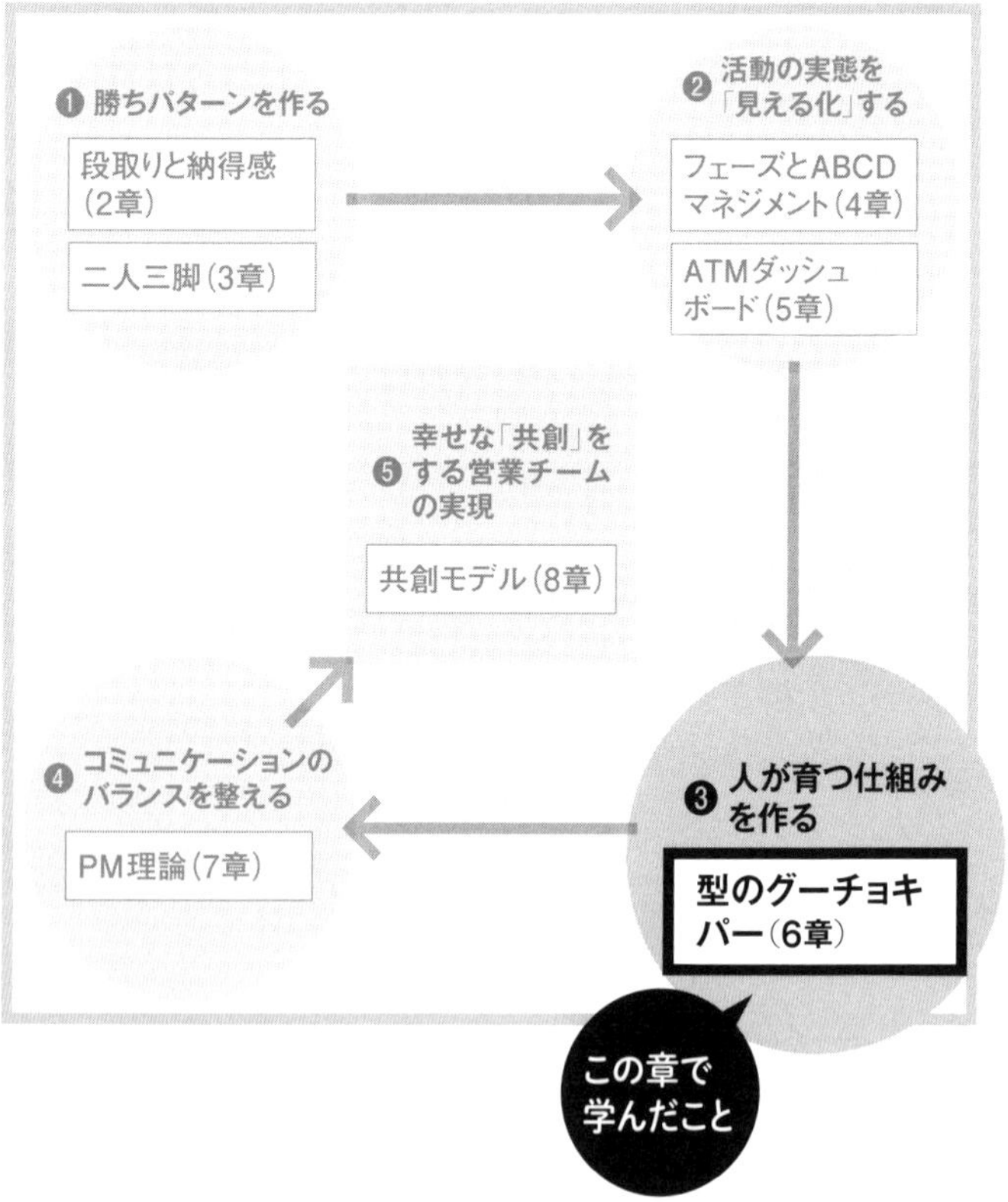

❶ 勝ちパターンを作る
段取りと納得感（2章）
二人三脚（3章）
❷ 活動の実態を「見える化」する
フェーズとABCDマネジメント（4章）
ATMダッシュボード（5章）
❸ 人が育つ仕組みを作る
型のグーチョキパー（6章）
この章で学んだこと
❹ コミュニケーションのバランスを整える
PM理論（7章）
❺ 幸せな「共創」をする営業チームの実現
共創モデル（8章）

アクションリスト

事業トップ

□ 人材育成を大事にするメッセージを全体に発信する

□ 具体的なサンプルやチェックポイントについて、OKレベルの承認を出す

□「型」が形骸化しないよう、パフォーマンスの確認の実行状況をウォッチする

チームリーダー

□ パフォーマンスが上がらないメンバーがいたら、「型」のグー・チョキ・パーを活用して指導する

□ メンバーが直面している課題に対応した「型」が用意されるよう、現場から会社にリクエストを出す

メンバー

□ パフォーマンスが高い一部のメンバーは、「型」のサンプルに協力する

□ パフォーマンスが上がらないメンバーは、「型」を活用し、トレーニングに参加する

□ セールス・イネーブルメントに対する要望やフィードバックの声をあげる

企画チーム

□「型」を機能させるための〝グー・チョキ・パー〟を整え、必要なツール供給やトレーニングを実施する

□ セールス・イネーブルメントのPDCAを回すオーナーシップを持ち、適宜「型」をバージョンアップする

第7章

PM理論でコミュニケーションのバランスを整える

リモートワークで減った社内の「雑談」と「個別コミュニケーション」

2020年にコロナ禍を迎える前、多くの会社では、チームで顔を合わせてメンバーをマネジメントするのが当たり前でした。朝礼や夕礼で、日々の営業活動に関する情報収集や、ちょっとしたコミュニケーションを行い、営業会議を開くことで、ある程度の意思疎通ができていました。

しかし、コロナ禍によって、リモートワークを全体あるいは部分的に採用する営業組織が増えてきました。

このリモートワークによって、仕事に直接関係ない雑談めいたやり取りや、個別にじっくり話すコミュニケーションの機会は減ってきているのではないでしょうか。

2020年3月から7月にかけて、コロナウイルスの影響で増えたもの・減ったものを実際に聞いてみた結果が左のグラフです。回答について、「かなり増えた」を＋3pt、「やや増えた」を＋1pt、「変わらない」「もともと発生しない／使っていない」を±0pt、「や

図表7-1 リモートワークで減った「雑談」と「個別コミュニケーション」

Q 新型コロナウイルスの影響で、2020年3月～7月、あなたご自身の業務はそれぞれどのように増減しましたか。

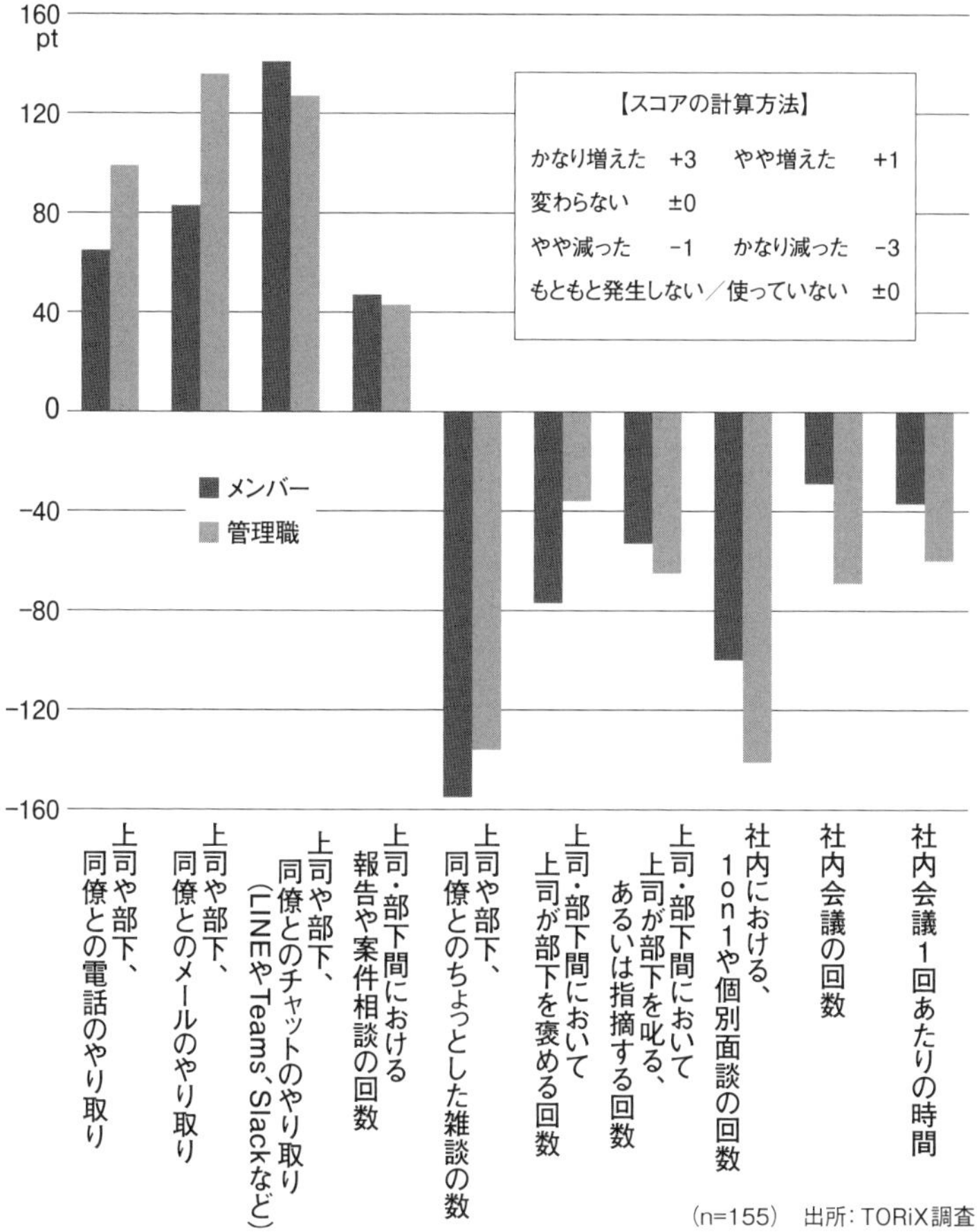
160 pt
120
80
40
0
-40
-80
-120
-160
【スコアの計算方法】
かなり増えた +3 やや増えた +1
変わらない ±0
やや減った −1 かなり減った −3
もともと発生しない／使っていない ±0
メンバー
管理職
上司や部下、同僚との電話のやり取り
上司や部下、同僚とのメールのやり取り
上司や部下、同僚とのチャットのやり取り（LINEやTeams、Slackなど）
上司・部下間における報告や案件相談の回数
上司や部下、同僚とのちょっとした雑談の数
上司・部下間において上司が部下を褒める回数
上司・部下間において上司が部下を叱る、あるいは指摘する回数
社内における、1on1や個別面談の回数
社内会議の回数
社内会議1回あたりの時間

（n=155） 出所：TORiX調査

や減った」を－1pt、「かなり減った」を－3ptのようにして計算しています。

増えているのは、社内における「電話」「メール」「チャット」のやり取りと「報告や案件相談の回数」です。一方、「雑談」や「個別面談」は、大きく減っています。

メンバーとマネジャーの違いで表れている部分に注目すると、特にマネジャーで「増えている」という回答が多いのは、「電話やメールのやり取り」です。特にメンバーよりマネジャーの「減っている」という回答傾向が見られるのは、「個別面談」と「会議」です。

また、マネジャーよりメンバーに「減っている」という回答傾向が表れているのは、「雑談」と「マネジャーがメンバーを褒める回数」です。

ポイントを整理すると、次のようにまとめられます。

●会議は回数・時間とも減っている一方で、電話・メール・チャットのやり取りは大きく増えた

●報告や案件相談における必要なやり取りは増えたが、雑談や個別面談の回数は激減しており、「不要不急」のコミュニケーションが失われつつある

●「褒める」「叱る」といったフィードバックが全体的に減っているが、特にメンバーとし

ては、「褒められる回数」が減っていると感じている

マネジャーとメンバーの「顔を合わせる機会」が減っていくと、メンバーの様子や商談の進捗状況なども、ちょっとしたことに気づきにくくなります。さらに、営業会議がリモートになると、長時間の会議は難しくなり、意見を出し合った生産的なディスカッションをするのにも、会議の運営進行スキルが求められます。

2020年6月から、緊急事態宣言の解除を受けて、オフィスに出社する動きも徐々に出てきました。それでも、「近い距離で顔を合わせて密に話す」というコミュニケーションに、かなりの制限がかかっている会社は多くの数にのぼります。

リモートワークについては、「100％リモートワーク」を選択した企業もありますが、「部分的にリモートワークを取り入れる」という企業も含めると、無視できない割合になってくるでしょう。すでに、2020年7月時点では、富士通、日立、カルビーのような大手企業でも、リモートワークを取り入れると発表しています。

従来から進んでいる働き方改革をあと押しする動きとして、リモートワークは、営業チームのコミュニケーションを考えるうえで無視できない要因です。

リモートワークで減りがちな「雑談」や「個別の対話」が持っていた役割をどう補うか、そ

して、大事な「目標達成」や「数字のコミット」に関するコミュニケーションとどう両立させていくかについて、これから考えていきましょう。これが、オセロの4つ角における最後の1つです。

バランスは「パフォーマンス」と「メンテナンス」で考える

リーダーシップ行動論の1つとして「PM理論」があります。

これは、日本の社会心理学者である三隅二不二（みすみ　じゅうじ）氏が提唱したものです。

「P」は「Performance（目標達成能力）」、「M」は「Maintenance（集団維持能力）」を指しています。Pは目標設定や計画立案、目標達成のための指示などです。Mはチームの人間関係を良好に保ち、集団のまとまりを維持する能力です。「P」「M」と大文字で表現されていれば、「強い・重視する」ことを意味し、「p」「m」と小文字であれば、「弱い・注力しない」ことになります。

たとえば、「Pm」というのは、業績達成に寄っています。数字に関するプレッシャーをか

図表7-2 ■ PM理論

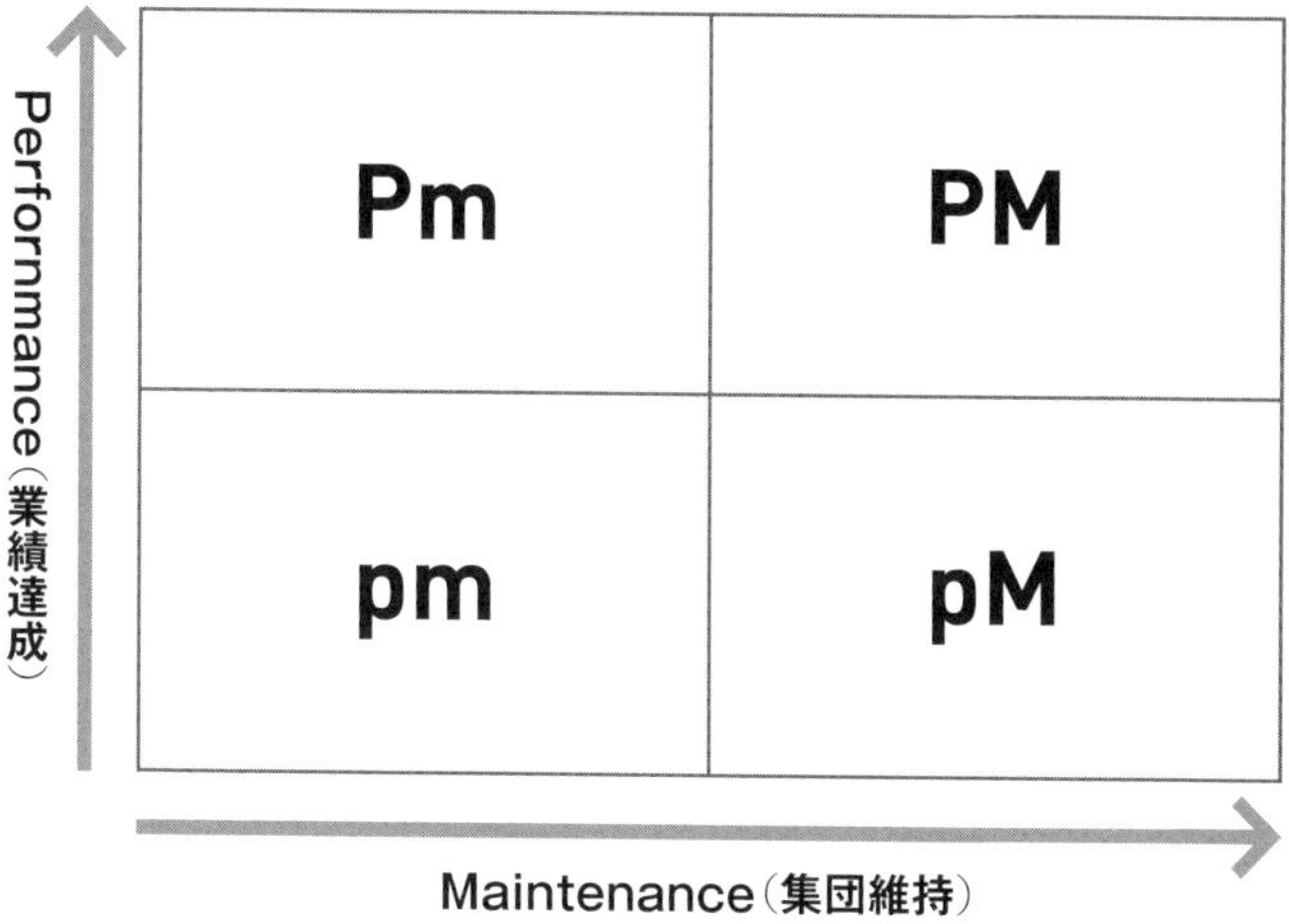

け、結果で判断するというのはＰｍ型です。

一方で、数字のことはあまり言わずに面談やトレーニング、対話などに時間をかけるのはｐＭ型です。

ＰＭ理論は、ＰとＭがともに高い状態を理想としています。

しかし、リモートワークが広がり始めた２０２０年前半を境として、「メンテナンス（Ｍ）の部分が大きく失われ、チーム内のコミュニケーションが業績や商談などのパフォーマンス（Ｐ）の方に大きく偏っている」という傾向が見られます。

では、「ＰＭのバランスをとって、

具体的にどうやってマネジメントの活動に落とし込んでいくか」について考えてみましょう。

次の図は、「PM理論」をもとに構成されています。

縦軸は、上に行けば行くほど、「P」すなわち「業績（数字）」に対して直接的なものが強く、下に行けば行くほど間接的なもの（メンテナンスのM）が強くなるという見方です。

一方、横軸は実施頻度です。日常的に毎日のレベルで存在するものか（左）、あるいは、非日常に行われるものか（右）、という見方になります。

実施頻度ごとに、左から見ていきましょう。

「案件相談や同行」「朝礼・夕礼」「日常会話」は、基本的に毎日行うものです。

また、「商談レビュー」「営業会議」「ロールプレイ」「1on1（ワン・オン・ワン）」は、週や月の単位で、ある程度の実施サイクルを決めて回していくタイプのものになります。

「締め会・キックオフ」「勉強会」「オフサイト」は、四半期や年の単位で計画を立てて行う会社が多いでしょう。

次に、縦軸の流れに沿った4つの段階で区切って、それぞれ説明します。

図表7-3 ■ **PM理論と頻度に着目した、マネジメントの全体像**

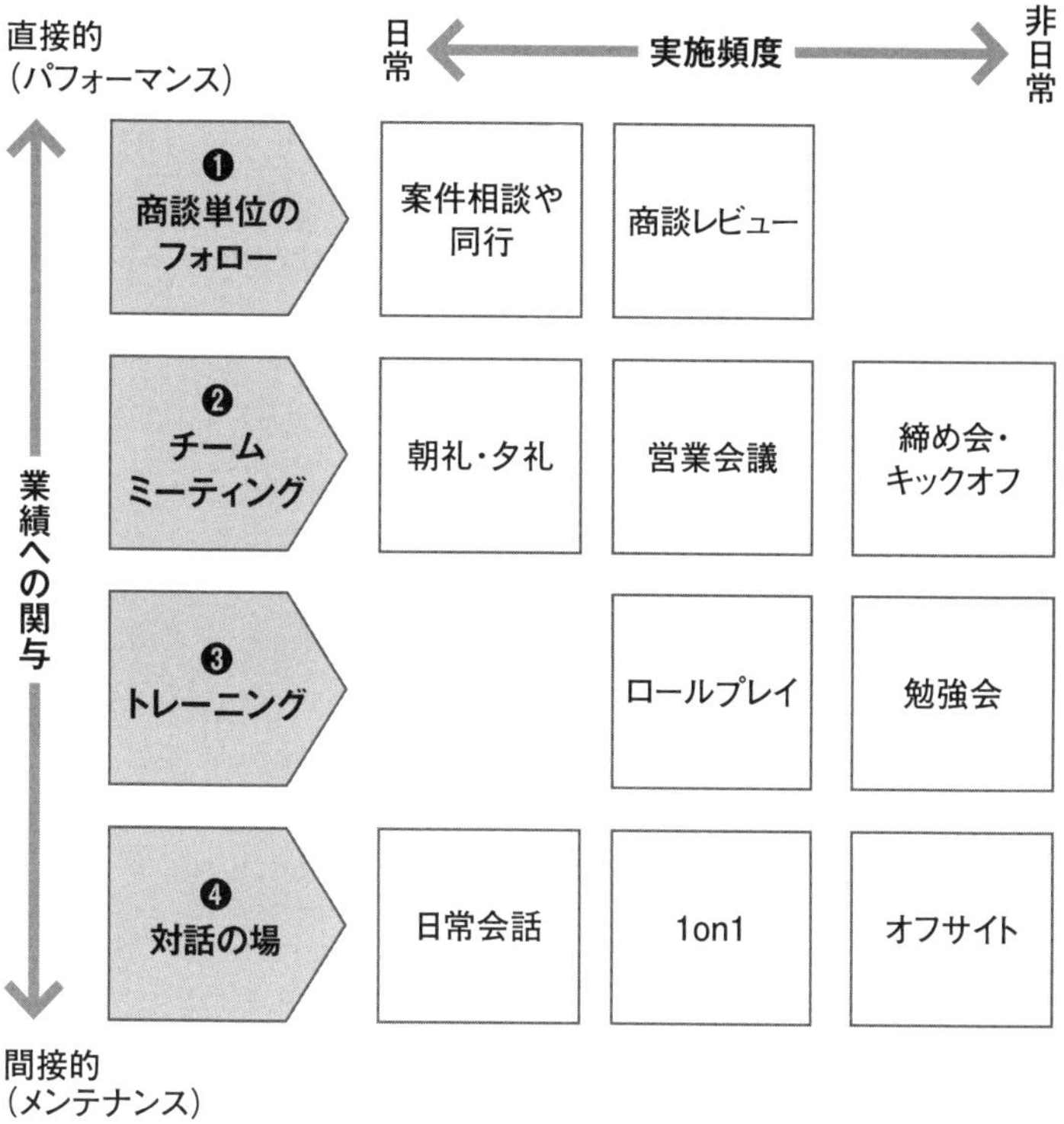

①商談単位のフォロー：「案件相談や同行」「商談レビュー」

マネジャーが直接、案件にアドバイスし、商談同行すれば、当然ながら、その案件の受注率や単価は上がります。

しかし、すべての商談に同行することは、時間的に難しい場合もあります。そこで、重要度の高い商談に絞って、まとまった時間をとり、「商談レビュー」という名の個別ミーティングで、いくつかの案件に対してチェックポイントを確認していきます。

②チームミーティング：「朝礼・夕礼」「営業会議」「締め会・キックオフ」

個別の商談について言及する場ではありませんが、みんなで重要事項について確認や議論をする場です。朝礼／夕礼を毎日行うかどうかは、組織によって異なるでしょう。一般的に、こういった場は、チーム全員で集まるのが基本です。

注意点としては、「個別の商談レビュー」を営業会議に持ち込まないようにすることです。理由は、個別の指導を営業会議の時間でやってしまうと、他のメンバーが「自分には関係ない」と思って関与度や熱量が下がりやすくなるからです。

③トレーニング：「ロールプレイ」「勉強会」

ここでは、セールス・イネーブルメントの一環として、特定の知識・スキルに対する集中強化を行います。忙しいとつい優先度が下がってしまいがちですが、こういった時間の優先度を上げて確保することで、強いチームが作れます。

また、ロールプレイや勉強会の場を確保しておくことで、業績達成に苦戦しているメンバーに対するケアを行うこともできるので、メンテナンスの観点からもお勧めです。

④対話の場：「日常会話」「1 on 1（1対1）」「オフサイト」

日常的に、ちょっとしたことでもコミュニケーションを取ることが重要です。特に、コロナ禍以降、雑談やポジティブなコミュニケーションは減少傾向にあります。

日常業務を離れて、メンバーの心身の状態を確認し、マネジャーとメンバーがお互いに感じていることを率直に対話する場は、メンテナンス力を大きく高めます。

また、チームで集まって、大事なことについて話す場を設け、お互いを深く知るような機会があると、組織の結束力も高まります。

パフォーマンスとメンテナンス、理想のバランスとは

先ほど、縦軸をPM、横軸を実施頻度にとったマトリクスで全体像を説明しました。PM理論では、PMのバランスが取れていることを理想としています。

では、「PMのバランスが取れている」とは、どのような状態でしょうか。

よくありがちなパターン、コロナ禍で新たに生まれた傾向、PMの理想のバランスを、次の図のように分けて整理してみました。左から順番に解説します。

①いわゆる「詰め会議」によるマネジメント

この場合、商談単位のフォローは実質存在せず、マネジャーは、「メンバーの商談に同行する」「アドバイスする」といったことは行いません。「結果で判断する」という方針のもと、メンバーを放置しています。さらに、チームミーティングの場では、目標の達成状況について、厳しく追求します。

その際、数字が足りていなければ、個別の案件に話が及ぶため、個別案件の報告はチー

図表7-4 ■ PMのバランスにも色々なパターンがある

P ↑ 業績への関与 ↓ M

	1 いわゆる「詰め会議」によるマネジメント	2 効率が上がらない官僚型組織	3 コロナ禍で新たに生まれた傾向	4 理想のバランス
❶ 商談単位のフォロー	放置	報告だけ細かい	状況が見えないのでフォローしづらい	手厚い
❷ チームミーティング	ずっと数字と個別案件の話	長時間	環境が整わず従来どおりのやり方で開催できない	数字とアクションの話が50%、組織を強くする取り組みが50%
❸ トレーニング	なし	充実	する余裕がない	優先的に確保
❹ 対話の場	なし	少ない	大きく損なわれた	開催頻度を決めて実施

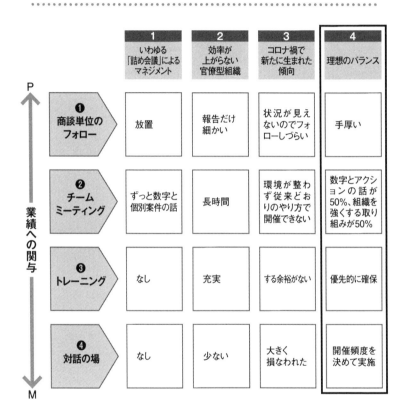

ムミーティングの場でなされます。個別案件の話になると、該当するメンバー以外は、手持ち無沙汰になりがちです。

このような組織では、トレーニングや対話の場はほとんど設けられていません。

②効率が上がらない官僚型組織

特に大きな企業になると、「報告を細かく求められる」傾向があるので、メンバーは、とにかく指摘されないように、報告を細かく書くことに終始します。チームミーティングは長時間であることが多く、「示達事項の連絡」や「認識のすり合わせ」に長い時間が割かれます。なぜかというと、会社が大きくなってくると、社員の人数も多いので、「顔を合わせた場で認識をすり合わせる」ことに対して、ウェイトが置かれるためです。そのような組織では、人数が多いため、いわゆる「研修」に対する投資が積極的です。

しかし、対話の場は少なくなりがちです。一人のマネジャーのもとにメンバーが多くいると、1対1の時間がとりづらく、全員で話す長時間のチームミーティングが存在しているため、「わざわざ時間を別に設けて対話するインセンティブ」が低いからです。

③コロナ禍で新たに生まれた傾向

このパターンが、2020年のコロナ禍によって急増しました。

まず、「実態の見える化」が整っていないため、メンバーの活動状況がわからなくなります。それによって、マネジャーのフォローも行き届きません。

また、リモートワーク環境での会議にマネジャーが慣れていないと、環境が整わないことを理由に、本来の目的を有する会議が先延ばしになります。

このような状況下では、トレーニングを行う余裕もなく、在宅勤務への移行に伴い、顔を合わせて話す場も大きく減少しています。

④理想のバランス

2019年度の「働きがいのある会社ランキング」で1位になったセールスフォース・ドットコムは、企業文化づくりに力を入れていることでも有名ですが、社内の営業マネジメントはPの部分をダッシュボードで効率的にマネジメントしながら、対人コミュニケーションはMの割合が多めに確保されています。

また、営業を中心とした人材輩出企業として有名なリクルートは、通称「ヨミ会」と呼ばれる、目標達成のための厳格な「場」がありながらも、ロープレなどトレーニングの時間は優先的に確保されています。また、社内のイベントは日常を離れて思い切り盛り上がることでも有名です。ＰもＭも思い切りとことん追求するカルチャーですね。

ＰＭのバランスが取れている会社に共通するのは、オセロの4つ角のうち3つ、「勝ちパターン」「実態の『見える化』」「人が育つ仕組み」がそろっていることです。勝ちパターンがあり、その実行状況が「見える化」され、人を育てる仕組みがあると、Ｐに対する不安を小さくすることができます。ここがポイントです。Ｐについて安心できる仕組みがあると、「ひたすら達成へのプレッシャーをかけるメッセージ」を発する必要がなくなるので、組織全体でＰＭのバランスを考えることができるのです。

ＰＭのバランスが取れた組織では、商談単位のフォローが手厚いのが特徴です。オンライン商談を活用したハイブリッド営業では、同行の回数を増やせるので、案件の個別フォローもしやすくなります。また、ダッシュボードが整って活動の実態が「見える化」されていれば、会議における無駄な時間もなくなります。数字とアクションの話を効率的に行えるので、会議のなかでも組織を強くするためのコミュニケーションに時間を割くことができます。さらに、「人が育つ仕組み」があることによって、トレーニングの時間や対話の場が優先的に確保される傾向があります。

「ＰＭの理想のバランス」は、一朝一夕にはできません。

先ほどあげた4つの要素について、具体的なポイントをこれからご説明していきます。

①商談単位のフォロー：「案件相談や同行」「商談レビュー」
②チームミーティング：「朝礼・夕礼」「営業会議」「締め会・キックオフ」
③トレーニング：「ロールプレイ」「勉強会」
④対話の場：「日常会話」「1on1(1対1)」「オフサイト」

まずは「商談単位のフォロー」からです。

商談フォローは接戦案件を中心に行う

商談単位のフォローは、PM理論で言うと、パフォーマンス(P)の要となるものです。商談単位のフォローをマネジャーが適切に行えないと、「マネジャーがメンバーを勝たせる力」が弱まるため、チームコミュニケーションにおけるPMのバランスが崩れやすくなります。逆に、マネジャーが商談フォローに長けていると、全員が集まる場をメンテナンス(M)に割り振れるので、PMの均衡を保ちやすいのです。

商談単位でフォローするべき案件は、どういうものでしょうか。

「金額の大きさ」は間違いなく、すべての営業マネジャーにとって、共通の尺度でしょう。次に、「アラートのダッシュボードであがってくるものの、なかなか解消されない案件」や「ターゲティングのダッシュボードに表示されたまま、アプローチされない重要なお客さまの案件」というのが候補にあがってきます。メンバーにとっても、自分の力だけでは進められない案件です。

理想の状態は、マネジャーが声を掛ける前に、メンバーから相談があがってくることです。メールやチャットで案件相談をする際には、「SFAの商談URLを記載すること」をルールにしておくと、SFAの入力が促進され、マネジャーからの確認もムダが少なくなります。

案件指導を行う際、特に重要なのが「接戦状況を問う質問」です。案件の難易度で「楽勝」「接戦」「惨敗」に分けると、マネジャーによる指導いかんで成果が分かれるのは「接戦」の案件です。

●すぐ決まりそうかどうか
●すぐ決まらないとすると、何がネックなのか

●受注のために越えるべきハードルは何か

これらを、接戦案件についてまずは確認しましょう。

案件指導において接戦状況を確認したら、「フェーズを前に進めるためにどうすればいいのか」のコミュニケーションが必要です。4章で解説した「フェーズ」が明確に定まっていると、それぞれの局面で何をするべきかがクリアになります。

マネジャーからのコミュニケーションとして、使えるようになっておきたい3つのスキルがあります。それは「ティーチング」「コーチング」「フィードバック」です。

ティーチングは、どちらかというと、スキルがまだ十分でないメンバーに対して使うことが多くなります。一方で、コーチングやフィードバックは、メンバーのスキルによらず必要になってきます。

ティーチングは技術的な指導です。ここでは、前章のセールス・イネーブルメントで解説した「型」を使いましょう。動画のサンプルや、チェックポイントが教材になります。

さらに、パフォーマンスを確認するためのロールプレイも必要に応じて行うと効果的です。

注意すべき点は、「言葉だけのアドバイス」で終えないようにすることです。ティーチングが必要なメンバーは、アドバイスのみでは育ちません。イメージの湧くサンプルやチェックポイントをもとに、実際にやってみるロープレが必要です。

コーチングは、メンバーに対して問いを投げかけます。マネジャーの話す時間が長くなりすぎると、説得や指示の色が強くなってしまいます。できる限りメンバーの話す割合が大きくなるよう、注意が必要です。

3章の質問力のところでご紹介した「枕詞」「深掘り」「特定質問」は、お客さま向けの商談でも有効ですが、メンバーとのコミュニケーションにおいても存分に活用できます。メンバーが話す時間の割合を長くするうえで、大事な役割を果たします。質問中心にマネジャーが関わることで、メンバーも考えるようになります。

フィードバックは、原則として「どの行動に対するものか」を明確にしたうえで行います。時間が経つと意味が薄れてしまうので、基本的には、その場で行うのが理想です。このとき、改善点が多かったとしても、メンバーの行動を責め立ててしまわないよう注意しましょう。

特に、ある程度の年齢や経験があるメンバーについては、一方的な指導ではなく、「そのメンバーがどう考えてどう行動していったかをヒアリングしながら、それを自分が手元にメモし、一緒に見ながら考える」というアプローチが有効です。

『最強リーダーシップの法則 正確に原因を知れば、組織は強くなる』(著：ブルース・ボダケン、ロバート・フリッツ、ピーター・センゲ、訳：黒輪篤嗣、徳間書店)という本ではManagerial Moment of Truth(MMOT)という考え方が紹介されています。これは、フィードバックをするにあたってかなり実践的なメソッドです。

1・現実を確かめる
2・そういう現実に立ち至った原因について、メンバーがどう考えているかを検証する
3・事態を改善するための計画を立てる
4・その計画がどれほど実行されたかを把握するため、フィードバックの仕組みを築く

というサイクルを回していくことで、メンバーの成長を促します。

また、案件指導の場面では、「決着する前の商談」について話すだけでなく、「決着した接戦案件の振り返り」を個別に行うことが非常に有効です。

接戦案件は学びの宝庫です。必要に応じて、お客さまのところへ同行したり、あるいはスピーカーフォンでお客さまにお電話するなどして、特に「接戦の決定場面」を丁寧に振り返りましょう。接戦の決着案件を振り返ることで、メンバーは「お客さまが結局、何を決め手に判断するか」に詳しくなります。これがメンバーの成長に圧倒的なインパクトを持つ

のです。

商談を「作る」「進める」「決める」それぞれの段階でフォローする

商談フォローは、基本的に「メンバーが行き詰まっている接戦案件」をサポートするために行います。たとえば、人材サービスで急成長を遂げた会社、ビズリーチは組織ぐるみでの営業力の強さに定評があります。同社では上司による商談フォローが徹底されており、営業メンバーは商談の場でお客さまの意思決定に関する状況をコンスタントに確認してきます。結果として、接戦を簡単に落とさないカルチャーが築かれています。

接戦案件の提案活動における「よくある壁」を次のように整理してみました。

商談単位のフォローをするうえでは、「よくある壁」に対して、「どう対応するかの方針が見えていること」が重要です。

〈案件を作る〉段階

図表7-5 ■ 提案活動における「よくある壁」

	案件を作る	案件を進める	案件を決める
場面	●アポイント獲得 ●初回訪問 ●初期ヒアリングと価値訴求	●詳細のヒアリング ●提案に向けたディスカッション ●お客さまの巻き込み	●プレゼンテーション ●見積もり提示 ●クロージング
よくある壁	●お客さまへの連絡がつながらない ●つながったがアポがいただけない ●初回訪問で終わって次に進めない	●お客さまが忙しくて進まない ●すでに入り込んでいる競合が有利 ●お客さまのキーパーソンを巻き込めない	●お客さまの情報がつかめていない ●競合が圧倒的に安値を提示 ●「お待ち下さい」とシャットアウト

この段階では、次のようなケースがあります。

●お客さまへの連絡がつながらない

●連絡はつながったがアポがいただけない

●初回訪問で終わって先に進めない

案件を作る段階でつまずいているメンバーは、「価値訴求力」の不足が原因となって、お客さまの「足切りライン」を越えられていないことがほとんどです。メールや電話の内容を具体的に見て指導することが必要な場合もあります。

一定レベルに達するまでは、初

回訪問のロールプレイなども行っていきましょう。

〈案件を進める〉段階

初回訪問から、なかなか本格的な検討まで進まない場合です。

●お客さまが忙しくて進まない

●すでに入り込んでいる競合が有利

●お客さまのキーパーソンを巻き込めない

案件を進める段階でつまずいているケースでは、多くの場合、メンバーの「質問力」の不足で、お客さまの裏側にある背景をうまくつかめていなかったり、「価値訴求力」の引き出しが少ないために、お客さまの組織を巻き込めていないことが原因となっています。

特に、停滞している案件を前に進めるためには、「型」のグー・チョキ・パーでお伝えした営業ツールをうまく使いこなせるように、使い方に関するサポートも必要です。

〈案件を決める〉段階

ここは「提案やクロージング」の問題です。

●お客さまの情報がつかめていない

●競合が圧倒的に安値を提示

●「お待ち下さい」とシャットアウトされてしまう

なかなか案件を決められない場合は、メンバーの「提案ロジック構築力」や「提案行動力」が不足していて、「接戦における立ち回りができていない」ことに原因があります。

接戦を受注するためには、「お客さまが当社を選ぶ理由」をしっかりと作り、お客さまの検討プロセスに対して、タイムリーな行動をしていく必要があります。

以上、大きく3つの段階に分けて方針を解説しました。「こういったケースでは、どうしたらいいのか」に関する知見は、営業チーム全体でストックしていきましょう。

そうすれば、ある程度、「メンバーがつまずく壁」をパターン化できます。

たとえば、途中までいい感じに進んでいると思っていた案件で、「いきなりお客さまと連絡が取れなくなった」「リマインドの連絡をしても返事がこない」という悩みがあります。

これは、営業をやっていれば、どなたでも経験があるでしょう。

こういったケースについては、これまでも筆者のTwitter（@takahashikoichi）で、たくさん解説しています。

また、『無敗営業オンラインサロン』(https://lounge.dmm.com/detail/2904/)

図表7-6 ■ 筆者のtwitterアカウント（@takahashikoichi）

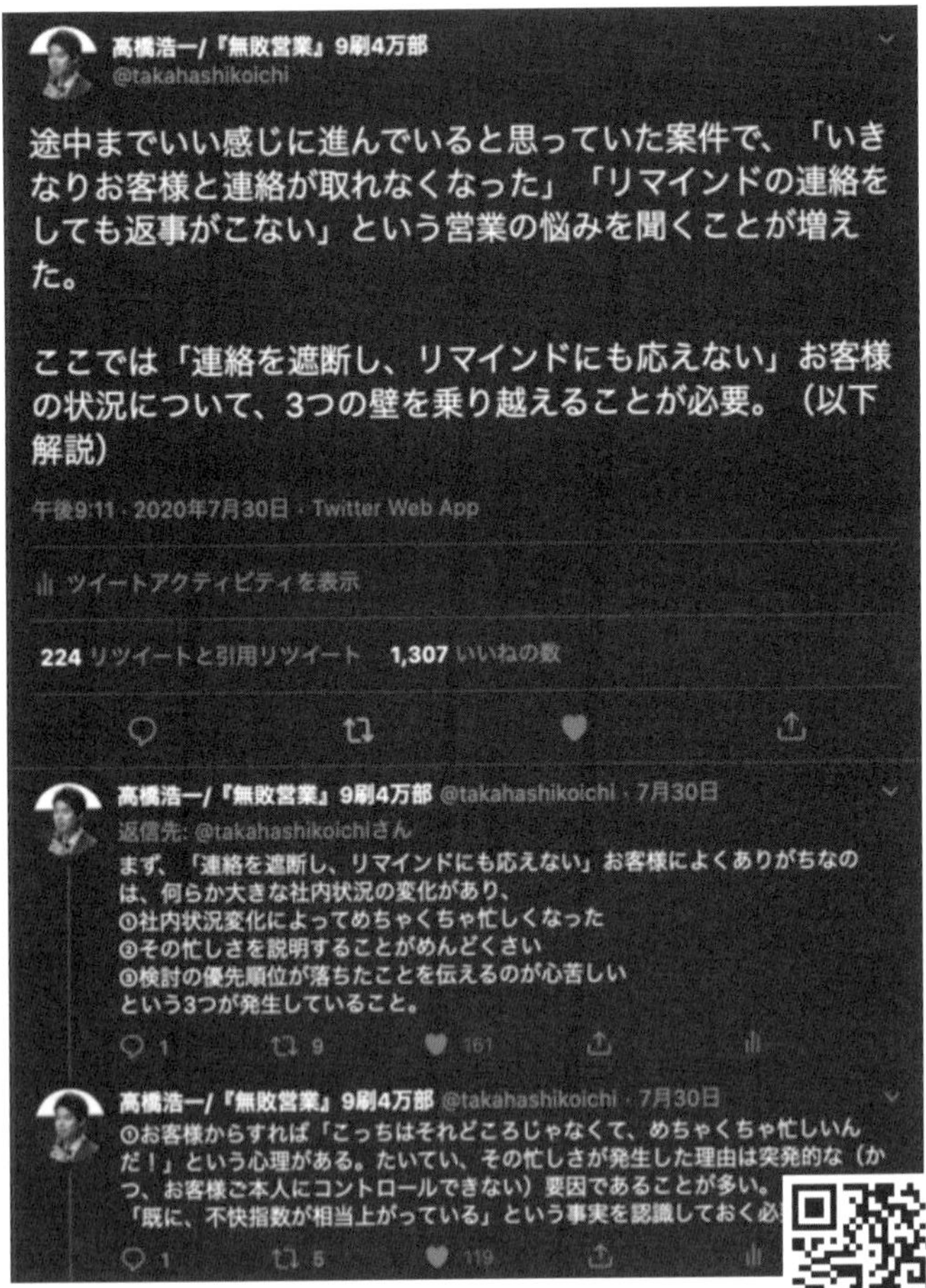
高橋浩一/『無敗営業』9刷4万部
@takahashikoichi
途中までいい感じに進んでいると思っていた案件で、「いきなりお客様と連絡が取れなくなった」「リマインドの連絡をしても返事がこない」という営業の悩みを聞くことが増えた。
ここでは「連絡を遮断し、リマインドにも応えない」お客様の状況について、3つの壁を乗り越えることが必要。（以下解説）
午後9:11 · 2020年7月30日 · Twitter Web App
ツイートアクティビティを表示
224 リツイートと引用リツイート 1,307 いいねの数
高橋浩一/『無敗営業』9刷4万部 @takahashikoichi · 7月30日
返信先: @takahashikoichiさん
まず、「連絡を遮断し、リマインドにも応えない」お客様によくありがちなのは、何らか大きな社内状況の変化があり、
①社内状況変化によってめちゃくちゃ忙しくなった
②その忙しさを説明することがめんどくさい
③検討の優先順位が落ちたことを伝えるのが心苦しい
という3つが発生していること。
1 9 161
高橋浩一/『無敗営業』9刷4万部 @takahashikoichi · 7月30日
①お客様からすれば「こっちはそれどころじゃなくて、めちゃくちゃ忙しいんだ！」という心理がある。たいてい、その忙しさが発生した理由は突発的な（かつ、お客様ご本人にコントロールできない）要因であることが多い。
「既に、不快指数が相当上がっている」という事実を認識しておく必
1 5 119

でも、いろいろなケースについて、サロンメンバーの方々とディスカッションしています。よろしければ覗いてみてください。

チームミーティングは「数字とアクション」「武器の供給」を50％：50％で

チームミーティングには、「朝礼・夕礼」「営業会議」「締め会・キックオフ」など、いろいろな形があります。そのなかの「営業会議」も、「経営幹部とチームリーダーが行う会議」や「チームリーダーがメンバーと一緒に行う会議」に分かれます。

ここでは、「チームリーダーがメンバーと一緒に行う会議」に焦点を当てて、会議のアジェンダ（議題、テーマ）ごとに詳しく見ていきます。

次のページにあるのが、営業会議（60分程度を想定）のひな型です。

①振り返り

これまでの業績状況を確認します。

たとえば、月初の会議であれば先月の結果になりますし、月の途中なら中間の進捗にな

図表7-7 ■ 営業会議（60分）のひながた

アジェンダ	参照するもの	論点
❶振り返り	●これまでの業績	●重点方針や戦略は実行されていたか ●業績達成を分けた要因は何だったか
❷現在地	●着地見込	●このままいくと いくらで着地する見込なのか
	●パイプラインの状況	●各フェーズに どのぐらいの案件があるのか
	●重点KPI	●プロセスとして大事にしている活動は うまく進んでいるか
❸今後に向けて	●個人の重点アクション	●個人の重点アクションは きちんと考えられており、 順調に実行されているか
	●チームの重点方針や戦略	●優先すべき事項や絶対やらないと いけないタスクは何か
❹武器の供給	●決着案件の振り返り	●決着案件の決め手は何だったか
	●ケーススタディやロールプレイ	●こういう場面、自分だったらどう考えるか
	●営業支援チームからの資料	●会社から供給される武器を どうやって使いこなすか

ります。このとき、単に表面上の数字だけで、「達成できたか、どうか」を見るのは危険です。数字の裏側にある内訳にも注目する必要があります。目標のマネジメントにおいては、再現性が重要だからです。

「重点方針や戦略がしっかりと実行されていたがゆえの達成」と「たまたまラッキーや個別の大案件があったがゆえの達成」では、意味が異なります。

また、チームやメンバーによって達成状況にばらつきがあったなら、それは何が原因なのかも、分析できることが望ましいです。

具体的な資料としては、5章で解説したATMダッシュボードのうち「モニタリングのダッシュボードを画面キャプチャーしたもの」をスライドに貼り付けて、そこにマネジャーからのコメントを付したものが用意されているといいでしょう。

②現在地

よく、「現時点での達成率」のみを表示して、議論している会議を見かけます。現在地で重要なのは、「このままいくと、いくらで着地する見込なのか」です。また、パイプラインの状況として、「どのフェーズにいくらの金額の案件があるか」も確認しておきます。

「パイプライン」というのは、見込のお客さまから実際に購買に至るまでのプロセスにある商談の金額や件数のことです。クロージング間近にきている案件が多ければ、当然、注力アクションはクロージングになるでしょう。一方、案件が足りていなければ、案件を作る活動にウェイトを置く必要があります。

また、「案件作成」や「フェーズアップ」の金額および件数、キーパーソンへのコンタクト件数など、重要なKPIがどうなっているかについても、わかりやすく「見える化」しておきましょう。

こういった情報をそれぞれのメンバーから口頭で報告させている会議をよく見かけます。たとえば、「私の達成率は現在○%、主要な案件としては、これとこれで……」のような具合です。順番に個別報告していくと、時間がかかってしまい、他のメンバーが手持ち無沙汰になります。前もって、モニタリングのダッシュボードで一覧化しておきましょう。

③今後に向けて

達成に向けて、個人がそれぞれどんなアクションを掲げているか、および、その実行状況を共有します。一人ひとりが細かく共有していくと時間がかかるので、あらかじめ各人がメモ形式で用意しておき、議事録に貼り付けていく形がよいでしょう。

このとき、時間の割合に注意する必要があります。「報告に時間をかけるのではなく、マネジャーからのフィードバックやアドバイスに時間をかける」ということです。メンバーが見落としがちな点について、マネジャーが考えておくべき点を補足したり、優先順位をつけるコメントをしていきます。

一通り重点アクションの報告が終わったところで、マネジャーから、今一度、チームの重点方針や戦略を確認します。このときに伝えられる重点方針や戦略は、キックオフなどの場であらかじめ示されていることのブレイクダウンになります。

チームの重点方針や戦略については、ATMのうちターゲティングのダッシュボードへ落とし込んでおき、ミーティングの場で優先順位や期限を確認しておきましょう。

④武器の供給

営業チームの強さを測るのは、「武器の供給」に対して、より多くの時間を割くことができているかどうかです。

決着案件の振り返りでは、最近の接戦における決着案件をピックアップし、何が決め手だったのか、確認していきます。失注が責められ、受注が褒められるというだけでは、みんな表面的な結果にのみ注目してしまいます。

接戦の決着案件は学びの宝庫です。同じ失注が減り、増やしたい受注が増えるように、チ

図表7-8 ■ 接戦の決定場面からみなで学ぶ営業会議

	案件	ステータス	要因カテゴリ	詳細	今後のアクション
佐藤	B社さま XXX案件	失注	稟議支援できず	訪問時に同業界の事例を紹介 →担当者乗り気 →提案書作成・担当者OK →見積提示・社内検討待ち →予算がとれなかった旨連絡（上司が実はネガティブだった）	●見積提出前に、稟議手順・会議日程を確認 ●提案中の案件は今週に全員チェック
山田	A社さま XXX案件	受注	競合不満	競合Y社の不満をヒアリング →当社の成功事例を伝達 →提案依頼（Y社とコンペ） →お客さまと一緒に稟議書作成 →価格競争にならず受注	先方の検討場面について、マネジャー同行で詳細ヒアリング →次回にて共有

ーム学習の形に持っていくことが重要です。

また、進行中にあるメンバーの個別案件を順番に掘り下げることはお勧めしないのですが、「誰にとっても学びになるような案件」であれば、それをピックアップして、みんなで考えていくのも有効です。たとえば、ATMのうちアラートのダッシュボードに登場する停滞案件のうち、金額の大きな商談をピックアップし、「自分だったらどう進めるか」を全員でディスカッションするといったやり方があります。その場で簡単なロールプレイを行ってもよいでしょう。

さらに、マーケティングや営業企画など、営業チームを側面支援する企画チームが会議に参加し、ちょっとしたレクチャーをしたり、重要施策の案内をするなどの時間があれば、組織間での連携も進みます。

営業会議におけるPMは、「過去」「現在」の数字を見て「将来」のアクションを話す部分がパフォーマンス(P)に相当します。一方で、「武器の供給」に相当する部分がメンテナンス(M)の時間です。PMのバランスを保つコツは、なるべく武器の供給に時間を多く割くことです。

そのためには、数字の状況など、見ればわかるような情報は、ミーティングの場までに、みんなが前もってダッシュボードで参照してきている状態が望ましいです。会議の議事録をミーティング前に途中まで書いておき、そこにダッシュボードのキャプチャーを貼り付けておくのもよいでしょう。

さらに、個別の案件相談などは、関係しないメンバーの時間を奪わないよう、案件フォローの時間を別に確保しておくようにするのがお勧めです。

チームミーティングに「前向きなコミュニケーション」を増やす

チームミーティングを行う際、メンテナンス（M）の割合を増やすうえで、大事なポイントがあります。

それは「意識してポジティブなコミュニケーションを増やす」ということです。

たとえば、営業会議が「詰め会議」のようになっていると、メンバーの士気も下がってしまいます。会議で詰めたからといって、業績が上がるわけではありません。

もし、パフォーマンス（P）について厳しいコミュニケーションを要するメンバーがいたなら、それはみんなで集まる会議の前にやっておくのが望ましいのです。

図表7-9 ■ 便利なツールも使い方次第

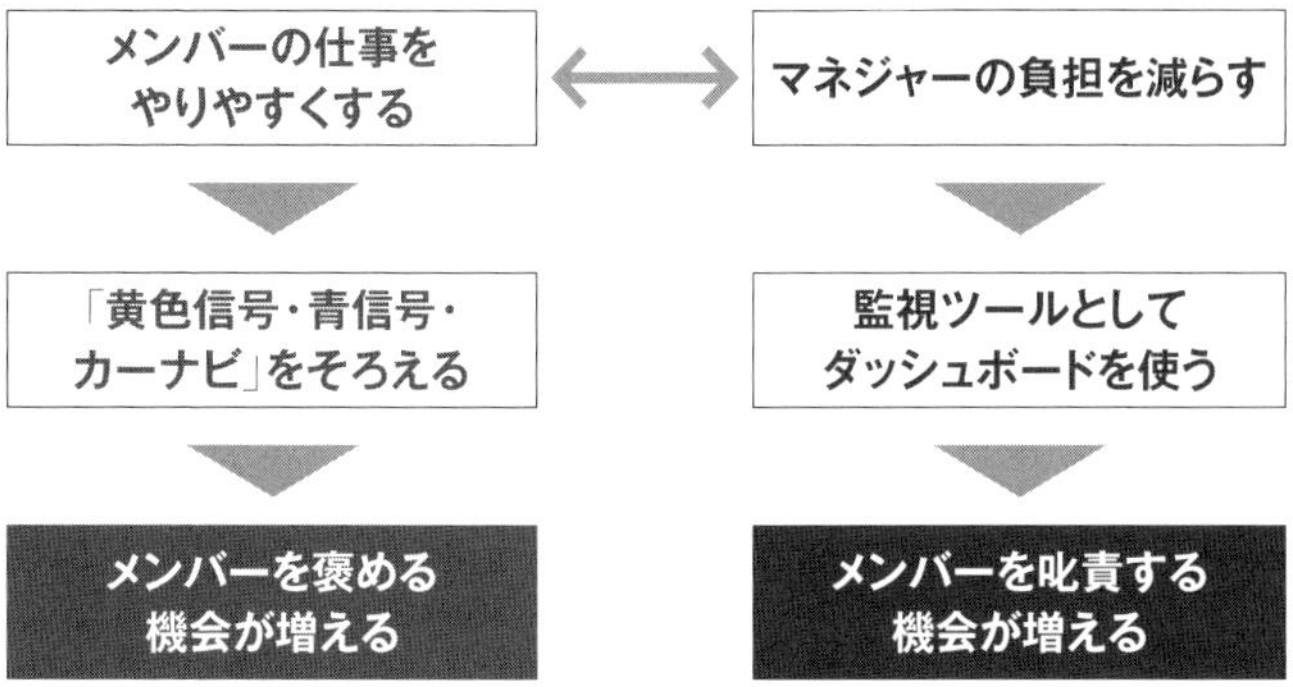

そのために具体的なポイントは2つあります。

1つは、商談単位のフォローは基本的に会議の外の場でやるようにすることです。

直接的に数字が増えることに寄与するのは、商談の指導や同行ですが、商談の個別フォローを会議の場で行うと、雰囲気が悪くなります。なぜかと言うと、関係ないメンバーの時間を奪ってしまいますし、マネジャーに余計な手間をかけないよう成果を上げているメンバーが「自分は関係ないや」と冷めてしまうからです。

もう1つは、ATMのダッシュボードをチームメンバーが普段から参照する習慣を根付かせることです。

みなが普段からダッシュボードをチェック

していれば、必要なリマインドは最小限で済みます。チーム内でのチャットやメールには、該当する商談やダッシュボードのURLを貼るようにし、ことあるごとにSFAへのアクセスを促しましょう。

ATMのダッシュボードは、車の運転でたとえると、アラートが黄色信号、ターゲティングが青信号、モニタリングがカーナビのようなものですから、正常に運転されていて、順調に目的地へ向かっているなら、声を荒立てて指摘する必要はありません。

マネジャーがATMダッシュボードを「監視ツール」のように使って、会議の場でつるしあげなどしないように注意が必要です。

会議の場では、順調な様子を確認し、マネジャーがメンバーを褒める機会がたくさんある状態を目指して、個別の商談フォローやATMダッシュボードの運用に力を入れましょう。

どうしてもうまくパフォーマンスが上がらないときは、「型」を使ったセールス・イネーブルメント、すなわちトレーニングに時間をかけるという選択肢もあります。

トレーニングは6W1Hで企画する

メンテナンス（M）において重要な位置づけの「トレーニング」を企画するのは、次のようなときです。

- 目標達成のプロセスで、みながいつも同じところでつまずいている
- 特定のメンバーのパフォーマンスが、なかなか上がらない
- 新しく入ったメンバーがいて、まだ業務を覚えきっていない
- 新しく商品やサービスをリリースするタイミングで初速を上げたい

ただし、トレーニングというのは、忙しさを理由に優先順位が下がりがちです。基本的には営業会議のなかの一部に組み込むことをお勧めします。

それでもトレーニングをする必要性が出てきたら、切り出して、場を企画しましょう。

ロールプレイについては前章でお伝えしたので割愛し、ここでは勉強会について解説し

ます。

勉強会を企画する際には、6W1Hで考えるのが基本です。

①狙い（Whyゴール）

●目的は、「何かを知ること」か、「トレーニングして習熟度を上げること」か、「意識を変えること」か

●勉強会が終ったとき、どのような感想・コメントが出てくるとよいか

②誰に（Whom 対象者）

●何かを学ぶことで、生産性が飛躍的に上がりそうな人は誰か

●勉強会の内容に興味がありそうな人は誰か

●学んだことを職場で実践する際、一緒に盛り上げてくれそうな人は誰か

●どのように参加を募るか

③何を（What テーマ）

●学ぶことで、生産性が飛躍的に上がるものは何か

●今、まわりのメンバーが直面している課題は何か

●会社／部／課として、目標達成に必要なものは何か
●短時間の学習で、比較的効果が出やすいものは何か

④誰が（Who 講師）

●誰が教えるのがよいか

⑤いつ（When 時間・タイミング）

●メンバーが参加しやすい時間帯はいつか
●メンバーのなかで勉強会のテーマがホット・トピックになるタイミングはいつか

⑥どこで（Where 場所）

●メンバーが集まりやすい場所はどこか
●勉強会に集中しやすい場所はどこか

⑦どうやって（How やり方）

●何かを読んでもらうか、何かを見てもらうか、何かを話してもらうか、何かを書いてもらうか

●実施に必要な物（資料や機材）はどうするか
●適切な時間配分や勉強会の場のグランド・ルールはどのようにするか
勉強会は、「やること自体が目的化」しないように注意が必要です。そのため、「誰に」「何を」の部分を、プロセスマネジメントの運用やセールス・イネーブルメントの観点から考えます。

特定のフェーズで滞留が起こっていたり、重点KPIが伸びないときには、その様子がATMのダッシュボード上に表れているはずです。それに対して、必要となる「型」をそろえてから、「パフォーマンスの確認」まで含めて設計すると効果的です。

よく、「新商品を出すので商品勉強会を」という話がありますが、これも単なる商品紹介だけで終わらせてしまうのはもったいないです。新商品を紹介するトークは、具体的にどうやるのかの動画サンプルや必要な営業ツールをそろえて、チェックポイントを明確にして、紹介トークのロールプレイテストまで用意しておきましょう。

対話の基本は1対1のコミュニケーション

「案件指導」「チームミーティング」「トレーニング」の場がきちんと設定されていれば、あとはPM理論でいうところのM（メンテナンス）として、対話の場が重要な意味を持ちます。1対1（1 on 1）で話す場やオフサイトです。対話の場が重要度を増してきた背景について考えてみましょう。

オンライン商談が難しいように、オンラインでの社内会議には特有の難しさがあります。感情のやり取りをしたり、じっくりと本音の部分を対話するのは、みなで集まるオンライン会議ではやりづらいのです。

実際、「オンラインの社内会議に対して不満を感じるポイント」を調べてみると、マネジャーもメンバーも同様の傾向を示しています。

次ページのグラフでは、「他のメンバーの本音をくみ取りづらい」「対面の会議であれば醸成されるような一体感がない」「他のメンバーの話を集中して聞き続けるのがつらい」「自分の意見を伝えきれない」といった項目が上位にきています。

チームミーティングは、どうしても進行がアップテンポになりがちです。したがって、定例の会議とは別に、「心では何を感じているのか」をしっかりと受け止め合うコミュニケーションが必要になります。

図表7-10 ■ オンライン会議への不満は、上司も部下も変わらない

Q オンラインで社内会議を行う際、不満に感じるポイントは何ですか？
重要なものから順番に、1位～3位まで3つまでをお選びください。

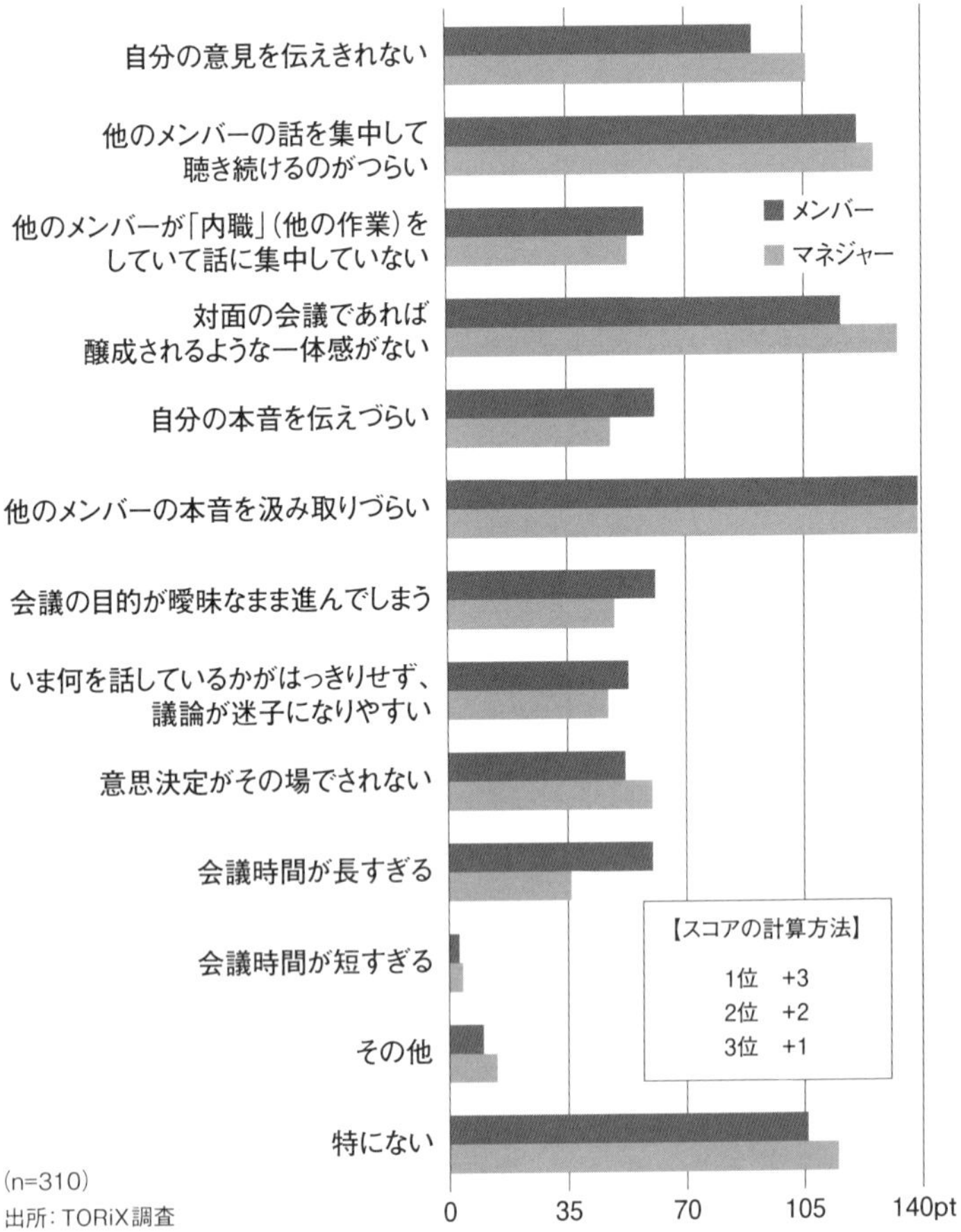
自分の意見を伝えきれない
他のメンバーの話を集中して聴き続けるのがつらい
他のメンバーが「内職」（他の作業）をしていて話に集中していない
対面の会議であれば醸成されるような一体感がない
自分の本音を伝えづらい
他のメンバーの本音を汲み取りづらい
会議の目的が曖昧なまま進んでしまう
いま何を話しているかがはっきりせず、議論が迷子になりやすい
意思決定がその場でされない
会議時間が長すぎる
会議時間が短すぎる
その他
特にない
メンバー
マネジャー
【スコアの計算方法】
1位 +3
2位 +2
3位 +1
0
35
70
105
140pt

（n=310）
出所：TORiX調査

リモートワークで顔を合わせる回数が減ってきているなかであれば、なおさら、案件相談と分けて、1対1で話す時間を取りましょう。それが「1on1」です。

「1on1」は、マネジャーが話したいことを話す場として設定するのではなく、メンバーが話したいことを話す場として行うことが重要です。

「1on1」では、直接の案件以外の話題もするようにしましょう。

プライベートへの過度な介入は禁物ですから、いきなり、「先週の週末は何をしていたの」と踏み込むのではなく、まずは、「日々、健康で働けているか」を聞くようにしましょう。また、目の前の案件以外で気になるトピックがあれば聞いてみたり、「何か気になって手がつかないことがありますか」と尋ねてみるのもよいでしょう。

「1on1」では、メンバーとの間で、「何でも話せる」という安心感を醸成することが大事です。心理的安全性を担保することによって、全員で集まる会議の雰囲気も自然とよくなります。

〝安全な場〟というのは、「この場の発言が自分自身にとって不利益を被る原因にはならない」と各人が認識している場所です。

そのような場を作るために必要なポイントとしては、次のようなものがあります。

●適度なリラックス：緊張が解け、緩みすぎることもない雰囲気ができている
●冒頭の握り：仕切る側が「発言が評価に影響しない」「何か意見を言ったからといって、タスクを負わない」などを約束する
●発言量の分散：特定の人物だけが発言するのではなく、場の参加者が均等に発言する
●発言への受容：発言を頭ごなしに否定されたり、制止されたりすることなく、きちんと「聞いてもらえる」状態ができている

ときにはオフサイトで未来を語りたい

1対1は個別のコミュニケーションですが、四半期に一度や半期、あるいは1年に1度などのタイミングで、「チーム全員で、大切なことについて、じっくり語る場」を設けることをお勧めします。これが、いわゆる「オフサイト」です。直接的に売上や案件の話をするのではなく、日常を離れて、大事なことについて言葉を交わすのです。

リモートワークであったとしても、最低2時間ぐらいは時間をとって、ゆったりと話す場を設けることは、組織のメンテナンスにおいて非常に重要です。

忙しい日々が続くと、誰しも、「何のために仕事をしているのか」という想いが、頭をよぎります。特に、多くの営業にとっては、目標やノルマには〝つらい〟とか〝苦しい〟というイメージがあります。「目標やノルマは必要」と頭ではわかっていても、ひたすら目標やノルマのために身を粉にして働くという感覚では、どこかで限界が来てしまいます。

この問題については、「目標との付き合い方」に原因があると考えています。

多くの営業組織が「目標」とうまく付き合えない理由は、大きく3つに集約されます。

①目標達成のためのきちんとした方法論がない
②目標への意味付けが伝えられていない
③「目標よりも大事なこと」について話す場がない

本書では、「目標達成のための方法論」として、オセロの4つ角のうち「勝ちパターン」「プロセスマネジメント」「人を育てる仕組み」を前章までお伝えしてきました。

しかし、たとえ目標達成の方法論が整っていても、目標の〝意味づけ〟が不十分であれば、達成への士気が上がりにくいと私は考えています。

「会社からは今期、○○円の目標が我がチームにおりてきている」だけでなく、

●なぜ、その数字なのか
●その数字を達成することに、どんな意味があるのか
この2つをマネジャーの言葉でメンバーに伝える必要があります。

職業柄、私は営業組織のキックオフに同席する機会が多いのですが、「今期の戦略：◎◎カテゴリーで○○円の売上を達成する」といった風景を多く見かけます。「戦略＝目標」というケースです。
ここからいきなり目標数字を達成するためのブレイクダウンに行くのは危険を伴います。「目標が持つ意味」について、じっくりと語り合う場が必要なのです。数字にまつわる背景やストーリーを共有できれば、メンバーも〝自分ごと〟として考えやすくなります。
こういった場では、「目標以外の大事なこと」についても、みんなで話す時間が自然と生まれます。目標を目的化させず、「お客さまは何を求めているのか」「私たちは何のために仕事をしているのか」といった大事なテーマに立ち戻る機会として、オフサイトは重要な意味を持ちます。

特に最近、「目標のためにがんばれない若手が増えている」というマネジャーの悩みをよ

く聞くようになりました。会社の立場から言えば、「とはいっても、給料をもらっているプロとして、最低限の責任を果たしなさい」というのが正論です。ただし、目標が仕事の最上位概念にきてしまうと、メンバーは精神的にすり切れてしまいます。

目標は達成すべきだし、とても重要なものです。達成するのがプロとしての責任です。

一方で、「何のために我々は仕事をするのか」というミッションや、「何を価値観として大切にするのか」というバリューがすっぽり抜けていると、どこかで、おかしなことが起こります。

ですから、ときどき、「対話の場」が必要になります。

私たちは、どこから来て、どこに向かっていくのか。

2020年のコロナ禍をきっかけに、営業は、その存在意義や立ち位置を考え直すべき時期にきている——と、私は強く感じています。

そこで、最終章では、「これからの営業チームのあり方」について、みなさんと一緒に考えてみたいと思います。

第7章の まとめ

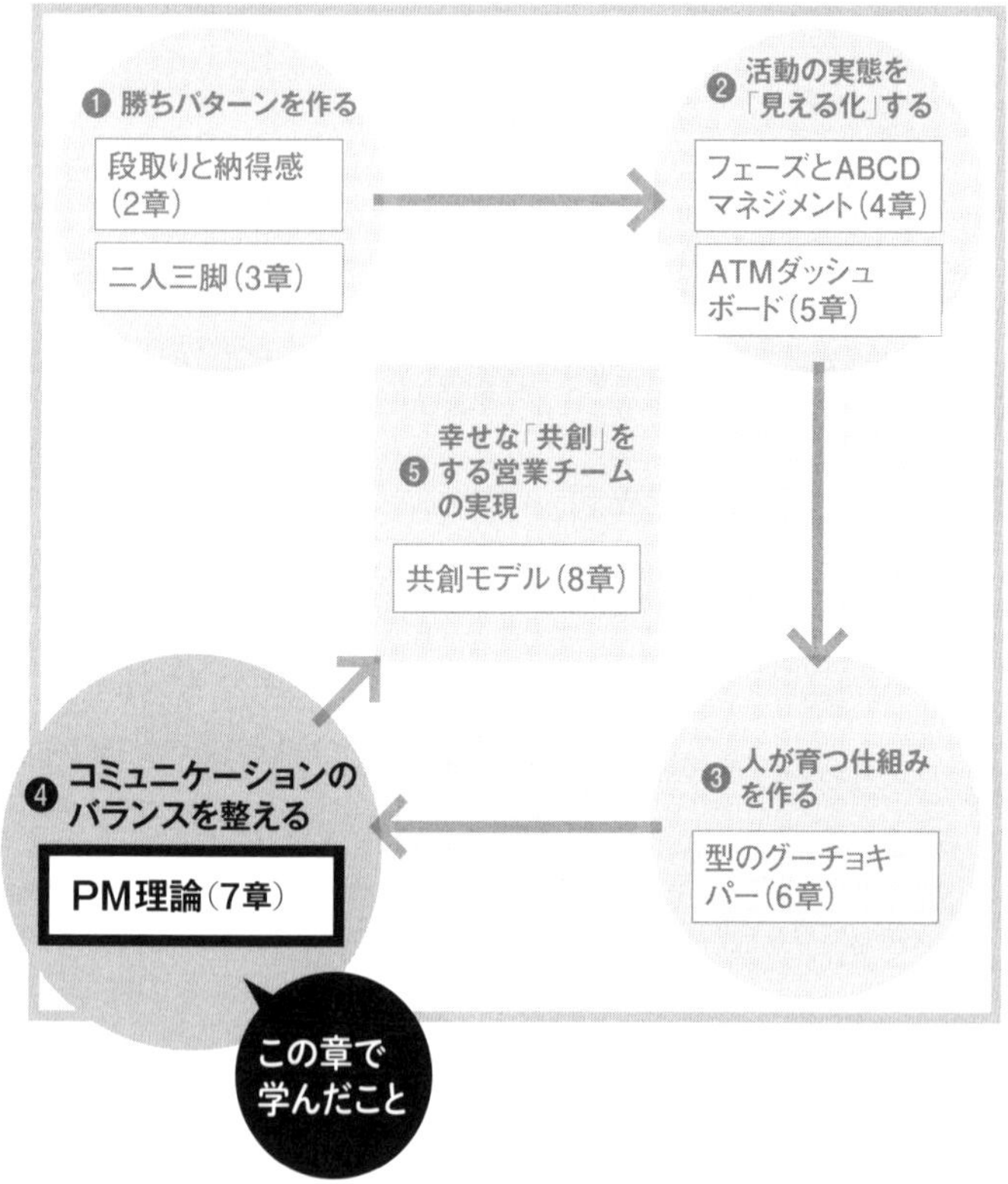
❶ 勝ちパターンを作る
段取りと納得感（2章）
二人三脚（3章）
❷ 活動の実態を「見える化」する
フェーズとABCDマネジメント（4章）
ATMダッシュボード（5章）
❸ 人が育つ仕組みを作る
型のグーチョキパー（6章）
❹ コミュニケーションのバランスを整える
PM理論（7章）
❺ 幸せな「共創」をする営業チームの実現
共創モデル（8章）
この章で学んだこと

アクションリスト

事業トップ

- □ PM理論を理解し、社内に出すメッセージのトーンを日々、調整する
- □ Pのコミュニケーションに偏りすぎないよう、自身が関与せずとも安定的に目標達成できる仕組みと環境を整える
- □ Mの優先順位を上げて社内発信する

チームリーダー

- □ 接戦を落とさないよう、会議以外の場で商談単位のフォローをきめ細かく行う
- □ ATMダッシュボードの活用で営業会議を効率化し、武器の供給に時間を使う
- □ トレーニングや対話の場について、優先順位を上げて実施する

メンバー

- □ 商談単位で、接戦状況の確認と報告を、マネジャーに対してこまめに行う
- □ 会社から供給された武器を活用し、現場からのフィードバックをあげる
- □ トレーニングや対話の場へ積極的に参加する

企画チーム

- □ 組織全体のPMバランスについて、サーベイなどで定点観測する
- □ 商談単位のフォローやチームミーティングを効率的に行えるよう、ダッシュボードと情報のフォーマットを整える
- □ トレーニングや対話の場を企画する

第8章

これから営業チームはどうなるか

営業組織は4つのステージで変化する

私が経営しているTORiX株式会社では、毎日のように、営業組織に関するお客さまのお悩みを聞き、その課題解決のために奔走しています。

そのような日々のなかで、私は、営業組織にも「ステージ」があり、ある一定のサイクルで変化を遂げていることに気づきました。

営業組織の状態を表すキーワードについて、次の図の縦軸にて「4つのステージ」で表現しています。4つ目のステージの次は、また1つ目に戻ります(サイクルになっています)。

横軸には、それぞれに対応する「ステージと転換点」「定義」「求められるリーダーシップ」「成功の鍵」「壁やリスク要因」を書いています。

では、ステージについて、それぞれ説明します。

1つ目は、「探る」のステージです。

図表8-1 ■ 営業組織のステージ

ステージと転換点	定義	求められるリーダーシップ	成功の鍵	壁やリスク要因
探る 勝ちパターンの発見	どのアクションやKPIに注力すべきかが絞りきれていない状態	戦略思考型	計算された試行錯誤（Fail-Safe）	高い要求水準によって追い込まれること
回す 組織の硬直化	方針や戦略、やるべきことなどがある程度明確になっている状態	指示統制型	「型」の実行（Operational Excellence）	やることが増えすぎて複雑になること
手放す 順調な成長	決められたことを忠実にやっていることによる弊害が見えてくる状態	権限移譲型	失敗をいとわず任せる（Empower-ment）	言われたことしかやらなくなること
仕込む 行き詰まり感	ある程度安定的な成長が続いており、順調に回っている状態	率先垂範型	基準を上げリスクを取る（Revolution）	水準が気づかないうちに下がってしまうこと

たとえば、コロナ禍の影響により、営業組織の前提はガラッと変わりました。リアル展示会で見込のお客さまに対する集客・マーケティング活動を行っていた会社などは、どうやって商談を作っていくか、根本からの転換を迫られました。どのアクションやKPIに注力すべきかについて、いきなり正解はわからないので、いろいろなことを試しながら「探る」アクションへ組織的に取り組んでいくことになります。

そんなとき、場当たり的に、「何でもいいからとにかくやれ！」という指示の出し方だと、メンバーは消耗します。時間やお金のリソースも、あっという間に尽きてしまいます。

ですから、〝戦略思考型〟のリーダーシップに基づいて、「展示会による集客ができないなら、会社で保有しているお客さまのリストを活用して、各自が電話やメールでお客さまに連絡をとって、アポを増やそう。目標は一人あたり月に10件。連絡する順番はセグメントAのお客さまから……」といった指示の出し方が求められます。リソースは限られているので、優先順位をはっきりさせて、チームメンバーがやりやすい試行錯誤の環境を作ることが重要です。

ここでの注意点としては、「月に10件のアポ」などの行動目標を定める際に、ハードルを上げすぎないことです。あまりにも高い要求水準を突きつけられると、メンバーは思考停止に陥り、手段を目的化しやすくなります。

「探る」のステージにおいて、試行錯誤の結果、うまくいく勝ちパターンが見つかると、2つ目、「回す」のステージに移行します。

先ほどの展示会の例で言えば、「こういうメールを送って、このタイミングで電話すれば、高い確率でアポにつながる」という成功法則が見えたら、みんなでそれを一気呵成に実行します。このステージでは、決まったことをきっちりやるための〝指示統制型〟のリーダーシップによって、勝ちパターンという「型」を実行するためのPDCAを回している状態になります。

ここでの注意点は、前のステージにおける「試行錯誤」の名残を引きずって、メンバーのタスクを増やしすぎないようにすることです。そんなとき、ターゲティングのダッシュボードがあれば、優先順位を絞ることができるでしょう。

勝ちパターンを着実に実行し続ければ、成果も出てきますが、あまりにも同じことを続けていると、徐々に組織が硬直化してきます。「決められたタスクを忠実にやっていることによる弊害」が表面化してくるのです。

そのタイミングで、3つ目の「手放す」のステージに移ります。

「型」を回すことが優先されるあまり、マニュアル対応が目立ってきたり、「言われたことしかやらなくなる」というメンバーが増えてくると、〝権限移譲型〟のリーダーシップが必要になります。失敗をいとわず任せることにより、考える主体をどんどん現場に移していかなければいけません。判断や意思決定を任せることで、メンバーは自分で考えざるを得なくなります。

任せる際には、指示や判断を仰いでくるメンバーに対して、「自分の頭で考えて行動する」ことを推奨します。

この権限移譲がうまくいくと、組織は順調な成長軌道に乗り、次のステージを迎えます。

順調な成長が続いていれば、何もしなくていいかというと、そうはいきません。将来に向けた次の一手を打つ必要があります。

それが、4つ目の「仕込む」ステージです。

リーダーは率先してリスクを取り、未来を切り拓くことが求められます。権限移譲した現場が上手く回るようになってくると、リーダーの負荷は一時的に楽になります。

しかし、品質が落ちないように注意が必要です。3つ目のステージで権限移譲を進めた結果、チームの目線が下がってしまい、リーダーの要求水準と乖離するリスクがあります。

安易なところで妥協せず、さらに高みを目指していくために、リーダーが率先してチャレンジしていく〝率先垂範型〟を心掛ければ、組織は次のステージへと向かっていきます。

人は基本的に変化を嫌う生き物なので、あえて新しいことに挑戦するという強いメッセージが必要です。

リーダーが率先垂範で新しいことに挑戦する姿勢が伝播すると、組織はブレイクスルーを迎えます。

新しいチャレンジは組織に活力を与えますが、その難易度が高いと、これまでのようにはうまくいきません。また新たな壁が次々と現れ、行き詰まり感が出てきます。そうすると、サイクルが2巡目になり、1つ目の「探る」ステージに戻ります。

このようにして、営業組織は4つのステージをぐるぐると回り続けるのです。

しかし、これは、「同じ次元で回り続ける」わけではありません。1巡目より2巡目、2巡目より3巡目というように、チームは進化していきます。

ステージが移行していく動きは、2章から7章で説明してきた「オセロの4つ角」を順番に押さえていくことによって加速します。①勝ちパターンが見つかると「探る」から「回す」に移行し、②活動の実態が「見える化」されていると「回す」ステージがいっきに進みます。

また、「手放す」ステージにおいて権限移譲を進めるためには、③人が育つ仕組みが整っていることが望ましいです。さらに、目の前の業績達成に汲々とせず、④コミュニケーションのバランスが取れた組織ができあがっていれば、「仕込む」ステージで、次への成長をリーダーが安心して宣言できます。

変化の激しい時代において、「オセロの4つ角を順番に押さえていくこと」は営業チームを支える重要な戦略になります。そして、サイクルが回っていくたびに、営業組織はモードの変わった「新しい姿」へと進化を遂げていくのです。

未来の営業組織は「二人三脚」が進化した「共創」モデル

営業チームの進化を、さらに「営業組織のモデル」として表現してみたいと思います。

次に紹介する図は、横軸に営業組織の「次元」を並べてみたものです。

1・0は「ズレ」の世界、2・0は「二人三脚」の世界、3・0は「共創」の世界です。

縦軸には、それぞれの次元で、関係者がどういう視界でものを見ているのか、および、どういう関係性やコミュニケーションで成り立っているのかについて、解説しました。

「営業1・0」は、社内外に「ズレ」が起こっている世界です。

営業とお客さま、マネジャーとメンバーとで、それぞれ、見ている視界が異なります。営業は自分の売りたいものについて話し、お客さまは自分の基準でひっそりと判断します。意に沿わない営業を受けたら、(営業には伝えずに)連絡を遮断するのです。

同様に、マネジャーとメンバーにも、別のものを見ているがゆえのズレが起こっています。マネジャーは目標数字を課して、プレッシャーをかける一方で、メンバーは違和感を感じながらも、数字を追いかけます。

このような世界においては、そもそも、「お互いが別のものを見ている」ため、コミュニケーションとしては、「話してもわからない」が前提となります。相手に対する期待はそれほど高くない状態です。

この次元の営業組織においては、ルールに照らした強制によって壁を乗り越えようとします。ルールについてこられないメンバーは、脱落しやすくなります。

「営業2・0」は、「二人三脚」の世界です。

営業とお客さま、マネジャーとメンバーは、お互いの理解に基づき、同じものを見ています。お客さまにとって、「わかってくれる営業」は心強い存在です。ハイブリッド営業の

図表8-2 ■ 営業組織のモデル

次元	「ズレ」の世界（営業1.0）	「二人三脚」の世界（営業2.0）	「共創」の世界（営業3.0）
視界	お互い、別のものを見ている	一緒に同じものを見ている	共に創り出した新しいものを見ている
営業⇕お客さま	**依頼者vs提案者** ●営業は自分の売りたいものの話をする ●お客さまはひっそりと自分の基準で判断する	**ズレの解消** ●営業はお客さまを理解する ●お客さまは営業が何をしてくれるかを理解する	**適切な共犯関係** ●全員が当事者として夢中になり、新しい価値が生まれる
マネジャー⇕メンバー	**上司vs部下** ●マネジャーは目標数字を課しプレッシャーをかける ●メンバーは違和感を覚えながら数字を追いかける	**ズレの解消** ●マネジャーは現場で起こっている・求められることを理解する ●メンバーは会社の方向性と現在地を理解する	**予期せぬ成功** ●自由な発想と試行錯誤から、目標を超えた新たな価値が生まれる
コミュニケーション	**話してもわからない** ●「ルール」に照らした「強制」によって壁を乗り越えようとする	**話せばわかる** ●「事実」を見ながらの「議論」によって壁を乗り越えようとする	**話すことで気づく** ●「ビジョン」を描きながらの「対話」で壁を乗り越えようとする

勝ちパターンは二人三脚であると本書では繰り返し申し上げていますが、これは、オンラインでもリアルでも共通して「わかってくれる営業」が求められていることの証左です。マネジャーは現場で起こっていることを把握し、メンバーは会社の方向性や現在地を正しく理解することで、チーム内の相互認識は深まり、ズレは発生しにくくなります。

この次元の営業組織は、事実を見ながらの議論によって壁を乗り越えます。ATMダッシュボードやセールス・イネーブルメントのPDCAが回っていて、コミュニケーションのバランスが取れていれば、オセロの4つ角が押さえられた状態であり、営業組織は盤石でしょう。

しかし、本書においては、「これからの営業組織の可能性」をさらに示したいと思います。

それは「営業3・0」、すなわち「共創」の世界です。

営業とお客さまは、共に創り出した新しいものを一緒に見ている状態です。営業とお客さま、マネジャーとメンバーの間にある垣根が、よい意味で、なくなっていきます。

たとえ、営業とお客さまの関係構築がある程度進んでいたとしても、営業2・0までの世界観であれば、互いの間には多少の躊躇が存在します。すなわち、営業とお客さま間にある境界線です。お客さまには、「こういうことは、そもそも、この営業に相談してもよいものなのか」という疑問があり、営業の側からしても、「ここまで踏み込んで提案してもよいのだろうか」という不安があります。二人三脚で、恐る恐る次の一歩を探っている状態です。

営業組織3・0では、そういった「境界線」が溶けていきます。

同じ方向を向いていても、お客さまが依頼者、営業が提案者というのが営業2・0までの位置づけです。営業組織3・0では、そういった役割分担も曖昧になってきます。いわば、営業とお客さまが「共犯者」のごとく、いつの間にかどちらが営業でどちらがお客さまなのかもぐちゃぐちゃになってしまうぐらい、一体となって企画を考え、進めるようになるのです。

同様に、マネジャーとメンバーの関係も変わってきます。いわゆる旧来型の「上司と部下」のような関係による影響力が弱まっていきます。現に、オンライン商談の浸透により、「上司だからといってオンライン商談が部下より上手であるとは限らない」といった事象も発生しています。変化の激しい時代にあっては、「上司・部下」といった世界観が足かせになることもあるのです。

そうすると、マネジャーの仕事というのは、いったい何が求められてくるのでしょうか。

そこで、著名な経営学者であるピーター・F・ドラッカーが言うところの「予期せぬ成功」

がヒントになります。

ドラッカーは、「イノベーションのための7つの種」のなかで、最も成功しやすいものとして、「予期せぬ成功」という視点を挙げています。

たとえば、お客さまから、「こういうニーズに対応できませんか」というお問い合わせがあったとき、会社で該当する商品ラインナップがなければ、営業として、「残念ながら、当社では、お応えしておりません」と回答するでしょう。

しかし、その問い合わせが、数件、続いたらどうでしょうか。「もしかしたら、こういうことは、お客さまが真に求めていることかもしれない」ということで、サービス化が検討されるかもしれません。

営業1・0のモデルであれば、「ルール外なので対応していません」という回答になるでしょう。営業2・0なら、「お客さまのおっしゃることはよくわかります。ただ、弊社にも対応できること・できないことがありますので、そこは一緒に議論しながら、トライしていきましょう」となります。しかし、営業3・0であれば、「共創」による未知の可能性を求めて「お客さまがおっしゃること、もう少し詳しく聞かせていただけませんか」という問いから、対話が始まるのです。

これは、「お客さまの〝隠れたニーズ〟を発見する」ということにつながります。

たとえば、「もともとは娯楽として利用されてきたカラオケルームを、仕事のスペースとして提供する店舗が増えてきた」という事例があります。

これは、コロナの影響がきっかけで進んだ動きではあるのですが、以前であれば、「カラオケルームで仕事をしようとするビジネスパーソン」をカラオケルームの運営企業が見ても、それほど敏感には反応しなかったことでしょう。

しかし、リモートワークの普及に伴い、自宅などで最適な仕事環境を持てないビジネスパーソンが、カラオケルームで仕事をしようとして、「WiFiはつながっていますか」などと問い合わせするケースが増えてきました。

そこで、「いえ、うちはカラオケルームなので、仕事のためにネット環境を貸し出すのはちょっと……」のように断らず、隠れたニーズを捉えたからこそ、「仕事のスペースとして提供する」ことに舵を切るカラオケルームが増えてきたのです。

では、どうしたら、こういった「予期せぬ成功」を拾うことができるのでしょうか。まさしく、この「予期せぬ成功」を呼び込むことが、マネジャーの仕事になります。

直近の目標達成に関係ないからといって、組織でのコミュニケーションを必要最小限のものに絞っていると、なかなか新しいアイデアは出ませんし、組織も疲弊します。

「予期せぬもの」をたまたま発見するのではなく、日常的に見つけ出せる「観察と対話の文化」を作ることが重要です。


「お客さまが何に対してお金を払っているのか」の声を一番多く拾えるのは、最前線にいる営業です。「前線にいる営業がどんな情報を社内にフィードバックするか」が、これからの時代を生き抜くイノベーションにつながります。特にコロナ禍を迎えて、多くの会社が商品開発・マーケティング・営業のビジネスプロセスを再検討しています。

「お客さまは、何を求めているのか。何に対してお金を払っているのか」というインサイトに対して、一番近い位置にいる営業チームこそが、会社変革の鍵を握っているのです。

第8章のまとめ

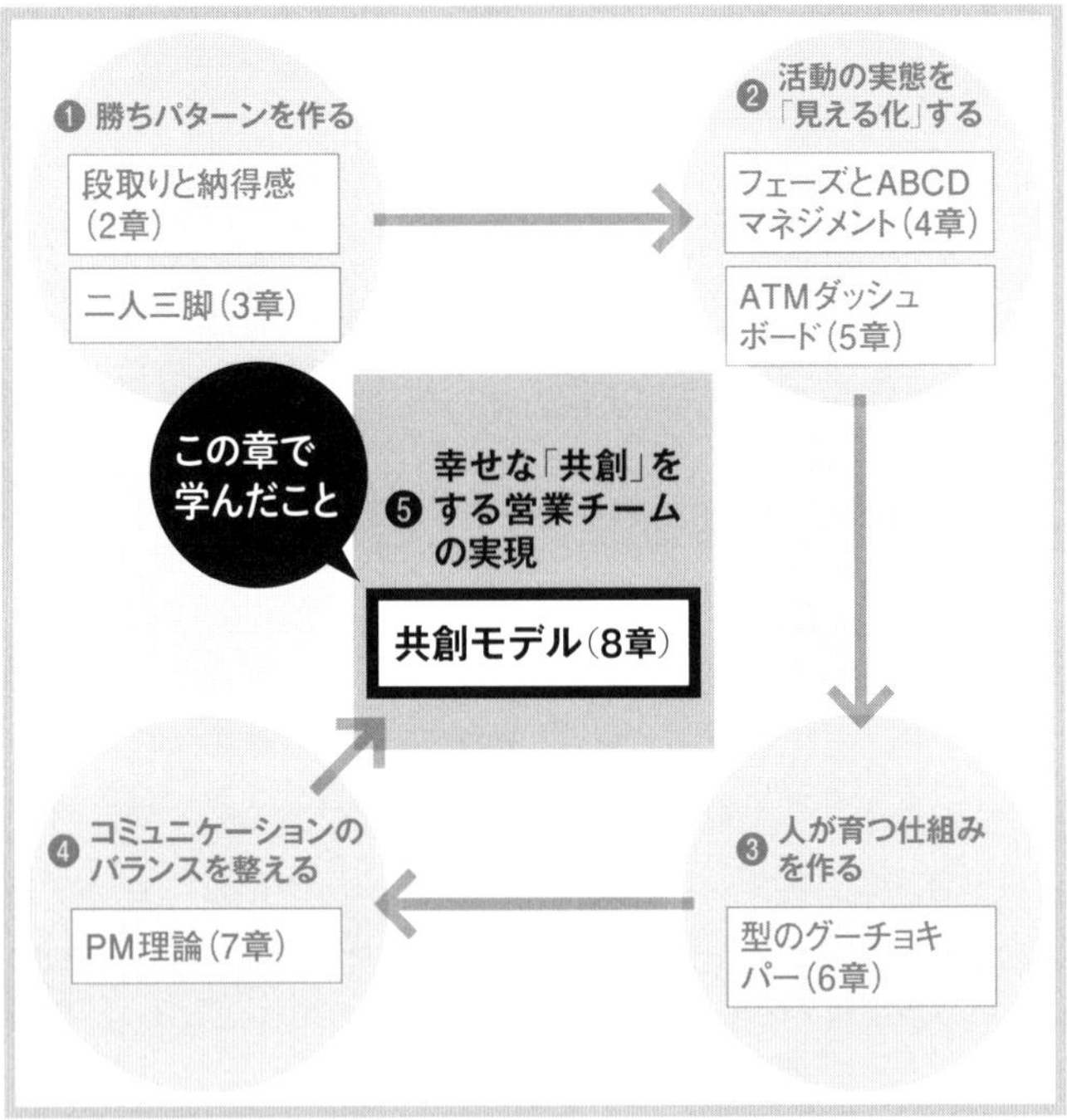

❶ 勝ちパターンを作る
段取りと納得感（2章）
二人三脚（3章）
❷ 活動の実態を「見える化」する
フェーズとABCDマネジメント（4章）
ATMダッシュボード（5章）
❸ 人が育つ仕組みを作る
型のグーチョキパー（6章）
❹ コミュニケーションのバランスを整える
PM理論（7章）
この章で学んだこと
❺ 幸せな「共創」をする営業チームの実現
共創モデル（8章）

アクションリスト

事業トップ

- □ いま、組織がどのステージにあり、どの方向に向かっているかを全体に発信する
- □ 営業2.0から営業3.0へ進化するビジョンを描き、自分の言葉で語る
- □ 自社における「これからの営業チーム」を言語化し、メッセージとして伝え続ける

チームリーダー

- □ 営業2.0の「二人三脚」を社内外で実現できるよう、メンバーに方向性やビジョンを語り、メンバーのことを理解する
- □ 営業3.0の「共創」に向けて、「適切な共犯関係」や「予期せぬ成功」が生まれやすいチーム文化を醸成する

メンバー

- □ 営業2.0でお客さまとの「二人三脚商談」を進め、社内の方針を深く理解する
- □ 営業3.0の「共創」に向けて、「適切な共犯関係」を築けるお客さまを探し、「予期せぬ成功」の種を見つけてくる

企画チーム

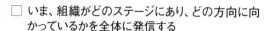

- □ 事業トップの社内コミュニケーションをサポートし、わかりやすく言語化したビジョンを資料などに落とし込む
- □ 現場と「二人三脚」で企画の施策を進め、現場ヒアリングや営業同行から「予期せぬ成功」のヒントを拾う

おわりに

営業は「知的創造活動」の時代へ

2020年のコロナ・ショックは、営業に関わる人たち全員にとって、大きな変化を迫られるものでした。

「お客さまに会う」という行為は、「日常的な当たり前のこと」から、「非日常的で特別なこと」に変わりました。すべての営業が、「お客さまと簡単には会えない」という現実をつきつけられ、対面営業不要論すら言われるようになりました。

いきなり営業が要らなくなることはありません。

しかし、間違いなく、「従来型の営業は必要とされない時代」に突入します。

第8章では「未来の営業チーム」がテーマでしたが、最後に「これから、個人としての営業はどうなるか」について書きたいと思います。

図表■営業は「知的創造活動」の時代へ

従来はこれでも売れていたが…	これからの営業像
その場の雰囲気にうまく乗っかる	お客さまのことを深く理解する
お客さまに有無を言わせぬオーラ	お客さまと共に新しい可能性を考える
通っているうちに仲良くなる	関係構築の引き出しが広い
勢いでクロージングに持ち込む	商談を着実に前進させる
ITには頼らず、人間力だけで勝負	ITとうまく付き合い、人間力を活かす

これまでは、その場の雰囲気にうまく乗っかり、お客さまに有無を言わせない圧倒的なオーラで受注する営業スタイルもありました。あるいは、通っているうちに仲良くなり、いつの間にかクロージングに持ち込んでいくなど、相手に好まれるキャラで勝負するやり方でも成果を出せました。

しかし、これからの営業は、お客さまと共に営む「知的創造活動」になっていきます。

その場の表面的な雰囲気には表れない、お客さまの実情や想いを深く理解することが求められます。そして、圧倒的なオーラで押し切るのではなく、「つっこまれビリティ」によって、お客さまからいろいろと引き出せる場ができると、お客さまと一緒に新しい可能性を考える営業3・0の「共創」が実現するのです。

「通っているうちに仲良くなる」のが難しくなるので、お客さまとの関係構築の引き出しを増やすことが重要です。会議室との移動中にあった些細な雑談や、会食の場が減ってくるなかで、「会話の引き出しの多さ」は、より強く求められるようになります。

たとえばお客さまのSNSから話題を作ったり、あるいは、自宅同士をつないだリモート商談を活用して、仕事以外にもお客さまとの話題を広げることで、関係が深まるということも起こるでしょう。

まだまだ現状では、情報セキュリティの関係上、SNSの活用についても制限のかかっている会社は多く存在します。しかし、これからは、SNSを積極活用して情報発信し、お客さまと新しいスタイルで関係構築していく営業パーソンは増えていくでしょう。

特にオンラインとリアルのハイブリッド営業では、勢いでクロージングに持ち込むスタイルではなく、お客さまと関係を深めながら、商談を着実に前進させていくことが大事になります。

さらに、〝Sales Tech〟や〝DX（デジタル・トランスフォーメーション）〟が普及してくるにつれ、ITと上手く付き合いながら、どうやって自分の〝人間力〟を生かしていくかが求められます。デジタル化の波に飲み込まれず、どうやって波を乗りこなしていくか。営業に大きな変化が求められているなかで、「知的創造活動」こそが〝新しい営業像〟となります。

営業を取り巻く環境は、まさに世のなかの流れの大きな潮目にあります。

営業を「知的創造活動」として再定義することで、「お客さまと一緒に創り出す営業の楽しさ」という可能性が大きく開けてきます。

「今の時代に、営業をキャリアとして経験できることが、いかに素晴らしいことなのか」「営業力が上がることで、人生をたくさましく生きるチカラがいかに磨かれるか」これをたくさんの方々に感じていただきたいという想いで、本書を書きました。

この本ができるまでの過程では、本当にたくさんの方々にお世話になりました。

まずは、いつもそばにいて私を支え続けてくれている妻へ。毎日、元気にがんばれる活力は、大切な家族との時間から生まれています。嬉しいことを一緒に喜び、大変なことも共に乗り越える。素晴らしい人生をほんとうにありがとう。

TORiX株式会社のメンバー、そして、ビジネスパートナーの皆さまとの「共創」のおかげで、当社が素晴らしいお客さまや仕事に恵まれています。日々の活動やディスカッションから、たくさんの価値が生まれ、本書の支えとなりました。心からの感謝をお伝えしたいです。

当社のビジネスが存続できているのは、大切な会社の命運を預けてくださるお客さまの存在があってこそです。素晴らしいチャレンジの機会を次々といただいています。日本や世界を代表する企業の皆さまとの「共創」に対して、心より感謝申し上げます。

そして、今回の本は、『無敗営業』オンラインサロンのみなさんとのディスカッションがあったからこそ生まれました。特に、ご多用のなか個別にフィードバックをいただいた方々に、この場をお借りしてお礼申し上げます。

上田俊雄さん、宇田川努さん、内田多美子さん、大海龍祈さん、大堀英久さん、岡田佳奈美さん、小熊新一さん、織田高輝さん、風間聖彦さん、北川昇平さん、北拓也さん、木村寛臣さん、桑原正明さん、桑原悠さん、小園浩之さん、小林毅さん、小林大祐さん、サトウ未来さん、サナダ英幸さん、志村慎太郎さん、徐龍輔さん、杉山和矢さん、鷹野稜紀さん、瀧下雅弘さん、武部有加里さん、茶木大朗さん、帖佐征一さん、豊田航也さん、中井拓実さん、中澤俊介さん、中根優輝さん、中屋一平さん、奈良勇一さん、西依宜泰さん、野村謙次さん、塙昇さん、東和俊さん、舟生翔人さん、細江チャーリー啓太さん、堀江宙史さん、三橋洸輝さん、宮坂鷹秀さん、諸岡宏一さん、安田奈津子さん、渡邉祐樹さん、ありがとうございました。

今回の原稿をまとめるにあたっては、赤司真希子さん、山田晃義さんに本書の内容を通しで読み込んでいただき、数々の貴重なフィードバックをいただきました。また、こちらには書ききれませんが、多くの知人・友人にも、内容の企画など、たくさんのお力添えをいただきました。

また、本書冒頭では、創業から取締役を務めていたアルー株式会社でのエピソードを書いています。もともとリーダーシップやマネジメントに対して、強い劣等感や苦手意識を持っていた私ですが、さまざまな経験を経て、大事なことに気づかせていただきました。共に仕事をするなかで時間を過ごしたみなさんに、心から感謝申し上げます。

本書執筆にあたっては、株式会社日経BPの石塚健一朗さま、草野文彰さま、加藤洋志さま、小野寺華子さまから「日経ビジネス課長塾〝THE 営業力〟」にて、大きなきっかけをいただきました。そして、なにより、執筆のプロセスをずっと共にしてくださった谷口徹也さま、および原稿内容を共に検討・議論してくださった株式会社SAMIYAの佐保圭さまにも、心よりお礼申し上げます。

最後に、大切な読者のあなたへ。

本書をお手に取っていただき、本当にありがとうございます。

この本が、あなたとあなたの大事な営業チームのお役に立てたら、こんなに嬉しいことはありません。

高橋浩一

高橋浩一（たかはし・こういち）
TORiX株式会社 代表取締役

東京大学経済学部卒業。外資系戦略コンサルティング会社を経て25歳で起業、企業研修のアルー株式会社へ創業参画（取締役副社長）。1日100件のテレアポ新規開拓や数十人の営業組織をゼロから作り、同社上場に向けた足がかりを作る。2011年にTORiX株式会社を設立し、代表に就任（現職）。これまでの経験をベースとして、上場企業を中心に50業種3万人以上の営業強化を支援。行動変容を促す構造的アプローチに基づき、年間200本の研修、800件のコンサルティングを実施。日経ビジネス課長塾“THE 営業力”でもメイン講師を務める。8年間、自らがプレゼンしたコンペの勝率は100%を誇る。主な著書に『無敗営業　「3つの質問」と「4つの力」』（日経BP）など
➡Twitter@takahashikoichi

無敗営業 チーム戦略

2020年10月26日　初版第1刷発行
2023年 4月17日　第4刷発行

著　者　高橋浩一
発行者　北方雅人
発　行　株式会社日経BP
発　売　株式会社日経BPマーケティング
〒105-8308
東京都港区虎ノ門4-3-12
装丁・本文デザイン　エステム（高橋一恵、太田圭祐）
印刷・製本　大日本印刷株式会社

本書籍に関するお問い合わせ、ご連絡は下記にて承ります。
https://nkbp.jp/booksQA

ISBN978-4-296-10709-4